红色基因

吉安市革命文物图典

可移动文物篇

文物出版社

目 录

井冈山市
井冈山革命博物馆

1926 年吉安农民运动训练班袁文才等九人的黑白合影 ·································· 02

1926 年吉安农民运动训练班袁文才等四人的黑白合影 ·································· 03

1927 年秋收起义部队进驻莲花县甘家村时借用村民陈娇枝家大米时储存大米的陶缸 ·········· 04

1927 年莲花县上西乡农民自卫团给七区三分部的信函 ································ 05

遂川县盘圫乡农民协会会员刘贞沂的入会证明书 ································ 06

1927 年工农革命军战士钟步全佩戴的银党徽 ································ 07

1927~1928 年永新县泥金乡党支部会议记录本 ································ 08

1928 年王佐赠李嗣凤的青龙剑 ································ 09

1928 年宁冈县新城区桥上乡收土地税清单 ································ 10

1928 年宁冈县工农兵政府购粮账簿 ································ 11

1928 年红四军送给李尚发的食盐及李尚发装盐的陶罐 ································ 12

1928 年永新县横溪村少先队员段红皮在龙源口战斗中使用的土枪 ·············· 13

1928 年黄洋界保卫战时修筑工事的铁镐 ································ 14

1928 年永新县四区苏维埃工农兵政府交通员欧阳倬用过的红绸交通证 ·············· 15

1928 年遂川第五乡工农兵苏维埃政府赤卫队长王棣权用过的识别带 ·············· 16

1928 年茶陵县工农兵政府信笺木刻印版 ································ 17

1930 年 9 月 24 日红四军前委组织部印发的《军队中的支部工作》 ·············· 18

1931 年"湘赣省酃县十都区苏维埃执行委员会"椭圆木印 ·············· 19

1931 年中共湘赣省委宣传部部长甘露烈士使用过的钢笔 ·············· 20

1932 年湘赣省永新县"城内横街消费合作社"条形木印 ·············· 21

1932 年湘赣全省工人第一次代表大会铜代表证（二枚） ·············· 22

第二次国内革命战争时期永新县委编印的《三大纪律八个注意说明》 ·············· 24

第二次国内革命战争时期赣南军区第一分区红军连指导员刘位升的笔记本 ······················ 25

第二次国内革命战争时期中共湘赣临时省委书记谭余保在永新三湾九陇山坚持游击战时用过的土炮（二门）··· 26

1962 年朱德题写的"井冈山革命博物馆"立轴 ··· 28

1913~1930 年王佐做裁缝时使用的铁剪刀、铁尺 ··· 29

1914 年中共莲花县委书记刘仁堪读过的《地理教科书》第二册 ······························· 30

1914 年中共莲花县委书记刘仁堪读过的《理科教科书》第三册 ······························· 31

1924 年中共莲花县委书记刘仁堪使用的藤篮 ·· 32

1924 年中共莲花县委书记刘仁堪使用的珍珠地花叶纹瓷笔筒 ·································· 33

1927 年毛泽东在酃县水口黄昌秀家吃饭时使用的瓷碗 ·· 34

1927 年酃县赤卫军第一团第一营第二连第三排袖章（二枚）··································· 35

1927 年红五军第四纵队司令贺国中阅读过的《现代新主义》···································· 36

1927~1929 年宁冈县一区八乡工农兵政府赤卫军点名册 ······································ 37

1927~1930 年王佐烈士戴过的玉镯 ··· 38

1927 年工农革命军第一军第一师一团三营营长张子清使用的木手杖 ························· 39

1928 年工农革命军在新城战斗中使用的木梯 ·· 40

1928 年安仁县工农兵苏维埃政府成立大会上朱德使用的瓷茶壶 ································ 41

1928 年毛泽东在永新塘边村帮助房东周香姬挑水的木桶 ······································ 42

1928 年井冈山写有红色标语的建筑石构件 ·· 43

1928 年中共湘赣边界特委使用的石刷板 ·· 44

1928 年中共湘赣边界特委用过的石印机铁轮 ·· 45

1928 年茅坪红军医院中医谢禹楷阅读过的《入学医门秘诀》《伤寒赋》及《诊病法》············ 46

1928 年遂川县新林乡苏维埃政府发给赤卫队员梁培贤的袖章 ·································· 48

1928 年酃县黄柳潭区赤卫军名册 ·· 49

1928 年大井红军医务所使用过的药碾 ·· 50

1928 年大井红军医务所使用过的捣药铁罐 ·· 51

1928 年桃寮红军被服厂使用的缝纫机残架 ·· 52

1928 年桃寮红军被服厂使用的木尺 ·· 53

1928 年桃寮红军被服厂使用的烙铁 ·· 54

1928 年桃寮红军被服厂使用的铁熨钩 ·· 55

1928 年茨坪红军被服厂使用的剪刀 ·· 56

1928 年茨坪红军被服厂使用的熨斗 ·· 57

1928 年红军熬硝盐使用的铁镐 ·· 58

1928 年红军熬硝盐使用的陶水缸 ································· 59

1928 年井冈山红军造币厂煮银使用的大、中、小号陶坩埚 ········· 60

1928 年红军造币厂使用的铁砧 ································· 61

1928 年永新县厚幽城区红军军械修造厂制造的木工具箱 ········· 62

1929 年红五军在第三次反"围剿"时使用的重机枪架 ············· 63

1929 年红五军慰问井冈山人民的"工"字银圆 ················· 64

1930 年瑞金东区陈埜隘农民协会发给沈启墚的耕田证 ··········· 65

1930 年莲花县九都区楼下乡消费合作社发给陈新恩的红军家属特别价售货证 ··· 66

1930 年红四军三十二团在井冈山坚持斗争时使用的铜锅 ········· 67

1930 年中国工农红军第五军军长彭德怀送给农民贺南梅的铜手炉 ··· 68

1931 年莲花县九都区南陂乡苏维埃政府颁发给少先队的奖旗 ····· 69

1931 年 12 月赣县柴冈乡苏维埃政府发给黄业湖的分田证 ········· 70

1931 年湘赣省军区兵工厂使用的虎头钳 ····················· 71

1932 年茶陵县群众慰劳红军的背包 ························· 72

1932 年 12 月 24 日湘赣省赤色邮政上城邮局挂号信凭证 ········· 73

1932 年湘赣省苏维埃赤色邮政总局发行的十二连张三分邮票 ····· 74

1932 年中华苏维埃共和国发行的湘赣省工农银行股票 ··········· 75

1933 年 9 月 25 日湘赣省永新县南田乡主席发给濑田村村民贺云桂的《土地税免税证明书》 ··· 76

1933 年 12 月 11 日江西省公略县张坊乡发给刘宪志的土地税免税证收据 ··· 77

1934 年中华苏维埃共和国人民委员会出版的《区乡苏维埃怎样工作》 ··· 78

1934 年何长工长征时使用的牛皮文件包 ····················· 79

1937 年井冈山老红军谭家述佩戴的"红军十周年纪念章"铜章 ····· 80

第二次国内革命战争时期永丰县第四区漠源乡暴动队队旗 ········· 81

第二次国内革命战争时期莲花县泰岭乡党支部会议记录本 ········· 82

第二次国内革命战争时期莲花县第二次工农兵代表大会代表朱宜邦等五人的黑白合影 ··· 84

第二次国内革命战争时期安福县上城区苏维埃政府颁发的"共产儿童团廿天工作竞赛"四等铜奖章 ··· 85

第二次国内革命战争时期中国共产青年团海丰县委"少年先锋"金属奖章 ··· 85

第二次国内革命战争时期赣东北省革命军事委员会"努力"铜奖章 ··· 86

第二次国内革命战争时期湘赣省军区"争取战争胜利"铜奖章 ····· 86

第二次国内革命战争时期中华苏维埃政府"扩大红军优胜"铜奖章 ··· 87

第二次国内革命战争时期江西省苏维埃政府铜证章 ············· 87

第二次国内革命战争时期吉安市苏维埃政府铜证章 ············· 88

第二次国内革命战争时期万安县苏维埃政府铁证章 ································· 88

1940 年张令彬佩戴过的"陕甘宁边区第二届农工业展览会"金属奖章 ··········· 89

1959 年 2 月 25 日朱德"井冈山的斗争"题词纸页 ···························· 90

1959 年 3 月谢觉哉《井冈山》诗纸页 ······································· 91

1960 年 10 月董必武访问井冈山时题写的楷书五言诗立轴 ······················ 92

1960 年 10 月董必武为井冈山垦殖场题写的七言诗立轴 ······················· 93

1962 年 3 月朱德"天下第一山"题词立轴 ···································· 94

1964 年 4 月 13 日溥仪等 28 人给井冈山革命博物馆的《感谢书》 ··············· 95

1965 年 1 月 15 日朱德"中国革命摇篮井冈山"题词卷轴 ······················ 96

1965 年 1 月 20 日朱德"黄洋界保卫战胜利纪念碑"题词横卷 ·················· 98

1965 年郭沫若《绿化歌》诗稿横卷 ·· 100

1965 年郭沫若《过桐木岭》诗立轴 ·· 102

1965 年郭沫若《黄洋界》诗稿卷轴 ·· 103

1965 年郭沫若《龙潭》诗立轴 ··· 104

1965 年郭沫若《念奴娇·颂井冈山》横卷 ···································· 105

1965 年郭沫若"井冈山小井红军医院烈士纪念碑"题词立轴 ·················· 106

1965 年郭沫若"井冈山革命博物馆"题词横卷 ······························ 107

1966 年 3 月陆定一"井冈山，两件宝"题词立轴 ···························· 108

1984 年 11 月宋任穷"发扬井冈山光荣传统，建设社会主义现代化强国"题词纸页 ····· 109

| 井冈山会师纪念馆 |

1927 年宁冈县农民运动训练班第一次毕业纪念铜章 ························· 110

第二次国内革命战争时期毛泽东在茅坪八角楼使用的油灯 ·················· 111

1928 年井冈山革命根据地红军教导队学员蔡德华使用过的笔记本 ············· 112

1928 年 2 月 18 日工农革命军战士吴腾云在攻打新城战斗中使用的棉絮 ········· 113

第二次国内革命战争时期毛泽东在井冈山革命根据地时使用的编织草鞋木架 ····· 114

1928 年宁冈县第三区第八乡苏维埃政府布告 ····························· 115

1928 年宁冈县赤委会制订的《教练士兵教练官之注意》 ··················· 116

1928 年桃寮红军被服厂用过的缝纫机机头 ······························· 117

1928 年 5 月 20 日中共湘赣边界第一次代表大会主席台桌子 ················ 118

第二次国内革命战争时期毛泽东在八角楼使用的木床 ····················· 120

第二次国内革命战争时期毛泽东在茅坪八角楼使用的石砚 ·············· 121

1927 年毛泽东在井冈山时用过的"贰毫"银币 ·············· 122

1927 年毛泽东在井冈山用过的"贰角"银币 ·············· 123

第二次国内革命战争时期井冈山革命根据地茅坪红军医院使用的药碾槽及药碾轮 ·············· 124

第二次国内革命战争时期井冈山革命根据地茅坪红军医院使用的药柜 ·············· 125

第二次国内革命战争时期井冈山革命根据地工农革命军修械所使用的铁锉刀（二把） ·············· 126

第二次国内革命战争时期井冈山革命根据地工农革命军修械所使用的铁钳（二把） ·············· 127

第二次国内革命战争时期桃寮红军被服厂使用的铁烫斗 ·············· 128

第二次国内革命战争时期桃寮红军被服厂使用的铁烫斗 ·············· 129

第二次国内革命战争时期井冈山革命根据地红军被服厂使用的铁尺 ·············· 130

第二次国内革命战争时期井冈山革命根据地红军被服厂使用的竹尺 ·············· 131

第二次国内革命战争时期桃寮红军被服厂使用的铁剪刀（二把） ·············· 132

第二次国内革命战争时期宁冈县第三区第十乡政府便条 ·············· 133

1928 年宁冈县第三区赤卫队点名册 ·············· 134

第二次国内革命战争时期宁冈县浆山乡邹冬英的分田证 ·············· 135

1928 年 4 月写在宁冈县大陇的"欢迎朱军长"标语 ·············· 136

1928 年 4 月写在宁冈县龙市房屋墙上的"庆祝红军胜利会师"标语 ·············· 137

1928 年 5 月 24 日宁冈县第三区第四乡苏维埃政府通告 ·············· 138

1928 年宁冈县赤卫连点名册 ·············· 139

第二次国内革命战争时期井冈山革命根据地西源乡赤卫队使用的土炮（二门） ·············· 140

第二次国内革命战争时期湘赣边界工农兵政府财政部长余贲民使用的木箱子 ·············· 141

第二次国内革命战争时期红四军三十一团三营营长周鲂使用的铁匕首 ·············· 142

第二次国内革命战争时期陈毅安、李志强使用的搪瓷茶盘 ·············· 143

第二次国内革命战争时期陈毅安、李志强使用的木座钟 ·············· 144

"中华苏维埃元年四月十二日"宁冈县第四区苏维埃政府指令 ·············· 145

第二次国内革命战争时期中华苏维埃共和国临时中央政府借谷证 ·············· 146

永新县

| 湘赣革命纪念馆 |

第二次国内革命战争时期湘赣边界苏区游击队用过的铜炮 ·············· 148

1932 年湘赣省造币厂仿造 1914 年袁世凯头像"壹圆"银圆铜模 ·············· 150

1932 年湘赣省造币厂仿造 1914 年袁世凯头像"壹圆"银圆 …………………………… 151

第一次国内革命战争时期谭震林用过的订书机 ………………………………………… 152

第一次国内革命战争时期谭震林用过的裁纸刀 ………………………………………… 153

1928 年龙源口战斗中红四军二十九团用过的铜军号 ………………………………… 154

第二次国内革命战争时期永新县象形区石塘村列宁小学用过的风琴 ……………… 155

第二次国内革命战争时期甘泗淇用过的军毯 …………………………………………… 156

1932~1934 年湘赣省造币厂制造银圆用过的兑花石 ………………………………… 157

1932 年 12 月中华苏维埃共和国湘赣省革命战争公债"壹圆"券 ………………… 158

1933 年 7 月中华苏维埃共和国湘赣省革命战争公债"壹圆"券 …………………… 159

1933 年 7 月中华苏维埃共和国湘赣省革命战争公债"壹圆"券 …………………… 160

1933 年 11 月中华苏维埃共和国湘赣省革命战争公债"壹圆"券 ………………… 161

1933 年 7 月中华苏维埃共和国湘赣省革命战争公债"伍角"券 …………………… 162

1933 年 7 月中华苏维埃共和国湘赣省革命战争公债"伍角"券 …………………… 163

1933 年 7 月中华苏维埃共和国湘赣省革命战争公债"伍角"券 …………………… 164

1932~1934 年中华赤色邮政湘赣省总局"壹分"与"叁分"八连张及三十连张邮票 ……… 165

1933 年版湘赣省苏维埃政府机关报《红色湘赣》第六期 …………………………… 166

1933 年版湘赣省苏维埃政府机关报《红色湘赣》第七期 …………………………… 167

1933 年版湘赣省苏维埃政府机关报《红色湘赣》第八期 …………………………… 168

1933 年版湘赣省苏维埃政府机关报《红色湘赣》第九期 …………………………… 169

1933 年版湘赣省苏维埃政府机关报《红色湘赣》第十期 …………………………… 170

1933 年版湘赣省苏维埃政府机关报《红色湘赣》第十一期 ………………………… 171

1933 年版湘赣省苏维埃政府机关报《红色湘赣》第十二期 ………………………… 172

1933 年版湘赣省苏维埃政府机关报《红色湘赣》第十三期 ………………………… 173

1933 年版湘赣省苏维埃政府机关报《红色湘赣》第十四期 ………………………… 174

1934 年版湘赣省苏维埃政府机关报《红色湘赣》第十五期 ………………………… 175

1934 年版湘赣省苏维埃政府机关报《红色湘赣》第十六期 ………………………… 176

1934 年版湘赣省苏维埃政府机关报《红色湘赣》第十七期 ………………………… 177

1934 年版湘赣省苏维埃政府机关报《红色湘赣》第十八期 ………………………… 178

1934 年版湘赣省苏维埃政府机关报《红色湘赣》第十九期 ………………………… 179

1934 年版湘赣省苏维埃政府机关报《红色湘赣》第二十期 ………………………… 180

1934 年版湘赣省苏维埃政府机关报《红色湘赣》第二十一期 ……………………… 181

1934 年版湘赣省苏维埃政府机关报《红色湘赣》副刊第一期 ……………………… 182

1934 年版湘赣省苏维埃政府机关报《红色湘赣》副刊第二期 ·········· 183

1934 年版湘赣省苏维埃政府机关报《红色湘赣》副刊第三期 ·········· 184

1934 年版湘赣省苏维埃政府机关报《红色湘赣》副刊第四期 ·········· 185

1934 年中华苏维埃共和国国家银行湘赣省分行"伍分"纸币 ·········· 186

1934 年中华苏维埃共和国国家银行湘赣省分行"伍分"纸币 ·········· 187

1934 年中华苏维埃共和国国家银行湘赣省分行"伍分"纸币 ·········· 188

1934 年中华苏维埃共和国国家银行湘赣省分行"伍分"纸币 ·········· 189

1934 年中华苏维埃共和国国家银行湘赣省分行"拾枚"纸币 ·········· 190

1934 年中华苏维埃共和国国家银行湘赣省分行"拾枚"纸币 ·········· 191

1934 年中华苏维埃共和国国家银行湘赣省分行"拾枚"纸币 ·········· 192

1934 年中华苏维埃共和国国家银行湘赣省分行"拾枚"纸币 ·········· 193

1934 年中华苏维埃共和国国家银行湘赣省分行"拾枚"纸币 ·········· 194

青原区

东固革命根据地纪念馆

第二次国内革命战争时期兴国苏维埃政府银证章 ························· 196

第二次国内革命战争时期江西公略军事部奖励领导一排的先锋银牌 ····· 197

第二次国内革命战争时期中国共产青年团胜利县委"少年先锋"银奖牌 ····· 198

第二次国内革命战争时期苏区邮局用过的收发邮件布挂袋 ··············· 199

第二次国内革命战争时期东固苏区"打土豪分田地"木量米斗 ··········· 200

第二次国内革命战争时期东固苏区生产的五角星铁熨斗 ················· 201

第二次国内革命战争时期东固消费合作社用过的"精细理财支援革命"方形木箱 ····· 202

第二次国内革命战争时期东固苏区使用过的竹针线篓 ··················· 203

第二次国内革命战争时期东固苏区干部用过的"扩大红军"竹笔筒 ······· 204

遂川县

遂川县博物馆

1928 年"遂川第四区高圳上乡苏维埃政府"条形木印 ··················· 206

1928 年遂川县第一次全县工农兵代表大会蒋正光代表证 ················· 207

1928 年中国工农红军第五军战士李金华戴过的布袖章 ··················· 208

万安县

| 万安县博物馆 |

1930 年江西红军万安赤色游击大队部发布的布告 ·· 210

1933 年江西省苏维埃政府训令及空白粮食调查表格 ·································· 211

1933 年中华苏维埃共和国邮政总局关于"整理邮局收入问题"的训令和"集体合同" ·························· 212

安福县

| 安福县博物馆 |

第二次国内革命战争时期"工农检查部部长彭"款带流圆形石砚 ·························· 214

吉水县

| 吉水县博物馆 |

1930 年湘赣省赣北斗委会颁发的红军急先锋第一等银币奖章 ·························· 216

红色基因——吉安市革命文物图典

可移动文物篇

井冈山市

井冈山革命博物馆

井冈山会师纪念馆

1926年吉安农民运动训练班袁文才等 九人的黑白合影

| 国家一级文物 | 井冈山革命博物馆藏 |

　　长方形，横幅，裱在一张纵23.3、横30.2厘米的硬纸板上。纸板右下角印"南昌百花洲，鹤记"。照片中自左至右，立者为刘辉宵、谢希安、赵阶克、刘克勋、刘克修、袁文才，坐者为刘侠强、刘泽凡、龙超重。九人中除刘克修外，均为宁冈县农民自卫军负责人和主要成员。此照片是他们1926年参加吉安农民运动训练班时的合影，也是袁文才烈士早期革命生涯的见证。

　　照片是1926年在南昌鹤记照相馆洗印的，洗印后由袁文才保存。1930年，袁文才牺牲后，由他妻子谢梅香保存。1964年5月，谢梅香将其捐赠给井冈山革命博物馆。

1926 年吉安农民运动训练班袁文才等 四人的黑白合影

| 国家一级文物 | 井冈山革命博物馆藏 |

　　长方形，横幅，裱在一张 23.3、横 30.2 毫米的硬纸板上。自左至右分别为刘辉宵、邱林岳、谢希安、袁文才。此照片是他们1926 年参加吉安农民运动训练班时的合影，是袁文才烈士早期革命生涯的见证。

1927 年秋收起义部队进驻莲花县甘家村时借用村民陈娇枝家大米时储存大米的陶缸

| 国家一级文物 | 井冈山革命博物馆藏 |

缸圆口，曲颈，鼓腹，竖条纹。1927 年，毛泽东率领湘赣边界秋收起义部队进驻莲花县甘家村时，用了这口缸里的大米。部队离村时，在米缸上放了一床棉絮和四块银圆，用以抵偿米钱。这口米缸是工农革命军纪律严明的历史见证。

1969 年，陈娇枝将此缸捐赠给井冈山革命博物馆。

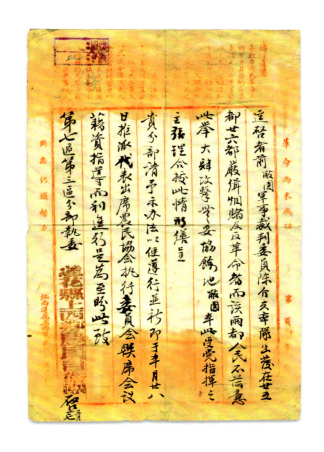

1927 年莲花县上西乡农民自卫团给七区三分部的信函

| 国家一级文物 | 井冈山革命博物馆藏 |

　　这份毛边纸信函使用的是莲花县上西乡农民自卫团的专用纸。长方形，印有 8 条朱红色竖栏。纸上自右至左书有莲花县上西乡农民自卫团给七区三分部的信件内容，行书，字迹清晰。信纸右下角盖有"莲花县上西乡农民自卫团"红条印一枚。

　　第一次国内革命战争时期，莲花县上西乡成立了农民协会和农民自卫团，乡农协主席陈坎元在 1931 年后担任过莲花县苏维埃政府主席等职，在 1932 年的"肃反"中被错杀。这份上西乡农民自卫团给七区三分部的信函被陈坎元藏在自家住房的夹墙中。1964 年陈坎元的继子陈竹元拆旧房建新房时，发现了这封信函及其他一批历史文件。随后，他将这批文件捐赠给文物部门。

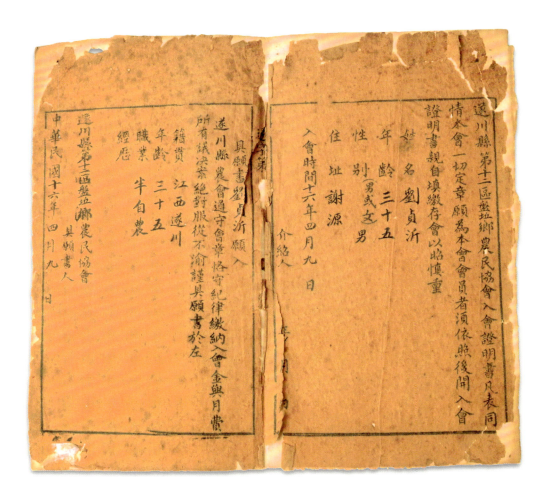

遂川县盘坵乡农民协会会员刘贞沂的入会证明书

| 国家一级文物 | 井冈山革命博物馆藏 |

　　这张纸质证书是遂川县盘坵乡农民协会会员刘贞沂的入会证明书，由"入会证明书"和"具愿书"两部分组成，分别印在左右两个竖长方形线框内。入会证明书一栏内印有凡表同情本会一切定章，愿为本会会员者的姓名、年龄、性别、住址等内容。具愿书一栏内印有会员必须遵守的会章纪律、交纳会费和入会者的籍贯、年龄、职业、经历等内容。第一次国内革命战争时期，遂川县与相邻的各县一样，有很好的群众基础，各区、乡普遍成立了农民协会组织，这张入会证明书正是这段历史的见证。

　　刘贞沂是遂川县盘坵乡谢源村人，在第一次国内革命战争时期，他同本村刘家"贞"字辈五个兄弟一起参加革命并加入了农民自卫军。第一次国内革命战争失败后，他们一起被捕关押，后日刘家的族长拿钱保释出来。此后，他们又参加了井冈山斗争。红军长征后，刘贞沂等回家种田。这份入会证明书由刘贞沂本人藏在自家阁楼上的一个木盒里，1955年他去世后，他的妻子张重英在打扫阁楼时发现了这张证明书，并将其继续收藏在原处。1957年遂川县民政局派人下乡开展革命文物普查时，张重英将这张入会证明书交给了文物部门。

1927年工农革命军战士钟步全佩戴的银党徽

| 国家一级文物 | 井冈山革命博物馆藏 |

　　五角星形。正面中间为党徽。背面上部有一别针，别针上方有"钟步全"三字，下部左侧有"1927"字样，下部右侧有"党"字。

　　1927年，钟步全为参加曾天宇组建的工农革命军，请银匠打制了这枚党徽，并视同自己的生命。后来他在战斗中光荣负伤，留下残疾。1953年，钟步全把这枚党徽捐赠给了瑞金中央革命根据地纪念馆，1959年这枚党徽由南昌八一起义纪念馆收藏，继而又转拨到了井冈山革命博物馆。它是现存最早的党徽之一，是一件极其罕见的文物。

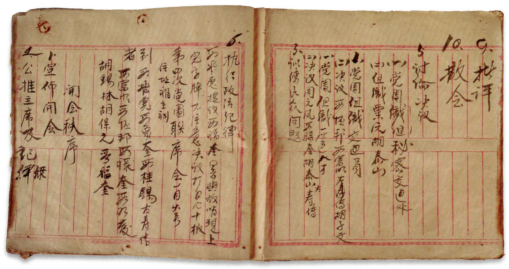

1927~1928 年永新县泥金乡党支部会议记录本

| 国家一级文物 | 井冈山革命博物馆藏 |

　　这是一本毛边纸质的记录本。长方形，线装，共 29 页。内文分别用毛笔和铅笔书写，字迹清楚，内容完整。记录了永新县泥金乡党支部 1927 年 7 月至 1928 年 3 月历次支部会议的内容，是研究井冈山斗争时期地方党组织建设尤其是党内民主生活的重要史料。

　　记录本中提到的段富奎及其兄长段瑞奎都是共产党员，而且同为泥金乡党支部成员。段富奎（后改名段辉亮）曾任泥金乡党支部书记、乡苏维埃主席，1929 年 3 月参加永新县赤卫大队，后加入中国工农红军。中华人民共和国成立后，段辉亮曾赴井冈山，确认此记录本为当年的原物。他回忆说，当时的泥金乡党支部书记段飞虎于 1928 年被反动派杀害，1928 年秋，反动派进村搜捕革命同志时，他们兄弟俩便将这个记录本藏在敦伦祠堂的灵坛牌子下。中华人民共和国成立后，乡亲们打扫牌子时发现了这个本子，后交文物部门收藏。

1928 年王佐赠李嗣凤的青龙剑

| 国家一级文物 | 井冈山革命博物馆藏 |

　　长条形，两面刃。柄上有一铁皮护圈。剑鞘由两片硬木合成，用五组铜片固定。铜片上纹饰各异，靠护手圈的一组铜片上有一条青龙，故称青龙剑。此剑原为王佐所有，1928 年春，井冈山罗浮乡成立暴动队时，王佐将此剑赠给暴动队副队长李嗣凤。它是王佐戎马生涯的历史见证，也是他与井冈山地方武装领导人深厚情谊的见证。

　　1930 年以后，拿山保安团团长尹豪民知道李嗣凤当过暴动队长，藏有武器，曾多次带兵捉拿。李嗣凤将此剑藏在自家的屋檐板里，逃往他乡。1958 年，李嗣凤病重期间，告诉儿子李井生住屋楼上屋檐板里藏有王佐当年送的一把剑，并嘱咐他好好保存，留给子孙看一看。1983 年，李井生修缮房子时将此剑取出。此后，李井生的儿子李云仔经常用此剑练功玩耍。

　　1984 年 10 月，李井生将此剑捐赠给井冈山市党史征集办公室，后由井冈山革命博物馆收藏。

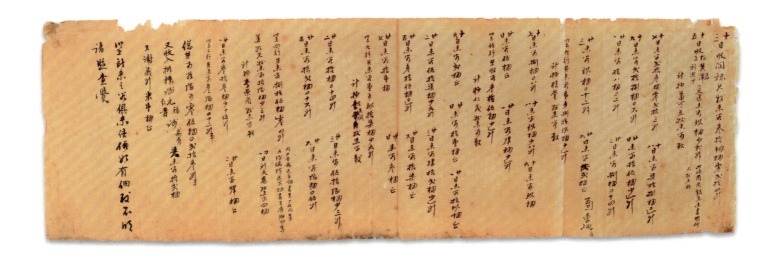

1928年宁冈县新城区桥上乡收土地税清单

| 国家一级文物 | 井冈山革命博物馆藏 |

　　这张毛边纸清单，记载了1928年宁冈新城区桥上乡农民缴纳土地税所交谷子的数量和时间，是当年井冈山革命根据地人民向新生的红色政权积极交纳土地税、支援革命战争的历史见证，是井冈山斗争时期的革命文物珍品。

　　第一次国内革命战争失败后，八七会议确定了土地革命和武装反抗国民党反动派的总方针。1927年10月，毛泽东率秋收起义部队上井冈山后，开始对湘赣边界的土地状况进行详细的调查研究，在此基础上着手土地革命。1928年3月，工农革命军在湖南酃县水口、桂东沙田和江西宁冈大陇等地进行了多次分田尝试，为边界普遍开展土地革命积累了宝贵的经验。1928年5月20日，在宁冈茅坪召开的湘赣边界党的第一次代表大会上制定了"深入割据地区的土地革命"等政策，在湘赣边界各级工农兵政府设立土地委员会，开始深入开展土地革命，边界各县出现了全面分田高潮。到1928年7月，湘赣边界各县的土地分配基本完成。土地革命的深入开展，极大地激发了广大贫苦农民的革命热情，解放了农村的生产力。这一年，宁冈全县的粮食增产20%以上，初尝胜利果实的宁冈农民积极向工农兵政府交纳公粮（土地税），支援红军。

　　1929年1月，红四军主力向赣南闽西进军后，这张清单由当时任宁冈县工农兵政府财政部副部长的李筱甫保存。1930年2月李筱甫牺牲后，由其子李值民保存。1959年8月捐赠给文物部门。

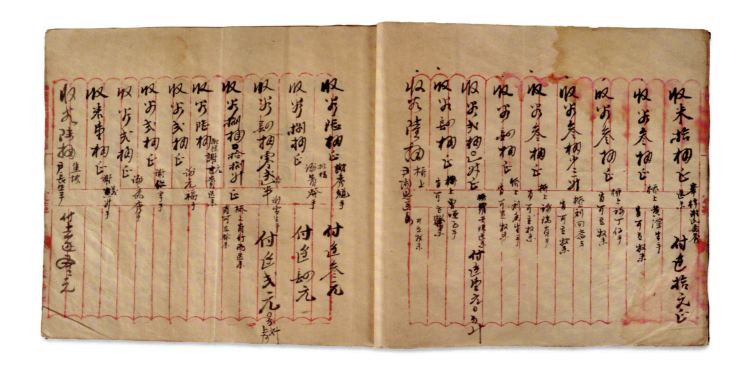

1928 年宁冈县工农兵政府购粮账簿

| 国家一级文物 | 井冈山革命博物馆藏 |

这是一本毛边纸的记账簿。长方形，内页为红色竖栏，共 27 页。簿内主要记载了 1928 年 5~6 月宁冈县三区四乡、四区一乡、四区三乡及桥上、东源、金源、焦坡等村农民的售粮数量和付款金额。

账簿内记述的"贲民"即余贲民，1927 年参加秋收起义后随毛泽东上井冈山，先后任工农革命军副师长、湘赣边界工农兵政府财政部长等职，是井冈山革命根据地领导人之一。账簿第三页写有"付面交筱圃兄存款捌拾玖元伍厘"，其中"筱圃"即李筱甫（1889~1930 年），江西宁冈（今井冈山市）人。1924 年经袁文才介绍加入绿林马刀队，1925 年与袁文才一道率马刀队下山接受招安，改编为宁冈县保卫团，任副团长。1926 年 10 月，与袁文才领导保卫团起义，成立县人民委员会，任警佐。1928 年 2 月，任全县暴动队总指挥，配合工农革命军攻打新城。同月，当选为中共宁冈县委委员。同年 5 月任红四军三十二团军需处处长。同月，为湘赣边界工农兵政府财政部负责人之一，负责筹办大陇红色圩场。1930 年 2 月被错杀于永新。

1929 年 1 月，井冈山红四军主力向赣南闽西进军后，时任宁冈县工农兵政府财政部长的李筱甫留守井冈山，将这本购粮账簿保存了下来。1930 年李筱甫在永新被错杀后，账簿由其子李值民保存在家中，1959 年 8 月捐赠给文物部门。

1928 年红四军送给李尚发的食盐
及李尚发装盐的陶罐

| 国家一级文物 | 井冈山革命博物馆藏 |

　　罐圆口，曲颈，鼓腹，罐身为棕色，饰宽弦纹。罐内所存食盐接近颈部，结成一整块，表面为灰黑色。1928 年，红四军战士送给李尚发一包食盐，李尚发将盐装进陶罐，保存下来。1929 年 2 月，井冈山革命根据地失守后，李尚发将这罐盐带到山里，藏在一棵老杉树洞里直至 1949 年。这罐盐是井冈山斗争艰苦岁月的历史见证，也是井冈山革命根据地军民同甘共苦的生动体现。

　　中华人民共和国成立后，李尚发将这罐盐取了回来。1959 年 8 月，井冈山革命博物馆建立，李尚发将这罐食盐捐赠给井冈山革命博物馆。

1928 年永新县横溪村少先队员段红皮在龙源口战斗中使用的土枪

| 国家一级文物 | 井冈山革命博物馆藏 |

由木质枪托和铁质枪管组成，以三个铁箍加固。靠近枪托的第一个铁箍右侧有一点火装置，下面有一扳机。靠近枪托处与第二个铁箍下面各安装一个套背用的铁圈。1928 年，永新县秋溪乡暴动队将这支枪发给了横溪村少先队员段红皮放哨使用，段红皮经常持着这支枪在龙源口桥上站岗放哨。同年 6 月，又用它参加了龙源口战斗。

1929 年后，他把这支枪藏在柴火间的阁楼上，1959 年取出并捐赠给井冈山革命博物馆。

1928 年黄洋界保卫战时修筑工事的铁镐

| 国家一级文物 | 井冈山革命博物馆藏 |

　　整体呈"T"形。镐身长 33.5 厘米，两端略弧，一端为长条形，有五条棱边，另一端呈扁平扇形。镐身中间装有一根扁圆柱状木柄，长 51 厘米。这是井冈山大井乡暴动队队长邹文楷 1928 年参加黄洋界保卫战修筑工事时用过的一把铁镐，是黄洋界保卫战的有力见证。

　　邹文楷在井冈山斗争时期任大井乡暴动队队长，1928 年 8 月 30 日，他带领全体暴动队队员参加了黄洋界保卫战。这把铁镐原本是参加修筑黄洋界哨口工事的红四军三十一团一营的一位刘姓战士携带使用的，后来这名战士去执行侦察任务，便把铁镐留给邹文楷使用。工事完成后，邹文楷将铁镐带回大井家中。井冈山失守后，他将铁镐和其他农具藏在地窖后，便逃到相邻的湖南酃县十都做长工。敌人下山后，他重回大井将铁镐取出，一直保存到 1959 年。

　　1959 年 8 月，这把铁镐被井冈山革命博物馆征集并收藏。

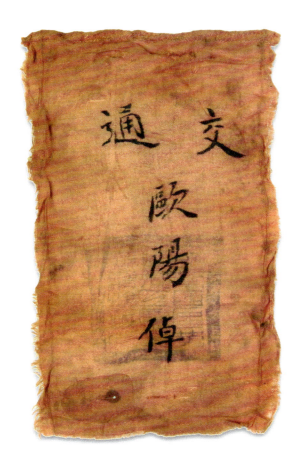

1928 年永新县四区苏维埃工农兵政府交通员欧阳倬用过的红绸交通证

| 国家一级文物 | 井冈山革命博物馆藏 |

　　长方形。正面写有"交通欧阳倬","交通"横书,"欧阳倬"竖书,均为楷书。"阳倬"二字上盖一蓝色方印,印面边长 42、边框宽 4 毫米,印文为"永新四区苏维埃工农兵政府印",阳文篆书。此证为 1928 年永新县第四区苏维埃工农兵政府发给欧阳倬使用。

　　1929 年 2 月,井冈山革命根据地失守后,欧阳倬生病在家,把交通证交给母亲贺官凤保管,贺官凤将其藏在住房楼上的墙洞里。1978 年贺春莲打扫此住房时从墙洞里发现此证,由她丈夫欧阳秀送至欧阳倬的儿子史天开处保存。1980 年 12 月,史天开将此交通证交给儿子史金德,由其捐赠给了井冈山革命博物馆。

1928 年遂川第五乡工农兵苏维埃政府赤卫队长王棣权用过的识别带

| 国家一级文物 | 井冈山革命博物馆藏 |

长条形，两端竖向印"遂川第五乡工农兵苏维埃政府"黑色宋体字。这是 1928 年遂川第五乡工农兵苏维埃政府赤卫队长王棣权用过的一条识别带，又叫"红带子"。

1928 年，王棣权在一次战斗中牺牲，识别带由其妻子张氏收藏在住房的墙洞里。1955 年，张氏进县城办理抚恤证，将这条红带子交给了县民政局曾华英，收藏在遂川县革命烈士纪念堂。1962 年 7 月，由井冈山革命博物馆收藏。

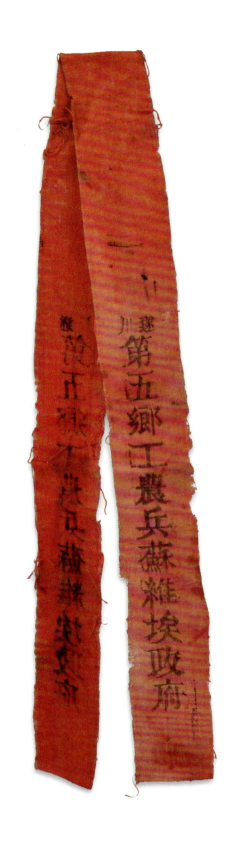

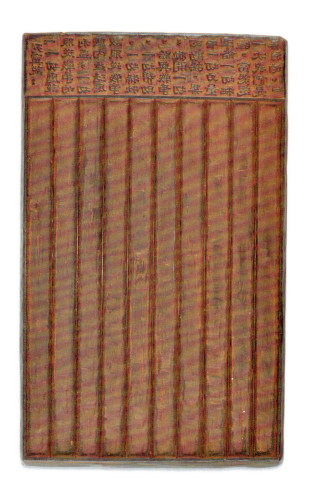

1928 年茶陵县工农兵政府信笺木刻印版

| 国家一级文物 | 井冈山革命博物馆藏 |

长方形，木刻。正面阴刻竖栏 10 条，竖栏上阳刻列宁语录，内容为——列宁说："一切应该服从战争的利益，一切国内生活应该服从战争，一切牺牲，一切帮助，给予战争；抛开一切的动摇，集中一切的力量，准备一切牺牲，当然这一次我们是胜利的。"此木印版是茶陵县工农兵政府成立后所制，为井冈山斗争时期的革命文物珍品。

1968 年 9 月以前，该印版由茶陵县革命烈士纪念堂收藏。1968 年 9 月，由井冈山革命博物馆收藏。

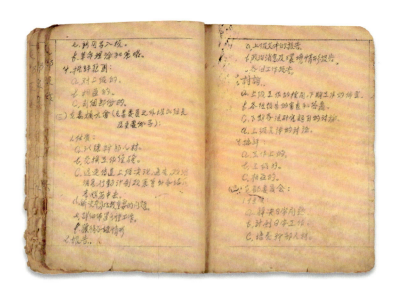

1930年9月24日红四军前委组织部印发的《军队中的支部工作》

| 国家一级文物 | 井冈山革命博物馆藏 |

　　这是一本纸质油印本。竖长方形，共11页。钢板刻印，内容基本完整。封皮上刻有一方框，框内上部左上角是一梅花图案；中部为"军队中的支部工作"八字；下部右上侧是一小圆圈，圈内刻有"前委组织部印发"七字，下端是"一九三〇·九·二四于□□"，封皮上字迹模糊。这是1931年中华苏维埃全国第一次代表大会时，红四军前委组织部印发给到会代表的一本学习材料，是学习研究红军早期党支部工作的一份珍贵史料。

　　这份文件由当时赴瑞金参加大会的莲花县代表陈新恩带回并一直收藏于家中。中华人民共和国成立后，他将此文件捐赠给了文物部门。

1931 年"湘赣省酃县十都区苏维埃执行委员会"椭圆木印

| 国家一级文物 | 井冈山革命博物馆藏 |

　　椭圆形。印面刻有两个同心椭圆，内圆内有"工农检查部"五字。外圆内自右至左上下对称弧形排列有"湘赣省酃县十都区""苏维埃执行委员会"两行阳文楷书，两行字之间左右各有一个小五角星。这是 1931 年湘赣省酃县十都区苏维埃执行委员会工农检查部用过的一枚木印，是当年湘赣省委为加强苏区政权建设在区级以上的苏维埃政府内设立监督检查机构的有力证据。

　　1931 年 6 月，湘赣省酃县十都区成立苏维埃执行委员会工农检查部，并刻制启用"工农检查部"印至 1935 年红军长征。

　　红军长征出发后，此印被该区苏维埃政府主席龚祥彪收藏。1960 年 1 月，龚祥彪参加酃县县委党团训练到井冈山参观学习，把自己收藏了几十年的这枚木印交给了井冈山管理局民政处。同年 4 月，由井冈山革命博物馆收藏。

1931 年中共湘赣省委宣传部部长甘露烈士使用过的钢笔

| 国家一级文物 | 井冈山革命博物馆藏 |

圆柱形，黑色外壳，饰水波纹。笔中间有一打水槽，笔套上配银白色金属挂钩，顶部镶嵌指北针，边缘有银白色金属圈。这是1931 年中共湘赣省委宣传部长甘露遇害前交给妻子艾游园的一件纪念物，是其临危不惧、视死如归的见证，表现了他对党的宣传事业的忠诚和坚信革命胜利的信心。

这支钢笔由艾游园保存至中华人民共和国成立后。1962 年 1 月，艾游园将此钢笔捐赠给井冈山革命博物馆。

1932年湘赣省永新县"城内横街消费合作社"条形木印

| 国家一级文物 | 井冈山革命博物馆藏 |

  这是一枚杂木做成的条状印章。印面竖刻"城内横街赤色消费合作社"十一字，阳文宋体。1932年，湘赣省苏维埃政府为粉碎敌人的经济封锁，保障人民的生活和革命战争的胜利进行，制定了许多繁荣根据地经济的政策，开办了如信用合作社、商业合作社等机构，此印章就是这一历史的见证。

  此印章为城内横街赤色消费合作社的负责人梅枝在县城沦陷后珍藏于自己家中的。1960年初，他将此枚印章捐赠给永新县革命烈士纪念堂。同年4月，由井冈山革命博物馆收藏。

1932 年湘赣全省工人第一次代表大会铜代表证（二枚）

| 国家一级文物 | 井冈山革命博物馆藏 |

　　五角星形。中间有两个同心圆圈，内圈内有"代表证"三字。两同心圆圈之间逆时针铸有"湘赣全省工人第一次代表大会"字样。顶角内有党徽和小五角星图案，其余四个角内各有一花穗纹。一枚顶角的挂链无存，背面中间阴刻编号"1061"。另一枚尚存一条九节挂链，背面中间阴刻编号"20104"。这是 1932 年湘赣全省工人第一次代表大会上用过的两枚代表证，是党领导的苏区工会工作的历史见证。

　　1959 年 8 月，井冈山革命博物馆建立，吉安市民政局将收到的一批证件、奖章拨交给井冈山革命博物馆。

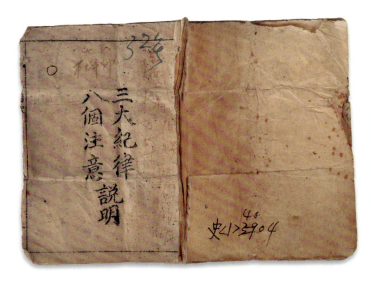
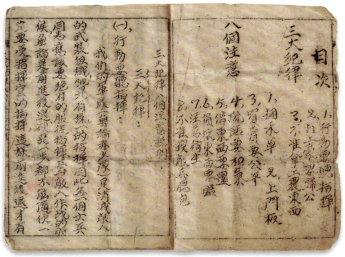

第二次国内革命战争时期永新县委编印的《三大纪律八个注意说明》

| 国家一级文物 | 井冈山革命博物馆藏 |

　　这是一本毛边纸质的油印小册子。长方形，纸线装订，共7页。刻印，字迹清楚，内容完整。封面四周有黑线框，框内中间有"三大纪律八个注意说明"十字。1932年中共永新县委编印的这本小册子对"三大纪律八个注意"逐条作了解释，是当年广大红军指战员学习"三大纪律八个注意"的辅导材料，对研究我军早期的政治建设、军纪作风和提出"三大纪律八个注意"的原因、背景具有重要的史料价值。

　　1927年10月，毛泽东率领秋收起义部队进军井冈山途中，发现有战士随便拿老乡东西、挖地里红薯等损害群众利益的现象，决定对部队进行教育，并颁布纪律约束。10月23日，部队到达井冈山与湖南省炎陵县毗邻的荆竹山。24日清晨，毛泽东宣布部队必须做到：第一，行动听指挥；第二，不拿老百姓一个番薯；第三，打土豪筹款子要归公。这就是红军三大纪律的起源。

　　1928年1月中旬，工农革命军打下遂川县城后，毛泽东得知有战士借用了群众家的门板和稻草后没有主动归还，影响了军民关系。1月25日，毛泽东在遂川县城李家坪向部队宣布了"六项注意"，其中有"上门板、捆铺草"等内容。1928年3月，毛泽东在湖南桂东沙田向部队系统地颁布了"三大纪律六项注意"。三大纪律为：行动听指挥；不拿工人农民一点东西；打土豪要归公。六项注意为：上门板；捆铺草；说话和气；买卖公平；借东西要还；损坏东西要赔。

　　1929年以后，根据形势的发展和部队的实践经验，又将"行动听指挥"改为"一切行动听指挥"；"不拿工人农民一点东西"改为"不拿群众一针一线"；"打土豪要归公"改为"筹款要归公"，后又改为"一切缴获要归公"。六项注意也逐步修改补充成为八项注意：说话和气；买卖公平；借东西要还；损坏东西要赔；不打人骂人；不损坏庄稼；不调戏妇女；不虐待俘虏。

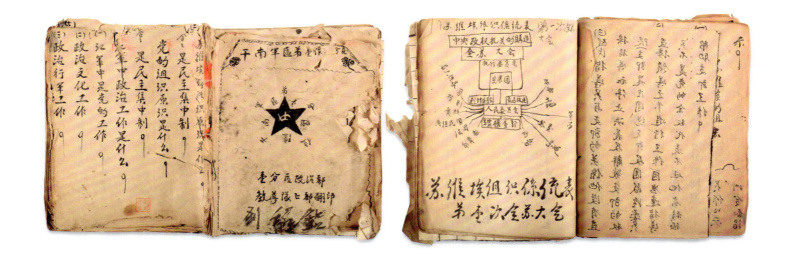

第二次国内革命战争时期赣南军区第一分区红军连指导员刘位升的笔记本

| 国家一级文物 | 井冈山革命博物馆藏 |

长方形，白线装订，共 26 页，其中空白 6 页。封面四周有墨画线框，框内上部自左至右横书"赣南军区第壹作战分区"。中间墨画一五角星，五角星内是党徽图案，五角星四周书有"赣南军区第壹分区位升"。下部自左至右横书两行："壹分区政治部，教导队队部翻印。"行书，字迹清晰。

1967 年 3 月，万安县顺峰乡东坑村农民刘先仁将父亲刘绍铅保存了三十多年的一批苏区文件送到了井冈山公安局，公安局随后打电话通知了井冈山革命博物馆。博物馆得此消息后，立即派出了资料员黄有益和美工组长汪为公进行联系，并对这位农民送来的包括这件笔记本在内的几十件苏区文件进行了鉴别，认为均属革命文物资料，将其全部征集。

1934 年，刘位升在战斗中负重伤，牺牲前，他将自己的一个笔记本和一大包苏区文件交给了同时负伤的战友刘绍铅。

1935 年红军长征后，刘绍铅回到家乡万安县东坑村养伤，并将这个笔记本和文件带到老家，藏在住房的阁楼上。1945 年，刘绍铅病故前，将自己藏在阁楼上的一包苏区文件告诉了妻子邱考秀，并要她继续保存好。中华人民共和国成立后，邱考秀又将这包文件的情况告诉了儿子刘先仁。

1967 年，刘先仁将这包苏区文件送到井冈山公安局，后捐赠给井冈山革命博物馆。

第二次国内革命战争时期中共湘赣临时省委书记谭余保
在永新三湾九陇山坚持游击战时用过的土炮（二门）

| 国家一级文物 | 井冈山革命博物馆藏 |

　　炮口大、炮尾小，由炮管和"八"字形炮脚组成。二门土炮炮管分别长 107、132 厘米，炮管上有数道铁箍加固，最后一道铁箍右边有一个引火孔。这是土地革命时期湘赣游击司令部政治委员兼司令员谭余保所部在九陇山区坚持游击战时用过的土炮，它是湘赣边界军民坚持革命斗争的历史见证。

　　1937 年在敌军大举进攻的时候，九陇山游击队负责人曾照富为防止敌人搜山而将土炮多次转移，最后将它们

藏在下九陇村村民肖胜先家中的牛栏木皮屋面内，曾照富被捕后，被敌人杀害于三湾村的沙洲上。中华人民共和国成立后，肖胜先将之取出交给九陇大队党支部保存。

　　1962 年 5 月，井冈山革命博物馆组织人员来到永新县九陇村调查征集文物时，肖清水将之捐赠给井冈山革命博物馆。

井冈山革命博物馆

1962 年朱德题写的"井冈山革命博物馆"立轴

| 国家一级文物 | 井冈山革命博物馆藏 |

　　这是一件书于白色宣纸上的馆名题字。长方形，竖幅，纵 70、横 29 厘米，装裱在宣纸上。楷书竖书，字迹清晰，内容为"井冈山革命博物馆"。1962 年 3 月 4~6 日，朱德重上井冈山，3 月 5 日题写此字。题写后，由井冈山管理局党委交井冈山革命博物馆收藏。

1913~1930 年王佐做裁缝时使用的铁剪刀、铁尺

| 国家二级文物 | 井冈山革命博物馆藏 |

铁剪刀一端手柄呈耳状，另一端手柄呈弧形上翘。铁尺呈"一"字形。

王佐，又名王云辉，绰号南斗。出生于遂川县下庄村水坑（今井冈山市下庄）一个贫苦农民家庭。曾当过裁缝。1923 年参加绿林武装。1925 年所部被地方政府收为新遂边陲保卫团，同年 10 月，毛泽东率工农革命军进驻井冈山。1928 年 1 月所部接受改编，2 月编入工农革命军第一军第一师第二团，任副团长兼第二营营长。4 月加入中国共产党。5 月任中国工农红军第四军第一师三十二团副团长兼二营营长、红四军军委委员，并当选中共湘赣边界特委委员。1929 年 1 月奉命率三十二团协同红五军留守井冈山，7 月任红五军第五纵队司令，率部在井冈山坚持游击战争。1930 年 2 月，王佐在永新被错杀，中华人民共和国成立后被追认为革命烈士。

这两件文物见证了王佐早年的生活境况，为研究井冈山革命时期的重要人物提供了实物依据。

1977 年 10 月，井冈山革命博物馆在下庄王佐家里征集文物时，王佐的夫人兰喜莲老人将自己保存了几十年的王佐早年做裁缝时用过的剪刀、尺子捐赠给井冈山革命博物馆。

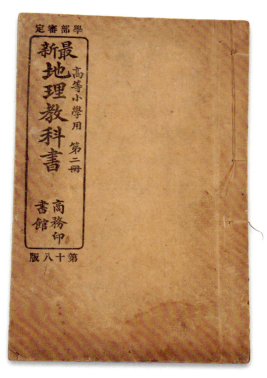
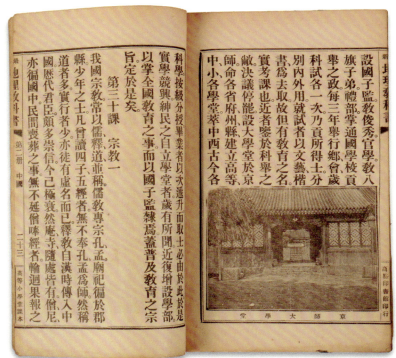

1914年中共莲花县委书记刘仁堪读过的《地理教科书》第二册

| 国家二级文物 | 井冈山革命博物馆藏 |

　　长方形，线装竖排本。封面左侧印有"学部审定""最新理科教科书""高等小学用""第二册""商务印书馆""第十八版"字样，均为楷书红字。这是中共莲花县委书记刘仁堪烈士念书时读过的一本《地理教科书》。

　　刘仁堪，江西莲花人，1925年加入中国共产党。1926年以教书、行医为掩护，秘密组织农民协会进行革命宣传。1927年9月随秋收起义部队上井冈山。1928年4月任中共红四军军委委员、中共莲花临时县委农工部部长，7月任莲花县工农兵政府主席，11月任中共莲花县委书记。1929年5月19日被敌人杀害，临刑前痛斥敌人，被敌割去舌头，血流满地，遂用脚蘸鲜血书写"革命成功万岁"六个大字，英勇就义。刘仁堪被敌人杀害后，家人外逃他乡，妻子彭桂秀在万分悲痛中将丈夫生前用过的教科书等几件物品转藏到娘家，从而得以保存至今。它是刘仁堪烈士革命生涯的珍贵遗存。

　　1976年4月，井冈山革命博物馆在莲花县调查文物资料，彭桂秀将教科书等四件文物捐赠给井冈山革命博物馆。

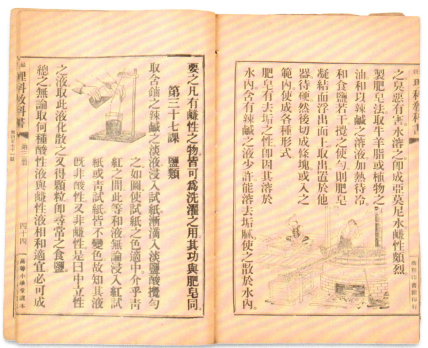

1914 年中共莲花县委书记刘仁堪读过的《理科教科书》第三册

| 国家二级文物 | 井冈山革命博物馆藏 |

　　长方形，线装竖排本。封面左侧印有"第十六版""最新理科教科书""高等小学用""第三册""商务印书馆"字样，均为楷书红字。中间书有"刘次宣识"四个行草墨字。这是中共莲花县委书记刘仁堪烈士念书时读过的一本《理科教科书》。

1924 年中共莲花县委书记刘仁堪使用的藤篮

| 国家二级文物 | 井冈山革命博物馆藏 |

　　长方形，带盖。盖顶前后呈弧状，盖面上有一对环形提手，盖的正面有三个方形洞眼，可与篮身正面三个纽环相扣。

　　此藤篮是刘仁堪烈士 1924 年在长沙等地从事革命活动时用过的一个行李篮。1929 年 5 月，刘仁堪不幸被敌人杀害，家人外逃他乡，妻子彭桂秀将丈夫生前用过的教科书、藤篮等几件物品转藏到娘家，从而得以保存至今。它是刘仁堪革命生涯的珍贵遗存，为研究井冈山时期的革命人物提供了重要的实物资料。

1924 年中共莲花县委书记刘仁堪使用的珍珠地花叶纹瓷笔筒

| 国家二级文物 | 井冈山革命博物馆藏 |

圆柱形，平底。筒身四周饰乳白色小珍珠，正面饰藤花蝎子彩色图案。此笔筒是刘仁堪烈士 1924 年在长沙等地从事革命活动时用过的一件文具，是他留下的珍贵遗存，对研究井冈山斗争时期的革命人物提供了重要的实物资料。

1929 年 5 月刘仁堪牺牲后，笔筒由其妻彭桂秀珍藏。1976 年 4 月，井冈山革命博物馆在莲花县调查文物资料时，彭桂秀将教科书、笔筒等四件文物捐赠给井冈山革命博物馆。

1927年毛泽东在酃县水口黄昌秀家吃饭时使用的瓷碗

| 国家二级文物 | 井冈山革命博物馆藏 |

　　敞口，弧腹，圈足，腹部彩绘四枝荷花，内底饰六个蓝点组成的花环。碗底有一朱红色款，字迹模糊。

　　1927年10月，毛泽东率领工农革命军转战湘赣边界，到达湖南酃县水口时住在江德良家里。江德良的妻子黄昌秀听说毛泽东就是毛委员，特地找了这个漂亮的碗给他用餐时使用。毛泽东离开水口后，黄昌秀用布将这个碗包起来，珍藏了三十多年。它体现了人民爱领袖、领袖爱人民的军民鱼水情，更反映了一代伟人同样严守军规、军纪，与战士同甘苦的优良作风。

　　1965年7月，黄昌秀将这只碗捐赠给井冈山革命博物馆。

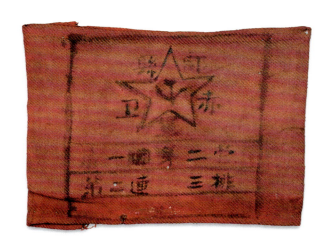

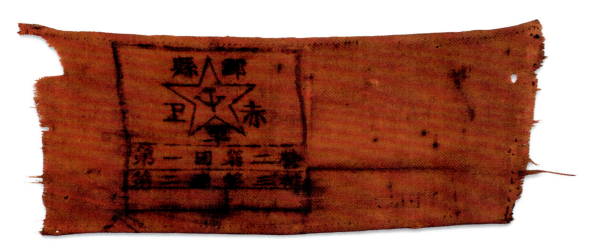

1927年鄞县赤卫军第一团第一营第二连第三排袖章（二枚）

| 国家二级文物 | 井冈山革命博物馆藏 |

　　长方形。正面有一个墨绘方框，框内上部墨绘一五角星与党徽组成的图案。五角星的五个角内分别书有"鄞县赤卫军"五字，均为楷书。框内下部分画有三条横格，第一、二格内，分别书有"第一团第一营"和"第二连第三排"，均为楷书。这是1927年鄞县赤卫军第一团第一营第二连第三排使用过的袖章。

　　在井冈山斗争时期，边界各县普遍成立了赤卫队、暴动队等群众组织，队员们平时在家务农，一旦遇上作战就与红军一同投入战斗保家卫国。这个袖章反映了井冈山斗争时期边界各县普遍建立青年群众武装的历史事实。

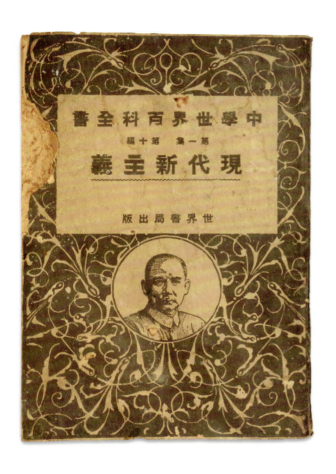

1927 年红五军第四纵队司令贺国中阅读过的《现代新主义》

| 国家二级文物 | 井冈山革命博物馆藏 |

　　竖长方形，共 48 页。封面为黑底白色花卉图案。封面上端有一白色方框，框内有"中学世界百科全书""第一集第十编""现代新主义""世界书局出版"四行横排黑体字。方框下是孙中山的头像。封底有一地球仪图案并写有"世界"两字。内有社会哲学、政治学方面的内容，有红笔圈注。这是红五军第四纵队司令贺国中读过的书籍，是贺国中烈士留下的珍贵遗存。

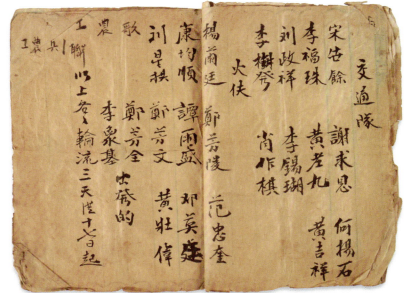

1927~1929 年宁冈县一区八乡工农兵政府赤卫军点名册

| 国家二级文物 | 井冈山革命博物馆藏 |

长方形，竖写本。封面左上角书"点名册"三字。中间盖一枚该乡工农兵政府的红色竖印，印文模糊不清。内页均印有绿色竖栏。

在井冈山斗争时期，边界各县普遍成立了赤卫队、暴动队等群众组织，他们平时在家务农，一旦遇上作战就与红军一同投入战斗保家卫国。此点名册记录了该工农兵政府赤卫军组成人员的职务和姓名，是研究井冈山斗争时期地方武装编制的重要史料。

1929~1959 年，点名册由苏兰春保存。1959 年 8 月，井冈山革命博物馆文物征集小组在宁冈征集革命文物时，苏兰春将点名册捐出。

1927~1930 年王佐烈士戴过的玉镯

| 国家二级文物 | 井冈山革命博物馆藏 |

这只玉镯是王佐投身绿林拉起队伍后买下的，为研究井冈山时期的重要人物提供了实物依据。

1927 年至 1930 年 2 月，玉镯由王佐自己使用与保存。此后，由其亲属王云隆、罗月英保存。1986 年 8 月 2 日，罗月英将玉镯捐赠给井冈山革命博物馆。

1927 年工农革命军第一军第一师一团三营营长张子清使用的木手杖

| 国家二级文物 | 井冈山革命博物馆藏 |

手杖顶端握手呈三角状，杖身上错落有疤点。手杖光亮，质牢耐用。

张子清，名涛，别号寿山。桃江县板溪乡人。中国工农红军早期著名将领。1912 年考入长沙陆军芝芳小学，1920 年任岳阳镇守使公署上尉副官。1922 年参加平江兵变，失败后潜回家乡，组织游击队进行反军阀的斗争。1924 年，张子清奔走于长沙、武汉、上海之间，与郭亮等中国早期革命活动家成为挚友。1925 年加入中国共产党，次年入广州政治讲习班学习，毕业后投身北伐。1929 年春转移至永新县洞里村焦林寺隐蔽养伤，次年 5 月病逝。

这是张子清于 1927 年"马日事变"前在浮垢山、马蹄塘一带搞活动时使用过的手杖。因那里是山区，道路狭窄，路边多草多蛇，为护身驱蛇，他常带着这根手杖在山间行夜路，为革命事业奔走。

1927 年"马日事变"后，张子清将手杖交给妻子吴雪梅。1977 年 12 月，井冈山革命博物馆在武汉市调查文物资料时，吴雪梅老人将手杖捐赠给井冈山革命博物馆。

1928 年工农革命军在新城战斗中使用的木梯

| 国家二级文物 | 井冈山革命博物馆藏 |

整体呈梯形，中间有五根横挡，为五步木梯。

这是工农革命军 1928 年 2 月 18 日攻打宁冈县伪县政府所在地新城时使用过的一个木梯，是我军早期英勇作战的实物见证。

1928 年安仁县工农兵苏维埃政府成立大会上朱德使用的瓷茶壶

| 国家二级文物 | 井冈山革命博物馆藏 |

朱红色深腹壶，上有白色纹饰。壶底有一红色款，字迹不清。

1928 年 3 月下旬，朱德率领南昌起义部队和湘南农军来到安仁县南坪洲，在这里召开了"万人大会"，庆祝安仁县工农兵苏维埃政府成立。此茶壶为当地农民陈凤英给朱德送茶水时所用。

"万人大会"后，陈凤英把这只朱德在主席台上喝水用过的茶壶拿回家后继续使用。1959 年，井冈山革命博物馆到湖南安仁县调查征集革命文物时，陈凤英将茶壶捐赠给井冈山革命博物馆。

1928年毛泽东在永新塘边村帮助房东周香姬挑水的木桶

| 国家二级文物 | 井冈山革命博物馆藏 |

圆口，鼓腹，腹部有两道铁箍。提手由三块弓形木板拼成，拼接处各有一扁平铁条加固。

这是毛泽东1928年在永新塘边一带进行土地情况调查时帮助房东周香姬挑水使用过的木水桶，它体现了毛泽东关心群众、帮助群众、与群众心连心的优良作风。

1928年4~5月，毛泽东多次用这两个木水桶帮助周香姬挑水。1929年，木水桶被国民党反动派用枪托砸烂，周香姬将破碎的木片收藏起来，请了一位木匠修理，又请了一位铁匠在水桶的腹部和提手上加了铁箍和铁条进行加固。1959年，永新县委书记张涛下乡到塘边村向周香姬征集了这两个木水桶，后交永新县革命烈士纪念堂收藏。1965年8月，在井冈山革命博物馆展出。

1928 年井冈山写有红色标语的建筑石构件

| 国家二级文物 | 井冈山革命博物馆藏 |

　　为五根长方形石柱，竖三横二相交，形如两个相连的门框。竖标语自左至右是"红军士兵组织士兵委员会参加军事政治""不杀敌军士兵及下级官长""红军中官兵伕穿衣吃饭一律平等"；横标语是"士兵同志们不要繁荣城市，建设苏区来分田地""打倒中国国民党"。这些标语是 1928 年红四军在宁冈砻市龙江书院所写，宣传了红军的宗旨、民主主义生活和优待敌军俘虏等政策。

1928 年中共湘赣边界特委使用的石刷板

| 国家二级文物 | 井冈山革命博物馆藏 |

为不规则多边形的白色石块。一大一小，小的一块正面有"阶级斗争"等宋体字。这是 1928 年中共湘赣边界特委印刷文告时使用的石印残件。

1928 年 5 月 20~22 日，为加强边界党的统一领导，经江西、湖南两省委同意，中共湘赣边界党的第一次代表大会在茅坪谢氏慎公祠召开，会上选举产生了湘赣边界党的第一届特委会，毛泽东任特委书记。1928 年 10 月 4~6 日，中国共产党湘赣边界第二次代表大会在茅坪步云山召开。毛泽东在会上作《政治问题和边界党的任务》发言，就国内的政治状况，精辟地分析了中国革命的特点，阐明了中国红色政权发生和存在的原因以及湘赣边界工农武装割据的地位和造成"八月失败"的原因，从理论上阐述了工农武装割据的思想。

这两块石刷板的发现，为《湘赣边界各县党的第二次代表大会决议案》和《特委通讯》第 12 期的印刷提供了见证，是井冈山斗争时期的重要历史物证。

1928 年中共湘赣边界特委用过的石印机铁轮

| 国家二级文物 | 井冈山革命博物馆藏 |

　　圆形。中间是一个两面突出的锥形轴心，轴心中间有一圆孔。轴心与外圆圈间有斜向凹槽。

　　1928 年 5 月，红四军攻占永新县城，缴获了敌人的石印机和石印石，送到宁冈茅坪步云山寺为湘赣边界特委印文件。这两个铁轮是湘赣边界特委文件印刷工作的实物见证。

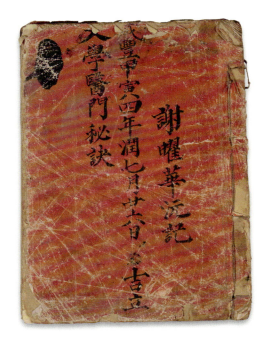
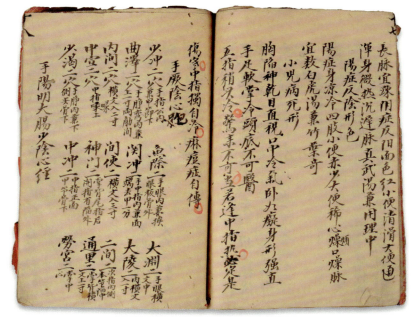

《入学医门秘诀》

1928 年茅坪红军医院中医谢禹楷阅读过的
《入学医门秘诀》《伤寒赋》及《诊病法》

| 国家二级文物 | 井冈山革命博物馆藏 |

均为竖长方形，线装手抄本。《入学医门秘诀》封面为红色，上有竖书"谢曜华沅记""咸丰甲寅四年润七月廿六日""吉立""入学医门秘诀"，均为楷书；《伤寒赋》封面无书名；《诊病法》封面无存。这三本书均为宁冈茅坪中医谢禹楷 1927 年在茅坪红军医院为红军治病时使用的医书。

1927 年 10 月 7 日，毛泽东率工农革命军进驻茅坪，建立了根据地的第一所后方医院，当地的老中医选用中药材为红军伤员治病疗伤，这几本医书是红军艰苦斗争和创办医院的历史见证。

《伤寒赋》

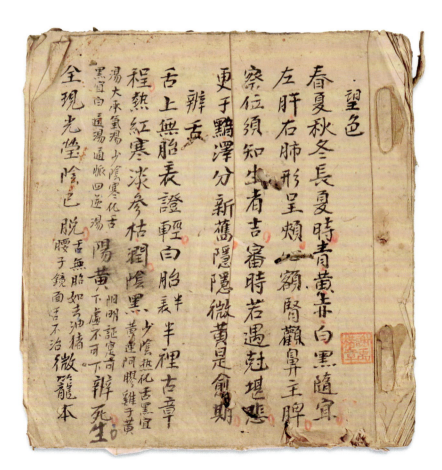

《诊病法》

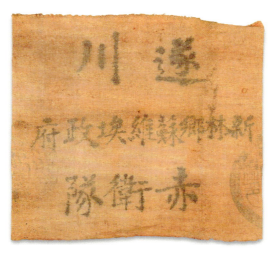

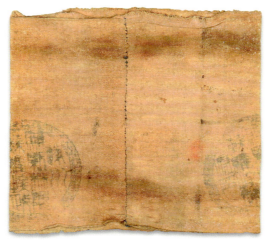

1928年遂川县新林乡苏维埃政府发给赤卫队员梁培贤的袖章

| 国家二级文物 ｜ 井冈山革命博物馆藏 ｜

土黄色，平面呈方形。正面从右至左横书"遂川""新林乡苏维埃政府""赤卫队"三行楷书。中间一行为"新林乡苏维埃政府"，"新"字右下方与"府"字左下方各盖有一枚印文的黑色圆印。袖章背面用黑线缝合。

1928年，新林乡苏维埃政府把此袖章发给赤卫队员梁贤培使用。1929年5月，敌人占领遂川后，赤卫队被敌军冲散，梁贤培被迫将袖章交给守望队胡奕洪。1955年前后，胡奕洪将袖章交给遂川县民政局。1962年7月，由井冈山革命博物馆收藏。

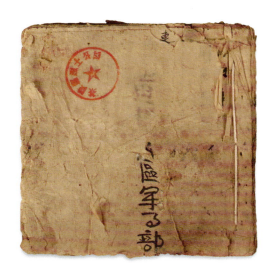

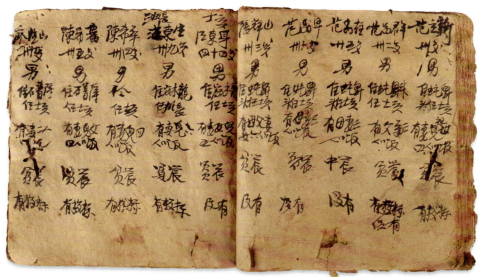

1928年酃县黄柳潭区赤卫军名册

| 国家二级文物 | 井冈山革命博物馆藏 |

　　毛边纸，正方形线装。封面左上角盖有一枚直径3.5厘米的红色圆印，印文为"茶陵县烈士公园"；中间是"黄柳潭区军事部"字样，其中"黄柳潭"三字已模糊不清。名册上按姓名、年龄、性别、家庭人口等项目对该地赤卫军人员进行登记。

　　在井冈山斗争时期，边界各县普遍成立了赤卫队、暴动队等群众组织，他们平时在家务农，一旦遇上作战就与红军一同投入战斗保家卫国。这本名册反映了井冈山斗争时期边界各县青年群众武装普遍建立的史实，是研究井冈山斗争时期地方武装编制的重要史料。

　　1968年6月，井冈山革命博物馆在茶陵县调查征集文物资料时，茶陵县烈士陵园管理处将赤卫军名册移交井冈山革命博物馆陈列展出至今。

1928 年大井红军医务所使用过的药碾

| 国家二级文物 | 井冈山革命博物馆藏 |

　　圆形。正中心是一个装扶手用的边长 3 厘米的方孔。这是当年大井红军医务所常用的一件碾药工具。

　　井冈山斗争时期，由于敌人的经济封锁，医药非常缺乏，医务人员自制药材，他们上山采金银花、鱼腥草、散血丹等后，捣烂或碾成粉末，煎熬给伤员服用。这个药碾就是红军医务所的工作人员用来碾草药的工具，它见证了井冈山时期艰难的医疗条件。

　　这件药碾一直被掩埋在大井红军医院废墟中，后在恢复重建大井毛泽东同志旧居和红军医务所旧址的建设工程中被发现。

1928 年大井红军医务所使用过的捣药铁罐

| 国家二级文物 | 井冈山革命博物馆藏 |

　　缺口圆柱状。宽边，平底。是当年大井红军医务所常用的一件捣药工具。

　　1960 年 6 月，在恢复重建大井毛泽东同志旧居和红军医务所旧址的建设工程中被发现，后由井冈山革命博物馆收藏。

1928 年桃寮红军被服厂使用的缝纫机残架

| 国家二级文物 | 井冈山革命博物馆藏 |

　　整体呈"H"形。由宽 2、厚 0.3 厘米的铁条弯折成的弧形和圆圈组成，共三块板铆接成一体。左右两块由六个圆圈和十余条弧形铁条组成，呈不规则梯形。连接左右两块的中间一块由三根曲线一根直线相切一个圆圈组成。1928 年，红四军第二次占领永新县城时缴获敌人六台缝纫机，送到红四军桃寮被服厂，这是其中一台，是井冈山革命根据地军民自力更生、艰苦奋斗、粉碎敌人经济封锁的历史见证。

　　1962 年 6 月，井冈山革命博物馆从茅坪征集到这件文物。

1928 年桃寮红军被服厂使用的木尺

| 国家二级文物 | 井冈山革命博物馆藏 |

硬木质，长条状。一端有两个钉眼。

这把木尺是当年被服厂中宁冈大陇的老缝纫工朱洪莲为红军缝制衣被时使用过的。为研究井冈山革命根据地军民自力更生、艰苦奋斗、粉碎敌人经济封锁和创办红军早期军需生产的历史提供了实物见证。

1928 年桃寮红军被服厂使用的烙铁

| 国家二级文物 | 井冈山革命博物馆藏 |

顶端呈尖三角形且微微上翘，尾端装有一长 9.2 厘米的木柄。

这个烙铁是当年被服厂中宁冈大陇的老缝纫工朱洪莲为红军缝制衣被时用过的。

1928 年桃寮红军被服厂使用的铁熨钩

| 国家二级文物 | 井冈山革命博物馆藏 |

顶端是一扁平耳朵状铁钩，尾端有长 7.5 厘米的木柄。

这个铁熨钩是当年被服厂中宁冈大陇的老缝纫工朱洪莲为红军缝制衣被时用过的。

1928 年茨坪红军被服厂使用的剪刀

| 国家二级文物 | 井冈山革命博物馆藏 |

剪刀一端手柄呈耳状，另一端手柄呈弧形上翘。这把剪刀是当年被服厂老缝纫工谢祖献为红军缝制衣被时用过的。

1959 年 8 月，井冈山革命博物馆在宁冈大陇调查征集革命文物时，谢祖献积极地将自己 1928 年在茨坪红军被服厂为红军缝制衣被用过的剪刀、熨斗等几件工具捐赠给井冈山革命博物馆。

1928 年茨坪红军被服厂使用的熨斗

｜ 国家二级文物 ｜ 井冈山革命博物馆藏 ｜

　　整体呈勺状，装有一节用于隔热的木柄，熨斗与熨柄用两根铁丝固定。熨斗一端为花瓣状，外刻花纹。这个熨斗是当年被服厂老缝纫工谢祖献为红军缝制衣被时用过的。

1928 年红军熬硝盐使用的铁镐

| 国家二级文物 | 井冈山革命博物馆藏 |

　　整体呈"T"形。一端为向上微翘的尖形长条，另一端较短。镐身中间装有一根长 81 厘米的扁圆形木柄。这是宁冈龙市农民周庄林当年为红军熬硝盐、挖硝土时用过的一件工具。

　　井冈山斗争时期，由于敌人的经济封锁，食盐极度缺乏，红军便自己熬制硝盐，这把铁镐充分体现了井冈军民自力更生、艰苦创业的奋斗精神。

1928 年红军熬硝盐使用的陶水缸

| 国家二级文物 | 井冈山革命博物馆藏 |

敞口，平底，缸身有不规则钱纹。

井冈山革命根据地创建以来，遭到湘赣敌军的严密封锁，给根据地军民的经济生活造成了严重的困难。为了解决根据地的经济问题，粉碎敌人的经济封锁，毛泽东和边界党领导根据地军民开展了一系列艰苦卓绝的经济活动和经济斗争。食盐一直是敌人严密封锁的日常必需品，为了解决吃盐的困难，根据地开展了群众性的熬硝盐运动。大家从老房子的墙根上把老墙土挖出来，换上新土，然后把老墙土放在水里浸泡，再用过滤出来的水熬成硝盐。这种硝盐又苦又涩，难以下咽，但饱受缺盐之苦的根据地军民在日常生活中也只能吃这样的盐。这个水缸就是当年井冈山军民自力更生、粉碎敌人经济封锁历史的有力见证。

1928年井冈山红军造币厂煮银使用的大、中、小号陶坩埚

| 国家二级文物 | 井冈山革命博物馆藏 |

红褐色，圆锥形，上大下小。此坩埚是井冈山斗争时期红军造币厂融化银器所用，当年红军造币厂的创办对粉碎敌人经济封锁、解决红军给养起了较大作用，该坩埚是这一历史的有力见证。

1928年5月下旬，湘赣边界工农兵政府成立后，在井冈山上井村创办造币厂。造币厂设在上井村一位邹姓村民家，同时分别在黄洋界下的牛路坑及茨坪设立银圆粗坯车间。生产规模扩大后，又从跟随秋收起义部队上山的水口山铅锡矿工人中抽调部分充实到造币厂。这里的生产设备极其简陋，使用乡间打铁的风箱、火炉、铁钳等，置办了熔银器具和冲压架，在厅堂中间架起一个高一丈、宽六尺的硬木架，安放着一对重约250千克的花岗岩，嵌入印模。下印模石固定在冲压架的下端中央，上印模石一头系上绳索，穿过顶架滑轮，生产时一人将上印模石拔起，一人及时放上粗坯和浇上溶好的银液。如此一放一拉，冲压成模，每开炉一次，生产"花边"四五百枚。

造币厂使用的原材料主要来源于打土豪所得的各种银质器具。花边印模是墨西哥版的"鹰洋"。为使这种银圆与历代官府生产的"鹰洋"有所区别，造币厂工人在银圆上凿上一个"工"字，意为工农兵银圆。因此，边界军民将其称为"工"字银圆。

1928年冬，湘赣国民党军对井冈山革命根据地发动第三次"会剿"，造币厂迁至大井的铁坑和下井的桐岗山继续生产。直至国民党军占领井冈山后，工厂被破坏，才被迫停产。

上井造币厂虽然只存在半年时间，却有效地缓解了根据地的经济困难，对打破敌军的经济封锁起了很大作用。井冈山时期"工"字银圆的铸造和流通，成为中国新型人民货币的萌芽，为以后的中央苏区乃至中华人民共和国货币制造提供了经验。

1928 年红军造币厂使用的铁砧

| 国家二级文物 | 井冈山革命博物馆藏 |

不规则形，顶端不平。

红军造币厂对粉碎敌人的经济封锁、解决红军给养发挥了重要作用。该铁砧是井冈山军民自力更生、艰苦创业、克服困难的历史见证。

1928年永新县厚幽城区红军军械修造厂制造的木工具箱

| 国家二级文物 | 井冈山革命博物馆藏 |

　　长方形，四只方脚。箱面的中间与前端各立有一个支撑铁锉的铁条支架，箱内上下两个抽屉，在上抽屉的上横挡中间与下抽屉的下横挡中间各钉有一个铁环，两个环之间穿有一根铁条，用以锁住两个抽屉。

　　此工具箱为红军初创时期兵器修造发展的见证，是井冈山斗争时期的珍贵文物。

1929年红五军在第三次反"会剿"时使用的重机枪架

| 国家二级文物 | 井冈山革命博物馆藏 |

由三根铁管组成，形似三脚架。后脚末端有一方形座盘，两前脚末端各有一个铁尖挺立在地，脚架连接处与后脚杆上各装有一个枪筒支架点，后支架点上有一摇柄。

这是红五军1929年1月在井冈山第三次反"会剿"时使用过的重机枪架，是红五军坚持井冈山斗争的历史见证。

1929年2月，中国工农红军第五军撤离井冈山时将这挺重机枪藏在老井冈山村附近的树林里。1972年3月，井冈山茨坪大队农民李登林在老井冈山村附近的树林里砍柴烧木炭时发现。同年4月，由井冈山革命博物馆征集并收藏。

1929 年红五军慰问井冈山人民的"工"字银圆

| 国家二级文物 | 井冈山革命博物馆藏 |

圆形，墨西哥版。正面中间为鹰啄蛇展翅立在仙人掌上的图案，上部的边缘为英文"REPUBLICA MEXICANA"，下部边缘是两枝藤花。背面正中为一光芒四射的软帽图案，帽檐上有一排模糊不清的英文"LIBERIAD"，下部边缘为"1905 年"及其他文字，已模糊不清。鹰嘴旁打有一个直径 2 毫米的小孔，左翅上打有一个"工"字。软帽旁打有两个"合"字和一个"大"字。

此银圆为 1928 年上井红军造币厂制造的，后作为红五军的给养。1929 年 5 月由彭德怀发给贫苦农民李尚发，是红五军慰问井冈山人民所发银圆中的一枚，体现了红五军和彭德怀对井冈山人民的深情厚谊。井冈山红军造币厂生产的"工"字银圆对研究中国共产党领导下的金属货币具有重要价值。1959 年 5 月，李尚发将其捐赠给井冈山革命博物馆。

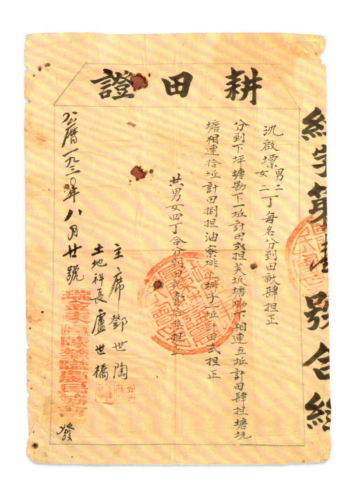

1930 年瑞金东区陈埜隘农民协会发给沈启墂的耕田证

| 国家二级文物 | 井冈山革命博物馆藏 |

　　竖长方形。下栏内容为楷书竖书。中间盖有一枚直径 6.5 厘米的红色圆印，印文为篆书"瑞金东区陈野隘农协会"。左下方盖有农协主席邓世陶、土地科长卢世桥的方印各一枚，以及瑞金东区陈野隘农民协会竖条印一枚。这是 1930 年 8 月 20 日瑞金县东区陈野隘农民协会发给贫农沈启墂的一份耕田证，记载了沈启墂家共男女四丁，合分到田亩"壹拾陆担整"，反映了苏区百姓在土地革命中得到的实惠，是一份珍贵的土地革命史料。

　　1930 年 8 月 20 日后，这份证件由沈启墂自己保存。中华人民共和国成立后由赣县革命烈士纪念馆征集并收藏。1968 年 1 月后，由井冈山革命博物馆收藏。

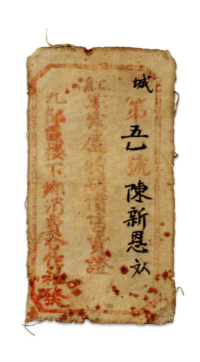

1930 年莲花县九都区楼下乡消费合作社发给陈新恩的红军家属特别价售货证

| 国家二级文物 | 井冈山革命博物馆藏 |

　　长方形。四周有一红线框，框内自右至左有"城，第五乙号，陈新恩，文人，红军家属特别价售货证，九都区楼下乡消费合作社发"文字。除"城，五乙，陈新恩，文人"为毛笔填写外，其余均为竖排版印，宋体字。

　　这是莲花县九都区楼下乡消费合作社发给陈新恩购买日常用品特别价的优待证，体现了工农兵苏维埃政府对红军家属的关怀和照顾。

1930 年红四军三十二团在井冈山坚持斗争时使用的铜锅

| 国家二级文物 | 井冈山革命博物馆藏 |

圆口，圜底，有双耳。

红四军三十二团主要由井冈山斗争时期的袁、王地方武装组成，这个铜锅是三十二团坚持井冈山斗争、坚守井冈山革命根据地历史的有力见证。

1930 年中国工农红军第五军军长彭德怀送给农民贺南梅的铜手炉

| 国家二级文物 | 井冈山革命博物馆藏 |

炉盖呈圆形，盖面呈微凸，上有网状孔，中间为山村渔舟图。炉斜腹、平底，上有弧形提手。整个炉身为灰黑色，器身平整光洁，结构精美。1930 年冬，彭德怀率领红五军转战湘赣，驻休在安福钱山，将打土豪得来的这只手炉送给了当地农民贺南梅，用以取暖养病。

1949 年，贺南梅病故前将手炉交给儿子贺秀清保存。1976 年，安福县文化局向贺秀清的妻子李才英征集到此炉。1980 年 8 月，由井冈山革命博物馆收藏。

1931年莲花县九都区南陂乡苏维埃政府颁发给少先队的奖旗

| 国家二级文物 | 井冈山革命博物馆藏 |

　　直角三角形。左上缝有一个白布五角星，中间缝有一个黑布党徽，左边有一条白布，布条上有"莲花县九都区南陂乡少先队第一次总检阅第二等奖品"字样。斜边和底边缝有犬牙形黑布边条。

　　1931年，南陂乡少先队在一次战斗中缴获了敌人六支枪。7月，该少先队第一次总检阅时，莲花县苏维埃政府颁发了这面奖旗给南陂乡少先队。它是第二次国内革命战争时期根据地内少先队积极参军参战、勇敢杀敌的历史见证。

　　奖旗于1931年6月制作，7月颁发给南陂乡少先队。1932年第四次反"围剿"失败后，由南陂乡苏维埃政府主席谢苏恩保存，藏在乡政府办公处园背村祠堂的墙壁中。1960年，该村农民拆祠堂时发现，后存放于园背大队部。此后，大队民兵常举着这面旗子去打靶，旗尖不久丢失。1965年5月，这面奖旗被井冈山革命博物馆征集并收藏。

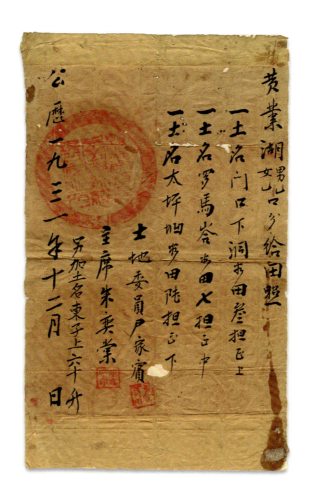

1931年12月赣县柴冈乡苏维埃政府发给黄业湖的分田证

| 国家二级文物 | 井冈山革命博物馆藏 |

　　竖长方形。楷书竖书。左上方盖有一枚直径7.3厘米的红色圆印，印文为篆书"赣县□□区柴冈乡苏维埃政府之印"。左下方盖有乡政府主席朱奕棠、土地委员尹家宝的方印各一枚，印文楷书。

　　这是1931年12月赣县柴冈乡苏维埃政府发给贫农黄业湖的一张分田证，记载了黄业湖家男女各一口，分到田亩共十六担六十升，反映了苏区百姓在土地革命中得到的实惠，是一份珍贵的土地革命史料。

　　1931年12月后，证件由黄业湖自己保存。中华人民共和国成立后，由赣县革命烈士纪念馆征集并收藏。1968年1月后，由井冈山革命博物馆收藏。

1931 年湘赣省军区兵工厂使用的虎头钳

| 国家二级文物 | 井冈山革命博物馆藏 |

钳头部有一个螺旋轴，轴杆上端有一根两端带有一个小圆球的旋转摇柄。

这是湘赣省军区兵工厂使用过的虎头钳，是研究红军早期兵器制造历史的珍贵实物资料。

1932 年茶陵县群众慰劳红军的背包

| 国家二级文物 | 井冈山革命博物馆藏 |

棉布背包，有翻盖、背带，为手工制作。包外部正面缝有一白布做的五角星，翻盖上也缝有一白布做的五角星，五角星左右两边又用棉线各缝制了一个小五角星。背包周围均用棉线缝制了几何图形用以装饰。

此背包是茶陵县群众用来慰劳红军的，体现了军民一家亲的鱼水情深。

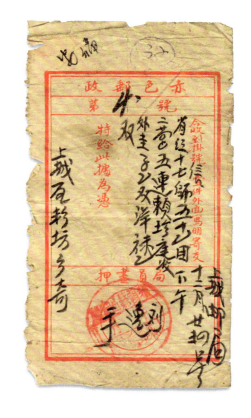

1932 年 12 月 24 日湘赣省赤色邮政上城邮局挂号信凭证

| 国家二级文物 | 井冈山革命博物馆藏 |

　　竖长方形。四周印有一红色双线框，框内分成三横格两方框。自上而下，第一行横格中印有"赤色邮政"四个红色铅字。第二行横格内为"第 4 号"，其中"4"为毛笔填写。第三行方框内自右至左为"今收到挂号信壹件，外面写明寄交省红十七师五十二团二营五连赖珍庭收，外鞋子 2 双，洋袜 2 双，特给此据为凭，上城区彭坊乡奇（寄）"。其中"今收到挂号""壹件，外面写明寄交""特发此据为凭"为红色铅字，其余为毛笔墨书；第四行横格内印"局员画押"红色铅字。第五行方框内，中间盖有"安福苏维埃上城邮局"红色邮戳，邮戳上有墨书"刘逸手"，右侧自右至左墨书"上城邮局，十二月廿肆号下午"。

　　这是中华苏维埃湘赣省赤色邮政上城邮局的第 4 号挂号信凭证，凭证填写得十分清楚，展现了赤色邮政业务人员对工作高度负责的精神。

　　1932 年后，此凭证由原上城邮局员工刘益保存，1967 年前交安福县文教局收存。1968 年 1 月，由井冈山革命博物馆收藏。

1932 年湘赣省苏维埃赤色邮政总局发行的十二连张三分邮票

| 国家二级文物 | 井冈山革命博物馆藏 |

邮票呈蓝色，由十二枚组成一版，每枚均呈正方形，蓝色油印。票面四周为双线边框，框内中心为一圆圈，圈内有一五角星。圈外正上方有"苏维埃邮政"五字，并与上边框相连。票面的四个角上有四个小圆圈框，并分别与四个内直角边相切。左上、右上两角的圈框内分别刻有"叁""分"二字，左下、右下两角圈框内各刻一阿拉伯数字"3"。

此邮票是当年湘赣省苏维埃赤色邮政总局发行与使用过的一种面值为三分的邮票，苏区邮政主要为党政军机关传递特别快信及军事情报，凡是信封上打上"十"字、画上圈或插上鸡毛的，认为是飞信，应该随到随送。红军家属的信件一律免贴邮票，以示优待。这版邮票是我党领导下的苏区邮政的珍贵实物资料。

中华人民共和国成立后，这版邮票由永新县革命烈士纪念堂征集收藏。1960 年 3 月，由井冈山革命博物馆收藏。

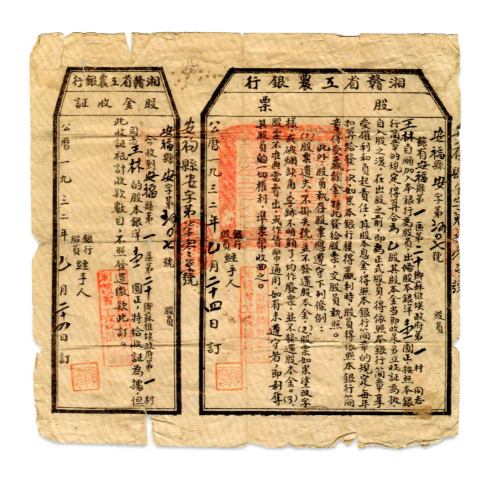

1932 年中华苏维埃共和国发行的湘赣省工农银行股票

| 国家二级文物 | 井冈山革命博物馆藏 |

正方形。分"股票"和"股金收证"两部分，每部分均有一双线框把文字框在其中。股票框内盖"湘赣省工农银行印"方印、"中华苏维埃共和国湘赣省工农银行章"竖条印及"颜云"方印各一枚。股金收证框内盖"中华苏维埃共和国湘赣工农银行章"竖条印和"颜云"方印各一枚。1932 年，为粉碎国民党反动派的"围剿"，筹集红军军费，湘赣省苏维埃政府决定发行六万元股票，每股壹元（光洋），这张湘赣省工农银行安字第 707 号股票正是这一历史的有力见证。

1968 年 1 月前，这张股票由安福县文教局收存。1968 年 1 月，由井冈山革命博物馆收藏。

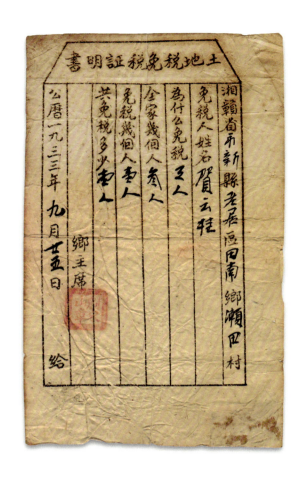

1933年9月25日湘赣省永新县南田乡主席发给濑田村村民贺云桂的《土地税免税证明书》

| 国家二级文物 | 井冈山革命博物馆藏 |

纸质，长方形。四周印有一黑色油印框，框内分为上下两部分。上部横栏书"土地税免税证明书"，下部竖栏从右至左有"湘赣省永新县老居区田南乡濑田村""免税人姓名贺云桂""公历一九三三年九月廿十五日"等文字，除"永新""老居""田南""濑田""贺云桂"及人数、日期等为毛笔填写外，其余均为版印。这份证明反映了土地革命时期苏维埃政府实行减免农民土地税的优惠政策，是研究苏区土地政策的重要依据。

自1933年9月25日，这份证明一直由贺云桂自己保存。中华人民共和国成立后，湘赣革命纪念馆将之征集并收藏。1965年8月，由井冈山革命博物馆收藏。

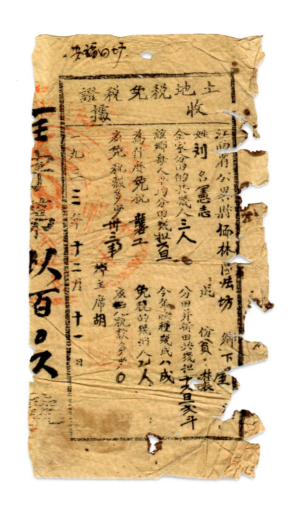

1933年12月11日江西省公略县张坊乡发给刘宪志的土地税免税证收据

| 国家二级文物 | 井冈山革命博物馆藏 |

　　长方形。四周有一黑色油印框，框内分为上下两栏，上栏印有"土地税免税证收据"，下栏从右至左书"江西省公略县儒林区张坊乡""一九三三年十二月十一日"等字。收据盖有一红色圆印及一红色方印，印迹模糊。

　　这份票据反映了土地革命时期苏维埃政府实行减免土地税的优惠政策，是研究苏区土地政策的重要依据。

　　1968年1月，井冈山革命博物馆在安福县白塘乡下屋村调查征集文物资料时，当地农民刘宪志的亲属将这份自己收藏了几十年的收据捐赠给井冈山革命博物馆。

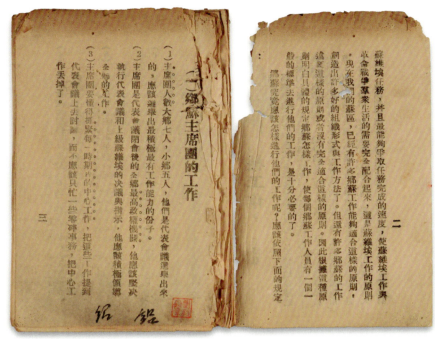

1934 年中华苏维埃共和国人民委员会出版的《区乡苏维埃怎样工作》

| 国家二级文物 | 井冈山革命博物馆藏 |

　　长方形，竖排铅印，共 34 页。封面自右至左有"……著""□乡苏维埃怎样工作""中华苏维埃共和国人民委员会出版"字样。"□乡苏维埃怎样工作"九字为毛泽东手书。内文由毛泽东《乡苏维埃怎样工作》和张闻天《区苏维埃怎样工作》两文组成。其中阐明了区、乡苏维埃政府工作的重要性和工作任务、方法、要求，以及区苏维埃政府对乡苏维埃政府的领导、督促和检查职能，是区、乡苏维埃政府工作人员的"工作手册"。

　　1934 年，赣南军区第一分区红军连指导员刘位升在战斗中身负重伤，在牺牲前将自己的一个笔记本和《区乡苏维埃怎样工作》等一包苏区文件交给了同时负伤的战友刘绍铅。

　　1935 年红军长征后，刘绍铅回到家乡万安县东坑村养伤，并将这包文件带到老家，藏在住房阁楼上。1945 年，刘绍铅病故前，将此事告诉了妻子邱考秀，要她继续保存好。中华人民共和国成立后，邱考秀又将这件事告诉了儿子刘先仁。

　　1967 年，刘先仁将这包文件送到井冈山公安局，后捐赠给井冈山革命博物馆。

1934 年何长工长征时使用的牛皮文件包

| 国家二级文物 | 井冈山革命博物馆藏 |

　　长方形，带翻盖。翻盖上嵌有一条中缝，中缝正面有一个凸起的五角星标记。包身外部正面也嵌有一条中缝，中缝中间装有一个银色的金属片卡子锁，可与翻盖相卡。中缝左边有一个卡片袋，右边有一个插修理工具的小袋。包身外左右两侧各有一插工具的小袋。背面上端左右各有一个扁方形洞眼，洞眼上穿有一条 1.8 厘米宽的背带。包内分为两层，内层深、外层浅。外层口上装有一条 18.5 厘米长的金属拉链。文件包整体制作精良，功能多样。

　　何长工（1900 年 12 月 8 日～1987 年 12 月 29 日），原名何坤，湖南华容人。1918 年毕业于湖南长沙甲种工业学校，1919 年赴法国勤工俭学。1927 年 9 月参加湘赣边秋收起义上井冈山。先后任工农革命军第一师二团党代表、红四军军委委员、二十八团、三十二团党代表兼中共宁冈中心县委书记，农民自卫军总指挥，中共湘赣边界特委委员、临时特委常委。创办过工农红军学校，后长期领导抗日军政大学、东北军政大学。1987 年 12 月 29 日在北京病逝。

　　此包是何长工在红军长征中用过的文件包，是他革命生涯留下的一件珍贵遗存。

1937年井冈山老红军谭家述佩戴的 "红军十周年纪念章" 铜章

| 国家二级文物 | 井冈山革命博物馆藏 |

五角星形。白底红边，中间为号兵骑一匹奔驰战马的红色图案。正上方为党徽，下方自左至右为"1927—37""红军十周年纪念章"两排红色文字。这枚纪念章于1937年在延安颁发，以表彰谭家述在第二次国内革命战争中的光荣功绩。

谭家述（1909~1987年），原名谭寿生，化名杨平。湖南省茶陵县人，开国中将。

这枚铜章是谭家述留下的珍贵遗存，对研究井冈山的红军人物提供了重要的实物依据。

第二次国内革命战争时期永丰县
第四区漠源乡暴动队队旗

| 国家二级文物 | 井冈山革命博物馆藏 |

  红色，呈直角三角形。旗面右边为"永丰县第四区漠源乡暴动队"十二字，旗的斜边与底边上缝有犬牙形白布边条。这是当年永丰县第四区漠源乡暴动队用过的一面队旗。

  这面队旗是当年地方武装普遍建立的有力见证。

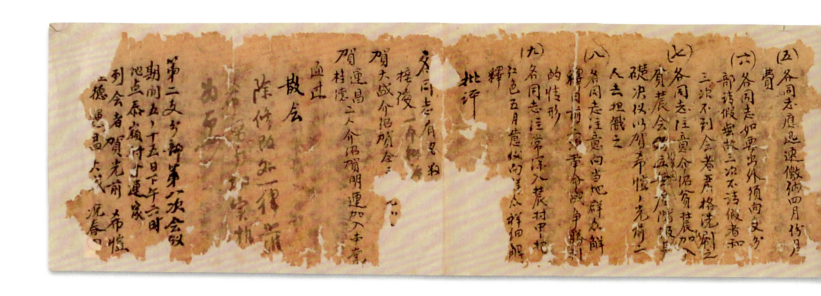

第二次国内革命战争时期莲花县泰岭乡党支部会议记录本

| 国家二级文物 | 井冈山革命博物馆藏 |

　　纸质，长方形，共两页，残破，托裱在毛边纸上。竖书，字迹清晰。记录了莲花县泰岭乡党支部第七次和第八次会议的时间、地点和出席者。第七次会议讨论了如何发展党的组织等九个问题，认为"介绍同志须经过党的介绍手续，绝对反对拉夫式"，要求"各同志注意向当地群众解释目前二次革命战争胜利的情况"。这本记录反映了经过整顿后湘赣边界地方党组织的严密性和战斗堡垒作用，对于研究土地革命时期党的建设工作具有较高的史料价值。

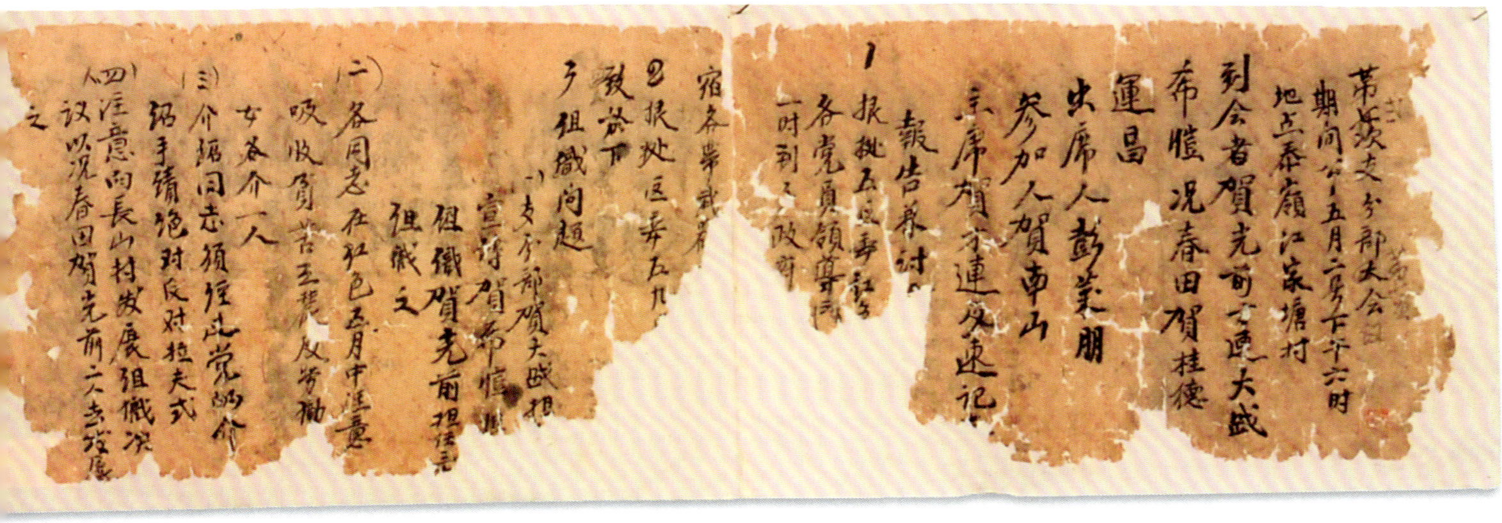

第二次支分部大会日

期间公历五月二号下午六时

地点泰庙江家塘村

到会者贺光前……大武

希临 况春田贺桂德

运昌

出席人彭菜朋

参加人贺东山

主席贺……连及速记

报告来讨

一报……五反事社……

各党员领导临……

一时到之收前

一支分部贺夫贼报……

宣传贺帝临则……

组织贺光前提法……

组织之

宿存举武前……

招处区姜五九

教资下

组织问题

(二)各同志在红色五月中注意

吸收贫苦玉捉友劳佃

女各介一人

(三)介绍同志须经坐党的介

绍手续绝对反对拉夫式

向长山村发展组织况

(四)注意向长山村发展贺光前六大志发展

人议以况春回贺光前……

之

第二次国内革命战争时期莲花县第二次工农兵代表大会
代表朱宜邦等五人的黑白合影

| 国家二级文物 | 井冈山革命博物馆藏 |

　　长方形，裱在一张纵 13.6、横 21.6 厘米的纸板上，纸板右侧边框外竖书"江西省吉安分区井江山纪念馆惠存"，左侧边框外竖书"江西省吉安分区莲花第四区庙下乡暂住湖南攸县鸾山皮水乡皮家村朱光武敬赠"，其中"朱光武"三字系盖上的红色印文。左下边框外竖书"湘赣省互济会主任朱宜帮光武胞兄"。纸板背面为攸县第四区皮水乡人民政府为朱光武的身份写的一份证明书。

第二次国内革命战争时期安福县上城区苏维埃政府颁发的"共产儿童团廿天工作竞赛"四等铜奖章

| 国家二级文物 | 井冈山革命博物馆藏 |

　　五角星形。中间阴刻一圆，圆内设党徽。圆周阴刻"安福上城廿天工作竞赛四等奖品"十四字。五角内分别阴刻"共""产""儿""童""团"五字。顶角角尖有小孔，系一条七节挂链。

　　这是安福县上城区苏维埃政府为表彰该区儿童团员在竞赛中的突出表现而颁发的奖章，它充分体现了湘赣苏区共产儿童团的革命精神，是记录和研究这一时期历史的珍贵实物资料。

第二次国内革命战争时期中国共产青年团海丰县委"少年先锋"金属奖章

| 国家二级文物 | 井冈山革命博物馆藏 |

　　圆形。中间自左至右为"少年先锋"四字，字上方为一党徽和五角星组成的图案。由上方开始逆时针绕圆边一周为"中国共产青年团海丰县委赠"十二字。奖章正上方有挂柄，柄上有一小孔。

　　这是中国共产青年团海丰县委在土地革命时期为表彰广大革命青年在革命斗争中的先锋作用而颁发的"少年先锋"奖章，是记录和研究这一时期历史的珍贵实物资料。

第二次国内革命战争时期赣东北省革命军事委员会"努力"铜奖章

| 国家二级文物 | 井冈山革命博物馆藏 |

圆形。中间是一面飘扬的红旗,旗面中间有"努力"两个大字,旗面上方自左至右弧形排列"赣东北省革命军事委员会奖"十二字。旗子下方是铁锤、镰刀、齿轮图案,象征着工农兵团结前进。奖章下方有花瓣装饰,左右向上为彩带与麦秆,与正上方的五角星与党徽图案连为一体。五角星的顶角内有一个连接挂链的小孔。

这是土地革命时期赣东北省军事委员会颁发的一枚奖章,它设计精美,内涵丰富,是记录和研究这一时期历史的珍贵实物资料。

第二次国内革命战争时期湘赣省军区 "争取战争胜利"铜奖章

| 国家二级文物 | 井冈山革命博物馆藏 |

五角星形。中间有一小圆圈,圈内有一"奖"字。圈外自右至左弧形排列"争取战争胜利"六字。五角星顶角中间为一党徽,角尖有一小圆孔,连有一条九节挂链,挂链顶端有一挂杆。五角星左上、右上角内各有一个小五角星,底部有"军区后方办事处"七字。整个奖章制作精致,图案分布合理。

这是湘赣省军区在第二次国内革命战争中对战绩卓著的将士颁发的奖章之一,是记录和研究这一时期历史的珍贵实物资料。

第二次国内革命战争时期中华苏维埃政府 "扩大红军优胜" 铜奖章

| 国家二级文物 | 井冈山革命博物馆藏 |

　　五角星形。中间有两个同心圆，内圆中间为党徽。两圆间上方自右逆时针排列"扩大红军优胜"六字；下方为"奖品"二字，左右各有一个小五角星。顶角和左下、右下角内各有一盛开的花朵，左上、右上角内各有一含苞欲放的花蕾。顶角的角尖上是一小圆孔，用于穿连挂链。

　　这是记录和研究中华苏维埃政府扩大红军、动员人民群众积极参军参战这一历史事件的珍贵实物资料。

第二次国内革命战争时期江西省苏维埃政府铜证章

| 国家二级文物 | 井冈山革命博物馆藏 |

　　平行四边形。证章中间有一双线组成的平行四边形内框，框内有"省苏"二字，框外正上方有"江西"二字，正下方有"维埃政府"四字，左有"证"字，右有"章"字。左右边的中点上各有一斜线与上下边连接构成一个等边三角形，三角形内各有一个五角星和党徽组成的图案。背面有两个挂环，中间自左至右有"第73号"文字。

　　此证章是反映江西省苏维埃政府成立这一历史事件的珍贵实物资料。

第二次国内革命战争时期吉安市苏维埃政府铜证章

| 国家二级文物 | 井冈山革命博物馆藏 |

　　五角星形。证章正面中间是一党徽，外围逆时针环绕"吉安市苏维埃政府证章"字样。背面有"第 23 号"字样。顶角系有一条十节挂链。

　　这是当年吉安市苏维埃政府工作人员使用过的一枚证章。

第二次国内革命战争时期万安县苏维埃政府铁证章

| 国家二级文物 | 井冈山革命博物馆藏 |

　　平行四边形，正面右边是由五角星、党徽和光束组成的图案，左边是"万安县""苏维埃政府""证章"三排文字。

　　这是当年万安县苏维埃政府工作人员使用过的一枚证章。

1940 年张令彬佩戴过的"陕甘宁边区第二届农工业展览会"金属奖章

| 国家二级文物 | 井冈山革命博物馆藏 |

心形。正面是一飞机造型的图案，机身中部有一红色"奖"字；顶部有"1940"字样。背面上端有两个别针孔，两孔间阳刻"陕甘宁边区第二届农工业展览会奖"，下端阴刻号码"148"。

张令彬（1902~1987年），1926年加入中国共产党，1927年参加湘赣边界秋收起义。这枚奖章是张令彬留下的珍贵遗存，为研究井冈山斗争时期的红军人物提供了重要的实物依据。

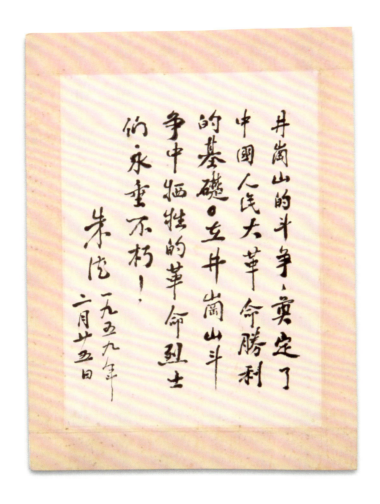

1959年2月25日朱德"井冈山的斗争"题词纸页

| 国家二级文物 | 井冈山革命博物馆藏 |

　　长方形，竖幅，装裱在宣纸上。楷书，字迹清晰。内容为："井冈山的斗争，奠定了中国人民大革命胜利的基础。在井冈山斗争中牺牲的革命烈士们永垂不朽！朱德。一九五九年二月廿五日。"

　　此题词是朱德1959年应井冈山管理局党委的要求在北京所写。1959年2月25日朱德题写后，3月7日由中共中央办公厅秘书室送交中央文化部副部长钱俊瑞。3月10日，钱俊瑞将朱德题字与中共中央办公厅秘书室的信件一并寄送给江西省委第一书记杨尚奎。3月27日，由江西省副省长汪东兴转寄给井冈山综合垦殖场党委第一书记左克仁。同年7月，井冈山成立管理局，左克仁任管理局党委第一书记。1959年10月，井冈山管理局党委办公室将字与两封信件一并交井冈山革命博物馆收藏。

井冈山

井冈山呵！
 你是個灯塔，
照亮着億万人民前进的道路；
 你是個巨雷，
摧毁了壓在億万人民肩上的两架大山。
 火！好大的火，
她燎遍全國、燎向無边的海外和天空。
 燎原之火，起於星々！
大井、大㴓、茅坪、茨坪、汪洋界、八面山、硃砂冲……
 就是這了愛的偉大的星々所在。
 真理的火，永遠照亮着人類的心靈、期造着

無窮美好的未来。
井冈山呵！
 你又是顆珍珠，你蘊蓄着無窮財寶。
許多優秀的兒女奔撲你的懷抱，
 要把你現代化地裝飾起来。
成為中國的第一山。
 井冈山呵！
祝賀你以前是中國的第一山。
 今後永遠是中國的第一山。

　　　　　　谢觉哉
　　　　一九五九年三月五日

1959年3月谢觉哉《井冈山》诗纸页

| 国家二级文物 | 井冈山革命博物馆藏 |

长方形，横幅。行书横书，字迹清晰。此诗是谢觉哉1959年3月访问井冈山时所作，讴歌了井冈山光荣的历史，并祝愿井冈山有美好的未来。

谢觉哉，湖南宁乡人。1925年加入中国共产党。1933年后，任苏区中央政府秘书长、中央党校副校长。中华人民共和国成立后，任内务部部长、最高人民法院院长、全国政协副主席、中共中央候补委员等职。

1960年10月董必武访问井冈山时题写的楷书五言诗立轴

| 国家二级文物 | 井冈山革命博物馆藏 |

　　长方形，竖幅，装裱在宣纸上。楷书横书，字迹清晰。此诗是董必武1960年10月访问井冈山时所作，诗中赞美了革命摇篮井冈山的美丽风光和繁荣景象。

　　董必武，湖北红安县人。中共一大代表。曾任中华人民共和国副主席、全国人大常委会副委员长、中共中央政治局委员等职。

　　1960年10月，此轴在董必武书写后，由井冈山管理局党委交井冈山革命博物馆收藏。

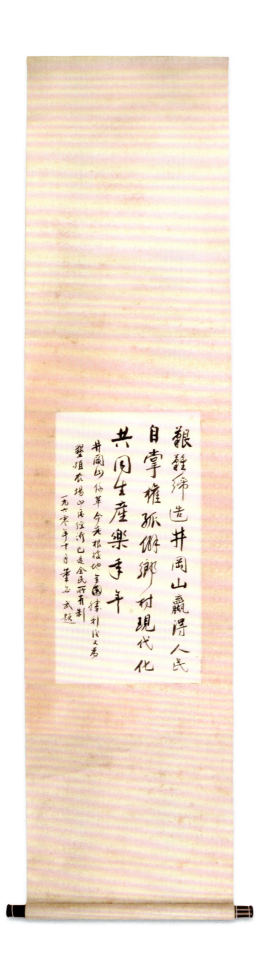

1960年10月董必武为井冈山垦殖场题写的七言诗立轴

| 国家二级文物 | 井冈山革命博物馆藏 |

　　长方形，竖幅，装裱在宣纸上。行草竖书，字迹清晰。此诗是董必武1960年访问井冈山时所作，歌颂井冈山革命根据地创建的意义和革命胜利后井冈山农村的新面貌。

1962年3月朱德"天下第一山"题词立轴

| 国家二级文物 | 井冈山革命博物馆藏 |

　　长方形，竖幅，装裱在宣纸上。楷书竖书，字迹清晰。内容为"天下第一山"。此题词是朱德1962年应井冈山管理局党委的要求在井冈山所书。1966年用大理石雕刻后，镶在井冈山罗浮牌坊上。1967年，牌坊被林彪反党集团炸毁。1994年重新恢复。此立轴对井冈山作为中国第一个农村革命根据地的历史地位作了高度概括，对研究和宣传井冈山革命斗争历史有着重要指导意义。

　　这幅题词表达了朱德对井冈山的深厚感情，朱德题写后，井冈山管理局党委将其交给井冈山革命博物馆收藏。

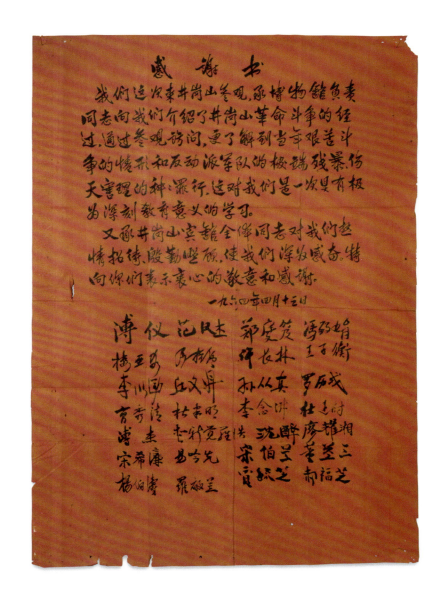

1964 年 4 月 13 日溥仪等 28 人给井冈山革命博物馆的《感谢书》

| 国家二级文物 | 井冈山革命博物馆藏 |

长方形，竖幅。行书横书，字迹清晰。

溥仪为中国历史上最后一个皇帝。1931 年，任伪满洲国傀儡皇帝。1945 年被苏联红军逮捕。1950 年被遣送回国，接受人民政府教育改造。1959 年被人民政府特赦，成为中华人民共和国公民。1967 年病逝，时年 61 岁。

1964 年 4 月，溥仪书写后，由井冈山管理局党委交给井冈山革命博物馆收藏。

1965 年 1 月 15 日朱德"中国革命摇篮井冈山"题词卷轴

| 国家二级文物 | 井冈山革命博物馆藏 |

　　长方形，横幅，装裱在宣纸上。楷书横书，字迹清晰。内容为"中国革命摇篮井冈山""朱德""一九六五年一月十五日"。此题词是朱德于 1965 年应井冈山管理局党委的要求在北京所写。

籃井岡山

朱德
一九六五年
月十五日

1965 年 1 月 20 日朱德"黄洋界保卫战胜利纪念碑"题词横卷

| 国家二级文物 | 井冈山革命博物馆藏 |

　　长方形，横幅，装裱在宣纸上。楷书横书，字迹清晰。内容为"黄洋界保卫战胜利纪念碑""朱德""一九六五年一日二日"。此题词是朱德 1965 年应井冈山管理局党委的要求在北京所写。

　　1965 年 1 月，朱德题写后寄给井冈山管理局党委。同年 2 月，井冈山管理局党委交给井冈山革命博物馆收藏。

胜利纪念碑

朱德

一九六五年二月廿日

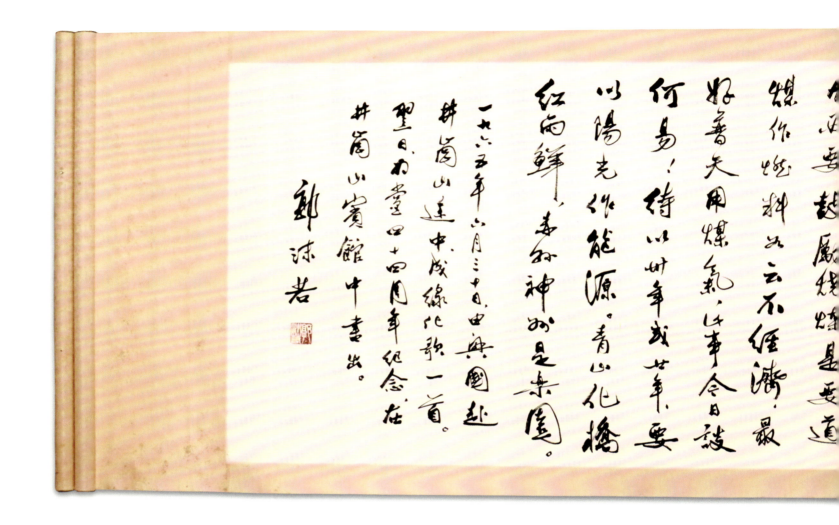

1965年郭沫若《绿化歌》诗稿横卷

| 国家二级文物 | 井冈山革命博物馆藏 |

　　长方形，横幅，装裱在宣纸上。行草竖书，字迹清晰。这是郭沫若1965年6月由兴国赴井冈山途中吟诵、到达井冈山后书写的诗篇《绿化歌》。兴国是赣南的一个县。中华人民共和国成立前，赣南遭国民党反动派的摧残，环境恶化，直至20世纪60年代，水土流失现象依然严重。此诗表达了诗人对人民命运的无限关切和对祖国美好前景的无限展望。

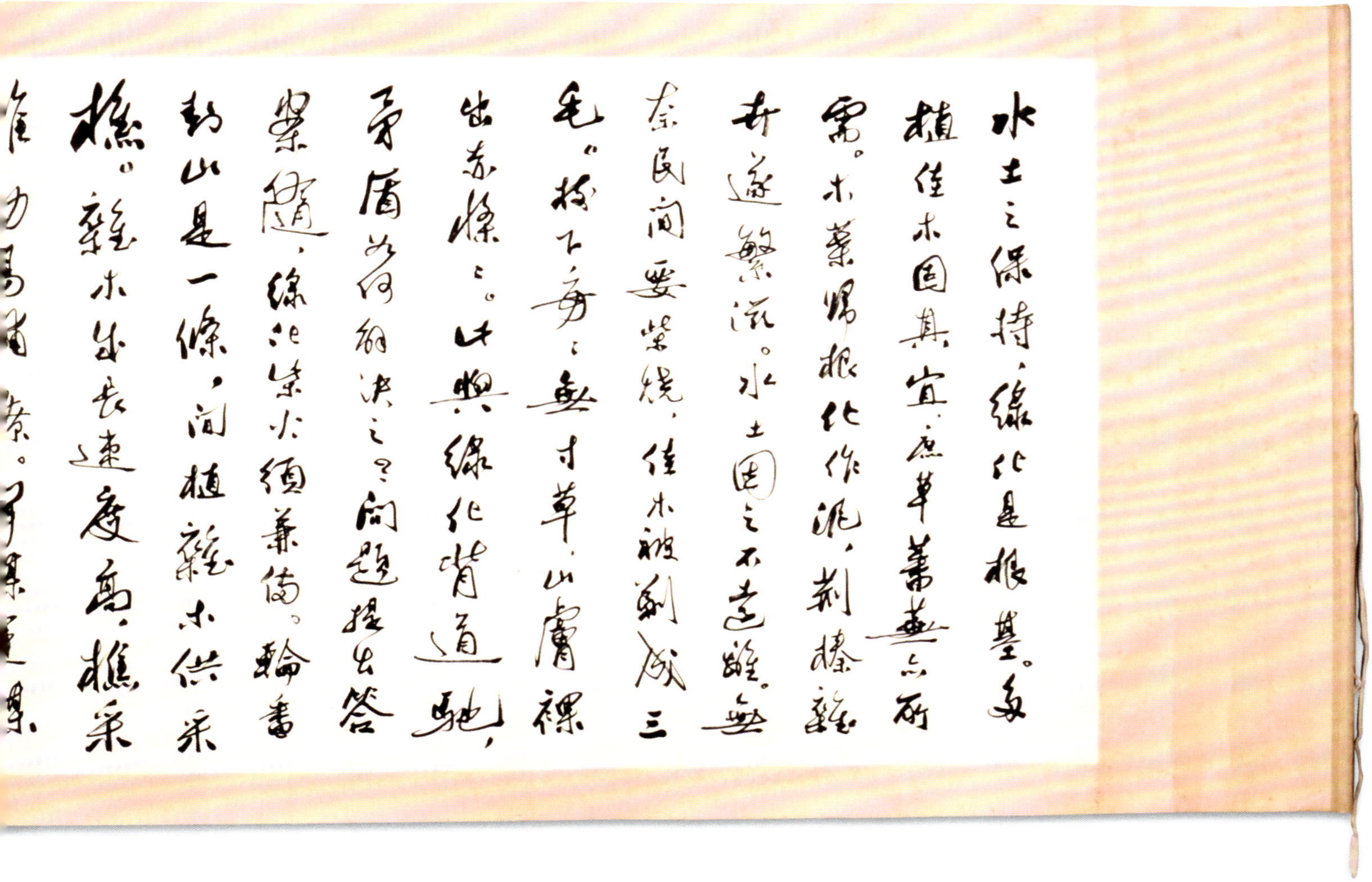

水土之保持，绿化是根基。多
植佳木固其宜。应草萧芫焚
需。水叶腐根化作泥，刺藤杂
草遂繁滋。水土固之不走难无
奈民间要紫烧，佳木难刈成三
毛"。枯不毛，无寸草，山肤裸
出赤条。此与绿化背道驰，
矛盾为何决之？问题提出答
紫随。绿化宜须兼偏。轮番
砍山是一条，间植杂木供采
樵。杂木生长速度高，樵采

1965 年郭沫若《过桐木岭》诗立轴

| 国家二级文物 | 井冈山革命博物馆藏 |

　　长方形，竖幅，装裱在宣纸上。行草竖书，字迹清晰。左下角有一红色阴文篆书"郭沫若"方印。此诗是郭沫若 1965 年夏访问井冈山时所作。

　　1965 年，郭沫若书写后，由井冈山管理局党委交给井冈山革命博物馆收藏。

1965 年郭沫若《黄洋界》诗稿卷轴

| 国家二级文物 | 井冈山革命博物馆藏 |

　　长方形，横幅，装裱在宣纸上。行草竖书，字迹清晰。左下角有一红色阴文篆书"郭沫若"方印，边长 3.9 厘米。此诗是郭沫若 1965 年夏访问井冈山时所作。

　　1965 年 7 月，郭沫若书写后，由井冈山管理局党委交给井冈山革命博物馆收藏。

1965 年郭沫若《龙潭》诗立轴

| 国家二级文物 | 井冈山革命博物馆藏 |

长方形，竖幅，装裱在宣纸上。行草竖书，字迹清晰。左下角有一红色阴文篆书"郭沫若"方印。此诗是郭沫若 1965 年夏访问井冈山时所作。

1965 年 6 月郭沫若上井冈山考察，期间挥毫作书，为井冈山宾馆、井冈山人民医院及井冈山中、小学校分别题写了馆、院、校碑。

1965 年 7 月，郭沫若书写后，由井冈山管理局党委交给井冈山革命博物馆收藏。

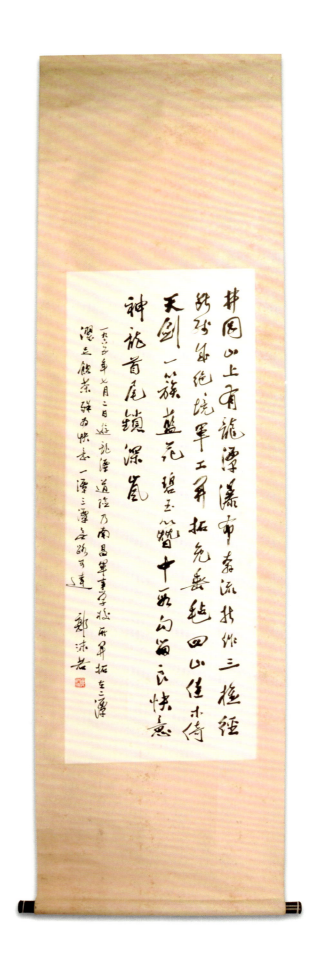

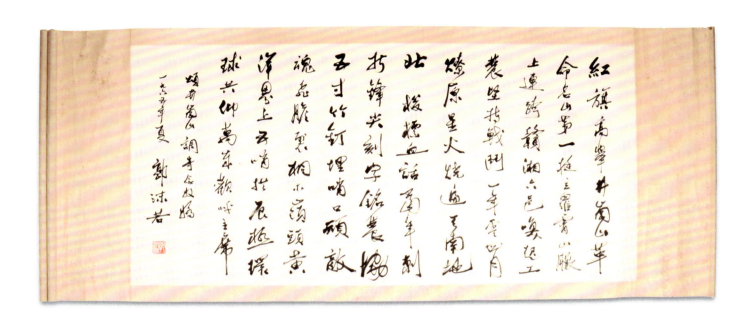

1965 年郭沫若《念奴娇·颂井冈山》横卷

| 国家二级文物 | 井冈山革命博物馆藏 |

长方形，横幅，装裱在宣纸上。行草竖书，字迹清晰。内容为："红旗高举，井冈山，革命名山第一。挺立罗霄山脉上，连跨赣湘六邑。唤起工农，坚持战斗，一年零四月。燎原星火，烧遍天南地北。梭镖血话当年，刺折锋尖，刻字铭农协。五寸竹钉埋哨口，顽敌魂飞胆裂。桐木岭头，黄洋界上，五哨拱宸极。环球共仰，万岁欢呼主席。"左下角有一红色阴文篆书"郭沫若"方印。此诗是郭沫若 1965 年夏访问井冈山时所作。

1965 年，郭沫若书写后，由井冈山管理局党委交给井冈山革命博物馆收藏。

1965 年郭沫若"井冈山小井红军医院烈士纪念碑"题词立轴

| 国家二级文物 | 井冈山革命博物馆藏 |

　　长方形，竖幅，装裱在宣纸上。行书竖书，字迹清晰。此题词是郭沫若 1965 年夏访问井冈山时应井冈山管理局党委的要求所写。

1965 年郭沫若"井冈山革命博物馆"题词横卷

| 国家二级文物 | 井冈山革命博物馆藏 |

　　长方形，横幅，装裱在宣纸上。行书横书，字迹清晰。内容为"井冈山革命博物馆"。此题词是郭沫若 1965 年夏访问井冈山时，应井冈山革命博物馆的要求所书。

1966年3月陆定一"井冈山，两件宝"题词立轴

| 国家二级文物 | 井冈山革命博物馆藏 |

　　长方形，竖幅，装裱在宣纸上。行草竖书，字迹清晰。

　　陆定一，江苏无锡人。1925年加入中国共产党，同年参加革命。中央苏区时期任中国工农红军总政治部宣传部部长。中华人民共和国成立后，先后担任中共中央宣传部部长、国务院副总理、中央政治局候补委员、中央书记处书记等职。

　　此轴是陆定一1966年3月参观井冈山革命博物馆时题写。

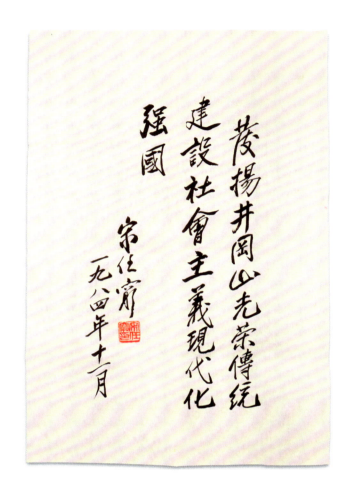

1984年11月宋任穷"发扬井冈山光荣传统，建设社会主义现代化强国"题词纸页

| 国家二级文物 | 井冈山革命博物馆藏 |

长方形，竖幅。行书竖书，字迹清晰。左下方有红色阳文篆书"宋任穷印"方印。

宋任穷，原名宋韵琴，曾用名宋绍梧，生于湖南省浏阳市乌石垅村一个破落地主家庭。1926年6月加入中国共产主义青年团，1926年12月加入中国共产党。1955年被授予上将军衔。

此题词是宋任穷1984年11月访问井冈山时于井冈山革命博物馆书写。

1927 年宁冈县农民运动训练班第一次毕业纪念铜章

| 国家一级文物 | 井冈山会师纪念馆藏 |

　　圆形。正面有两道同心圆圈。内圈内，上部是国民党青天白日党徽，下部是一张犁，左右为对称的卷草花纹。内外圈之间，上半部逆时针弧形排列"宁冈县农民运动训练班第一次毕业纪念章"字样，下半部逆时针弧形排列"1927．5．9"字样。两排字之间有两个小五角星间隔。所有铸字、图案均清晰可辨。背面为光板。

　　1926 年 10 月，在党组织的领导下，宁冈的土籍革命派与客籍相联合，在新城举行武装起义，成立了宁冈县人民委员会，掌握全县政权，同时发动全县民众兴起打倒土豪劣绅、打倒贪官污吏、打倒帝国主义的工农运动。1927 年上半年，中共宁冈支部和县农协在龙市张家祠举办宁冈县农民运动训练班，培训农民运动的骨干分子，结业时向每个学员颁发纪念章，以示纪念和鼓励。此纪念章是反映第一次国内革命战争时期湘赣边界农民运动的代表文物。

　　这枚纪念章的持有者叫陈达生，家住龙市河东，原本是个铁匠，因积极参加农民运动，经当时的中共秘密党员肖子南介绍，在第一期农训班受训，后成为龙市一区农协的负责人。这枚纪念章就是他在白色恐怖降临后藏起来的。1975 年 8 月，由陈达生的孙子陈世阳捐赠入藏。

第二次国内革命战争时期毛泽东在茅坪八角楼使用的油灯

| 国家一级文物 | 井冈山会师纪念馆藏 |

由灯座、灯盘、提手三部分组成。灯座为毛竹锯制,下端带竹节,上端削成斜口并锯有一小口。灯座内空,可用来放置灯芯草,上部斜口与灯盘底部自然吻合。灯盘为铁铸,呈锅状,短柄,内盛清油或桐油以及灯芯草,点燃即起照明作用。提手为篾片削制而成,插入灯座两侧壁的小洞内,形成自然弧形,方便手提。

1927 年 10 月 ~1929 年 1 月,毛泽东经常在茅坪八角楼居住和办公,在井冈山斗争的艰苦岁月里,毛泽东、朱德、陈毅、袁文才等人经常在八角楼里商议根据地建设的重大问题。毛泽东在这里进行红色政权理论的研究工作,分别于 1928 年 10 月 5 日和 11 月 25 日写下了《中国的红色政权为什么能够存在》《井冈山的斗争》两篇光辉著作。那时根据地用油十分紧张,按规定,毛泽东可以点三根灯芯,但为了节省灯油,他一直坚持在一根灯芯的灯光下通宵达旦地工作。

这盏油灯为八角楼房东谢池香家所有,毛泽东在八角楼居住期间,房东将油灯留给毛泽东使用。1929 年 1 月,毛泽东率红四军出击赣南,离开井冈山区域,这盏油灯又由房东谢池香使用。

1968 年,谢池香之孙谢慕尧将毛泽东在八角楼居住时用过的家具器物全部捐出,这盏油灯即为其中之一。

1928 年井冈山革命根据地红军教导队学员蔡德华使用过的笔记本

| 国家一级文物 | 井冈山会师纪念馆藏 |

纸质。现存有 33 张计 66 页。内页印有蓝色横格，底页盖有蔡德华等人的印章共 17 枚，除"蔡德华印"清晰外，其余均因褪色难以辨认。

这是一本国共两党人员都用过的笔记本，原为国民党宁冈县县长张开阳所用。1928 年 2 月，宁冈县赤卫大队副大队长蔡德华在新城战斗中将其缴获，并用来记录在红军教导队培训时的授课内容。其中第 1~12 页为敌县长张开阳赴宁冈县任时的记事等，余为蔡德华的笔记。蔡德华将笔记本反过来，由后往前使用，里面记有扩大会议、政纲报告、步兵操典、侦察报告、歌曲等内容，分别用钢笔和铅笔书写。

在井冈山革命根据地的初创时期，湘赣边界工农武装割据斗争形势迫切需要培养干部力量。按照前委书记毛泽东的指示，1927 年 12 月初，工农革命军第一期军官教导队在龙市龙江书院创办，有学员一百多名。这些学员大多数是工农革命军中选派的班、排长以及地方政府选派的骨干分子。学员既操练军事，又学习政治文化，毛泽东经常来讲课。蔡德华是宁冈县柏露乡蔡亚村人，1927 年 12 月，中共宁冈支部派他参加教导队学习，在学习期间，他用这本缴获来的笔记本记录了当时的授课内容。教导队结业后，蔡德华回到地方工作，先后担任过宁冈县第三区赤卫队队长、宁冈县赤卫大队副大队长、红四军三十二团某排排长，1930 年被反动靖卫团所俘，在宁冈新城遭到杀害。此笔记本是记录我党我军早期军政干部培训的极为珍贵的实物资料。

蔡德华生前将笔记本和其他材料用油纸包好装入竹筒内，塞在自家屋檐下。1979 年 10 月，蔡德华之子蔡官妹拆家中老屋时发现，后捐赠给井冈山会师纪念馆。

1928年2月18日工农革命军战士吴腾云在攻打新城战斗中使用的棉絮

| 国家一级文物 | 井冈山会师纪念馆藏 |

棉麻纤维质地，人工弹制，其表层经、纬纱仅存少量断纱。

1928年2月18日，工农革命军第一师攻打宁冈县城——新城，吴腾云当时为二团战士，他所在的部队配合一团在南门攻城，为抵御敌人的射击，吴腾云用所携带的这床棉絮打成捆，浸上水，挡在身前作掩体，向城墙贴近。战斗中，棉絮挡住了敌人十几颗子弹，留下了许多弹洞。新城战斗是井冈山革命根据地初创期间的一次重大战斗胜利，这床棉絮既是这场战斗的见证物，又在战斗中挡住敌人的子弹，保护了战士的生命，对攻城起到了重要作用。

吴腾云为宁冈县源头村人，1928年在永新与敌作战时牺牲，年仅25岁。这床棉絮吴家一直作为亲人的遗物收藏着。1979年3月，其弟吴步云将棉絮捐出。

第二次国内革命战争时期毛泽东在井冈山革命根据地时使用的编织草鞋木架

| 国家一级文物 | 井冈山会师纪念馆藏 |

由杂木制成，呈"丁"字状。横木为一长方体木块，上端凿眼安装五根短圆柱木齿，木块侧面正中凿方眼，与木钩以榫头联结；木钩为一自然茶梓树的枝杈稍作加工而成，前端自然弯曲，使用时将勾套在凳子端头，即可操作。

1927年底至1928年春，毛泽东曾在洋桥湖村谢槐福家中居住过一段时间。当时红军的物质生活极为艰苦，官兵们穿的多为草鞋，因此草鞋的需求量相当大，红军官兵都自己学习打草鞋，毛泽东也不例外。他跟房东谢槐福学习打草鞋，经常用这个木架自己打草鞋穿。这个木架体现了红军官兵同甘共苦的民主作风，承载了革命队伍艰苦奋斗的历程和坚定不移的信念。

1929年1月，毛泽东率红四军主力出击赣南后，谢槐福一直保留和使用这个木架。1964年谢槐福老人将木架捐出。

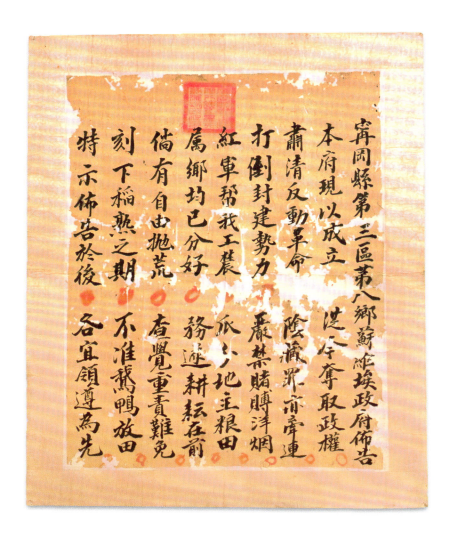

1928 年宁冈县第三区第八乡苏维埃政府布告

| 国家一级文物 | 井冈山会师纪念馆藏 |

　　毛边纸，毛笔竖书。上部中间盖"宁冈县第三区第八乡工农兵苏维埃政府印"，方印边长 6 厘米；右侧首行为标题"宁冈县第三区第八乡苏维埃政府布告"，其后内容共 8 行 16 句，采用六言体，对仗工整，双句押韵。

　　1928 年 2 月下旬，宁冈县各区、乡普遍成立了红色政府，各级苏维埃政权领导农民开展土地革命。为发展农业生产、支援革命斗争，宁冈县第三区第八乡，即新城区塘南乡工农兵苏维埃政府发布了此份布告。这张布告充分反映了井冈山斗争中，基层政权组织的主要工作，对研究井冈山斗争历史具有较大价值。

　　布告的持有者韩花鼻，当年为塘南乡赤卫队队长，1928 年被国民党守望队杀害于小源河边石桥上。他生前将这份布告用小竹筒装好，塞在自家墙缝里。1972 年，韩花鼻的儿子韩绍武拆老屋盖新房时发现这份布告，将其捐出。

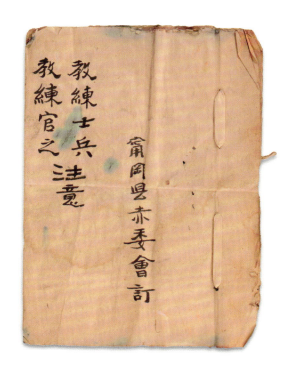

1928年宁冈县赤委会制订的《教练士兵教练官之注意》

| 国家一级文物 | 井冈山会师纪念馆藏 |

　　毛边纸，对折，右侧以纸绳手工装订，含封面共6张。毛笔竖书。封面左上角分两行竖书"教练士兵教练官之注意"，正中竖书"宁冈县赤委会订"。内页载有甲、乙、丙三个项目，18条规则。在第二页第二行下部加盖了持有者的印章"蔡德华印"。

　　1928年3月，宁冈县赤卫大队成立，4个区赤卫队、39个乡赤卫队也相继成立，为提高地方武装的军事素质，赤委会编写了训练规则，用以使教练官有章可循。作为宁冈县赤卫大队副大队长的蔡德华抄写了一本，以备教练之需。《教练士兵教练官之注意》是见证湘赣边界地方武装建设的重要文物。

　　1930年，蔡德华被反动靖卫团杀害。他生前将这本训练规则和另外一些材料装入竹筒，塞在自家屋檐下。1979年10月，蔡德华之子蔡官妹拆家中老屋时发现，后捐赠给井冈山会师纪念馆。

1928 年桃寮红军被服厂用过的缝纫机机头

| 国家一级文物 | 井冈山会师纪念馆藏 |

为老式脚踏缝纫机机头，由铸铁机头壳体和手轮、传动连杆、梭房等部件组装而成。机壳右侧上部有一个圆形的洞口，洞口原被一块圆形的产品名称标牌遮盖，推开标牌，可往机头内的传动连杆部位加注润滑油。

1928 年 5 月上旬，红四军攻占永新县城，缴获了官僚资本家邱西美的 6 台缝纫机，并运到红军创办在宁冈桃寮的被服厂。茅坪牛轭陂村裁缝师傅黄文祥在被服厂第六作业组，他分配到一台缝纫机使用。1929 年 1 月，红四军主力出击赣南，被服厂因敌军进兵而解散，黄文祥将机头带回家中，埋在自家菜地里。这台缝纫机机头是红军早期军需生产的实物见证。

1968 年，黄文祥的弟弟黄文禧将家中保存下来的缝纫机机头捐出。1979 年井冈山会师纪念馆正式成立，这件珍贵文物由该馆收藏。

1928 年 5 月 20 日中共湘赣边界第一次代表大会主席台桌子

| 国家一级文物 | 井冈山会师纪念馆藏 |

　　杉木质。桌面由六块厚板拼合，无抽屉。正面上部用六根竖短木枋榫头结合分成五格，镶嵌有长方形和菱形刻线的薄板装饰。桌脚正面较宽并呈弧形。面板与桌脚结合部位的角上，装有雕刻凤鸟简易图案的三角形支撑板。

　　1928 年 5 月 20~22 日，中共湘赣边界第一次代表大会在茅坪谢氏慎公祠召开，当时的会场上，就以这张祠堂中的供桌为主席台。毛泽东、朱德、陈毅等在主席台就座。此次会议总结了半年来井冈山斗争的经验，制定了对敌斗争的策略，产生了以毛泽东为书记的湘赣边界第一届特委会，毛泽东在会上回答了红旗到底打得多久的问题。这是井冈山革命根据地党的一次十分重要的会议，对根据地的巩固和发展产生了重大作用。这张桌子是边界党的一大的见证物，因为是祠堂里的供桌，也就得以保存而未被毁掉。

　　1968 年在茅坪进行革命旧址修复工作，经当地老人回忆，证实该供桌为当年开会时的主席台，遂将之收集并用于旧址内的复原陈列。

第二次国内革命战争时期毛泽东在八角楼使用的木床

| 国家二级文物 | 井冈山会师纪念馆藏 |

整张床以榫卯结合,顶上遮盖木板,床架左右两端和内侧均装有围板,并配以葫芦状木棒,在左右床柱的中间部位凿有小洞,并穿套小竹竿,用以放置小件衣物毛巾等。

1927年10月至1929年1月,毛泽东在茅坪领导湘赣边界工农武装割据斗争时,就居住在当地村民谢池香家中的八角楼上,睡的就是这张由房东提供的木床。1929年1月,毛泽东率红军主力出击赣南后,谢池香家继续使用此床,一直将其放置在八角楼楼上,未曾移动。因谢池香是当地德高望重的中药师,家中有一定财势,所以红军离开后,其产业房屋未遭敌军焚毁,得以保存下来。在井冈山斗争的岁月里,毛泽东在宁冈县茅坪八角楼内居住和办公了较长时间,领导边界军民同敌人进行斗争,同时进行红色政权理论的研究,写下了《中国的红色政权为什么能够存在》和《井冈山的斗争》等文章。

1967年,谢池香的孙子谢慕尧将床捐出,现存放于八角楼毛泽东旧居。

第二次国内革命战争时期毛泽东在茅坪八角楼使用的石砚

| 国家二级文物 | 井冈山会师纪念馆藏 |

青石质，圆形。上口至下底内收。上部外边缘有一圈宽约 0.9 厘米的平沿，沿内有一圈深约 1.2 厘米，截面呈 "U" 形的墨池。研堂外缘有一圈宽 0.3、高 0.1 厘米的凸边，中间下凹。砚底部上凹。

1927 年 10 月，毛泽东率工农革命军进驻茅坪，经常在八角楼居住和办公，房东是当地有名的中医谢池香，家中备有文房四宝，并提供给毛泽东使用。在艰苦的井冈山斗争岁月中，毛泽东用此方砚台写下了《中国的红色政权为什么能够存在》和《井冈山的斗争》两篇著作及大量文件。这方砚台是毛泽东当时办公的主要用具，在中国革命红色政权理论的研究和创作中发挥了重要功能。

1929 年 1 月，毛泽东离开井冈山后，谢池香将此砚台妥为保管，并一再叮嘱家人，这是毛泽东用过的砚台，要保管好。1968 年，谢池香的孙子谢慕尧将此砚捐出。

1927年毛泽东在井冈山时用过的"贰毫"银币

| 国家二级文物 | 井冈山会师纪念馆藏 |

圆形。正面外缘有一道略凸的圈线，在直径1.5厘米处有一道由圆点组成的圈线。在内圈中间，呈"十"字形排列"贰毫银币"四字。外圈内，上、下各铸有弧形排列的"中华民国十年"和"广东省造"字样；银币背面两道圈线与正面相同，圈线之间铸有英文字母，中间部位铸"20"。

1927年冬，毛泽东居住在茅坪洋桥湖村的谢槐福家中，当时袁文才的农民自卫军正在附近的步云山进行训练，毛泽东常去给予指导。一天，袁开莲在步云山卖菜给部队，而红军采买身上的钱不够，毛泽东见此情况，就从口袋里掏出"贰毫""贰角"两枚银币付给袁开莲作买菜钱。袁开莲是茅坪乡坝上村村民，因为这两枚银币是毛委员所给，她始终舍不得花掉，一直珍藏着。它体现了红军初创时期"三大纪律六项注意"的执行情况，也体现了井冈山革命根据地群众对红军和毛委员的深厚情感。

1970年，袁开莲将这两枚银币捐赠出来，并讲述了当年的情景。

1927 年毛泽东在井冈山用过的"贰角"银币

| 国家二级文物 | 井冈山会师纪念馆藏 |

圆形，边缘有细齿。正面外缘有一道略凸的圈线，紧贴圈线内边有一圈圆点。上部铸有弧形排列的"每五枚当一圆"字样，正中竖铸"贰角"字样，两边各有一束麦穗环绕。背面铸袁世凯头像，上部从右往左弧形排列"中华民国三年"字样，其外边圈线和圆点同正面。

第二次国内革命战争时期井冈山革命根据地茅坪红军医院使用的药碾槽及药碾轮

| 国家二级文物 | 井冈山会师纪念馆藏 |

均为铁制。碾槽平沿外翻，中间部位有一长形凹槽，横截面呈"V"形。底部厚重，侧面两端微翘，中间比两端矮3.5厘米。在碾槽的两头，分别浇铸了连体铁板，上部与槽体斜度自然相合，下部侧面是起支撑功能的脚，以免碾轮来回滚动时产生位移和晃动。

碾轮由轮体和手柄组成。轮体为圆形铁饼，在直径15.5厘米处，逐渐向外缘变薄。手柄是两根铁棒，焊接在轮体两侧面的圆心上。操作时，将碾轮置于碾槽内，手握或脚踏碾轮两侧铁柄，前后推动即可。

1927年10月7日，工农革命军进驻茅坪，在攀龙书院设立了井冈山革命根据地的第一所医院，当时条件很差，医疗器械和药物十分缺少，因此袁文才安排在茅坪附近坝上村开药铺的李云甫带着碾槽、药柜等来医院工作。他经常用此碾槽加工采挖的草药，为伤病员们治疗。1929年1月，红军主力离开井冈山，李云甫将这些东西搬回家中，继续卖药度日。这个碾槽见证了这段艰难困苦的斗争历史，也为保障红军的战斗力做出了贡献。

1967年夏，李云甫的儿子李继祖将这两件文物捐出。

第二次国内革命战争时期井冈山革命根据地茅坪红军医院使用的药柜

| 国家二级文物 | 井冈山会师纪念馆藏 |

　　杉木制成，整体为长方体。木枋以榫眼结合，顶板、两侧板、背板以线槽稳固，其正面的四扇双开板门无存，柜内由上至下共分三层，在第二层的下面另置抽屉层，但抽屉现已失去。这个柜子是井冈山革命根据地初创期间，红军经历艰苦斗争和创办医院的见证物。

　　1967年夏，李云甫之子李继祖将药柜捐出，存放于红军医院旧址内。

第二次国内革命战争时期井冈山革命根据地工农革命军修械所使用的铁锉刀（二把）

| 国家二级文物 | 井冈山会师纪念馆藏 |

均为长方形扁条状，两平面和一侧面遍布斜向平行锉齿，另一侧无锉齿。一把残断，断口处宽 2.9 厘米、与手柄结合处宽 3 厘米；一把前端宽 2 厘米、与手柄结合处宽 3 厘米。安装木质手柄的部位为三角形，以便穿入和稳固木柄。

茅坪马源新屋陇村的谢凡经心灵手巧，钟表修理和木匠、铁匠活计无师自通，在当地很有名气，而且是宁冈县农民自卫军团长袁文才妻子谢梅香的叔叔。袁文才拉起队伍后，就在步云山白云寺开办修理厂，由谢凡经领头，带了些人在那里敲敲打打，既打造刀具，又修理鸟铳枪支等。1927 年 10 月，毛泽东率湘赣边界秋收起义部队进驻茅坪，11 月上旬，在袁文才所办修理厂的基础上办起了枪械修理所，仍由谢凡经负责。1928 年 5 月，红四军成立后，修械所进一步扩大，并由水口山工人、共产党员宋乔生任所长。1929 年初，红四军主力下山后，谢凡经等人留在家乡，这些工具也由谢凡经带回家中自用。宁冈县茅坪步云山白云寺枪械修理所补充了军队和地方赤卫队的武器。这两把由修械所负责人谢凡经保存下来的锉刀，承载了红军早期军械生产的一段历史。

1964 年，谢凡经的儿子谢金鉴将这些工具捐出。

第二次国内革命战争时期井冈山革命根据地工农革命军修械所使用的铁钳（二把）

| 国家二级文物 | 井冈山会师纪念馆藏 |

均由上下两片组成，用销子铆合，铆合部位呈扁方状，两根手柄细长，一长一短，靠近铆合部位的一端为扁方形，尾端逐渐收缩成圆锥体。一把通长 58.7 厘米，钳口宽约 4.2 厘米，呈圆弧形，用于夹持较粗大的圆形工件。另一把通长 64 厘米，外表通体生锈，钳口扁平较窄，宽仅 2 厘米，用于夹持表面平整的较小工件；此钳钳口断失 1.5 厘米，并产生约 4.5 厘米长的纵向裂缝。

1964 年，谢凡经的儿子谢金鉴将这些工具捐出。

第二次国内革命战争时期桃寮红军被服厂使用的铁烫斗

| 国家二级文物 | 井冈山会师纪念馆藏 |

斗口略外撇，平底，中空部位用以盛木炭，高5厘米。口沿一侧斜向伸出一中空铁柄，然后装配一根长约6厘米的圆木棒，用以手持操作。在手柄与铁斗结合部位，有一高出斗口约4厘米的弧形挡板，以防操作使用时被火焰或火星灼伤。这是当年裁缝用来烫平衣物的工具。

1927年冬，井冈山山区的气候已经十分寒冷，工农革命军官兵们却仍然穿着单薄的衣衫。为了解决部队御寒问题，工农革命军后方留守处负责人按前委书记毛泽东的指示，在茅坪桃寮村创办了被服厂。当时茅坪附近的裁缝师傅，都被召集到被服厂为红军制作衣物。坝上村裁缝李继祖带着烫斗、剪刀、尺子等必备工具在厂里工作。1929年初，红军主力离开后，被服厂随即解散，李继祖亦携带这些工具回家，继续为人缝衣度日。井冈山斗争时期，红军在桃寮建立被服厂，为千千万万的指战员制作服装，使部队的战斗力量得到了保障。这件工具为红军早期军需生产历史的研究提供了实物资料。

1966年，李继祖将当时使用的这批工具捐出。

第二次国内革命战争时期桃寮红军被服厂使用的铁烫斗

| 国家二级文物 | 井冈山会师纪念馆藏 |

由烫斗和手柄两部分经铁匠锻制形成一体。烫斗为三角形铁块，前端尖而薄，后端宽而厚，底面光滑并呈船头状向上翘起，顶部中间高两边底，形成一道背脊，表面粗糙，存有锤击痕迹。手柄呈"7"字形，与烫斗后部背脊处连为一体，为一方形细长铁条，转折处成钝角向上微翘，并逐渐收细，至尾端成尖形，以便安装木柄。

1966 年，李继祖将当时使用的这批工具捐出。

第二次国内革命战争时期井冈山革命根据地红军被服厂使用的铁尺

| 国家二级文物 | 井冈山会师纪念馆藏 |

扁平长条状。由铁匠铸制后对表面进行整平抛光加工而成。

1966 年，李继祖将当时使用的这批工具捐出。

第二次国内革命战争时期井冈山革命根据地红军被服厂使用的竹尺

| 国家二级文物 | 井冈山会师纪念馆藏 |

　　为长条形竹片，经削制、旋钻刻度小孔、涂抹铜粉、打磨抛光等工序制作而成。其正面刻度共计十寸，背面距一端 5 厘米处有"友云"二字，也采用了钻孔、涂抹铜粉的工艺。

　　1966 年，李继祖将当时使用的这批工具捐出。

第二次国内革命战争时期桃寮红军
被服厂使用的铁剪刀（二把）

| 国家二级文物 | 井冈山会师纪念馆藏 |

均为两片刀片用销子铆合而成。刃口外侧略凸成弧状，内侧中部下凹，刃口端部分别宽 1 和 0.7 厘米，角部磨圆。一端手柄呈耳朵状；另一端手柄呈弧形上翘，尾端打成弧形扁平状，以增加刮线和缝、挑衣角等功能。

1966 年，李继祖将当时使用的这批工具捐出。

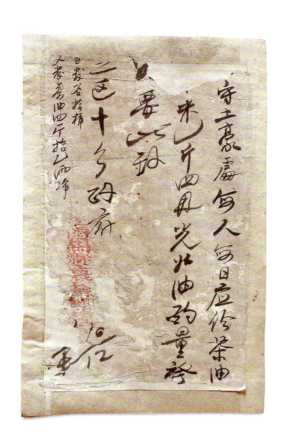

第二次国内革命战争时期宁冈县第三区第十乡政府便条

| 国家二级文物 | 井冈山会师纪念馆藏 |

毛边纸，竖书。主要内容为发给食米两桶。文末有乡政府保管处两人的签名、时间和条印。

这张便条实际上是发给看守土豪的人员领取大米的凭证。它反映了井冈山革命根据地初创阶段经济斗争以打土豪、筹款子为主的斗争方式，为研究湘赣边界群众积极参与根据地经济建设提供了佐证。

1964 年，由当时的宁冈县民政局征集。

1928 年宁冈县第三区赤卫队点名册

| 国家二级文物 | 井冈山会师纪念馆藏 |

由三层毛边纸粘贴而成，共计折页 21 张，拉开时即为一长条形纸张。封面用铅笔竖书"赤卫队点名册"，内载三个班赤卫队员的姓名，共计 44 人，分别用毛笔和铅笔竖书。

第三区赤卫队于 1928 年 2 月下旬成立并参与红军对敌作战，为巩固红色政权起到了积极作用。蔡德华从工农革命军军官教导队学习回来后，即担任该区赤卫队队长。这份点名册的保存，为井冈山斗争中地方武装的建设提供了佐证。

1930 年蔡德华在宁冈新城牺牲。他生前将这本点名册连同其他文件用竹筒装好，塞入自家屋檐下。1979 年 10 月，其子蔡官妹拆老屋时发现，后捐赠井冈山会师纪念馆。

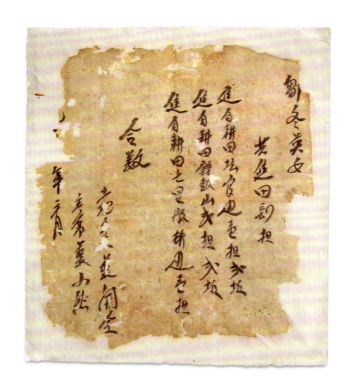

第二次国内革命战争时期宁冈县浆山乡邹冬英的分田证

| 国家二级文物 | 井冈山会师纪念馆藏 |

毛边纸，竖书。内容包括进田人的姓名、性别、进田总数和地点位置，并有土地委员、乡政府主席的签名和时间。

井冈山斗争时期，宁冈县是最早开展分田、土地革命最为深入的地方，各区、乡从1928年2月下旬就开始分田，到同年3月上旬，全县的土地均已分配完毕，这张分田证即为浆山乡工农兵政府发给农民邹冬英的证件。

1970年，宁冈县东上公社浆山大队孤寡老人邹冬英逝世时，她贴身的衣服口袋里装有几块银圆和这张分田证。分田证上署名的叶开全和叶小然都是当年的工农兵政府干部，又根据文字载明的田址，知道这是井冈山斗争时期的分田证。这张被小心保存的分田证足以说明根据地群众对土地革命成果的珍爱，是湘赣边界开展土地革命运动的珍贵资料。

1970年，宁冈县东上公社浆山大队主任叶冬香将这件分田证上交。

1928 年 4 月写在宁冈县大陇的"欢迎朱军长"标语

| 国家二级文物 | 井冈山会师纪念馆藏 |

　　这条标语是用石灰水从左至右横向刷写在砖墙抹灰层上的。楷书"欢迎朱军长"五字，字宽约 27、高约 36 厘米。

　　1928 年 4 月底，南昌起义部分部队和湘南暴动农军，在朱德、陈毅率领下来到宁冈与毛泽东领导的秋收起义部队胜利会师，当时宁冈各地写了大量标语欢迎朱德部队。这条标语写在大陇乡下街陈盛家的右侧山墙上，由群众用黄泥抹盖得以保存下来。这条标语是井冈山会师的历史见证，体现了根据地人民对朱德军长和红军的拥护爱戴之情。

　　1969 年 5 月，按宁冈县宣传毛主席在宁冈革命活动办公室的工作安排，袁嘉吉、刘晓农、刘才发等组织民工将标语拆下运回井冈山会师纪念馆，现在井冈山会师纪念馆展出。

1928 年 4 月写在宁冈县龙市房屋墙上的 "庆祝红军胜利会师" 标语

| 国家二级文物 | 井冈山会师纪念馆藏 |

这条标语是用石灰水从左至右横向刷写在老式青砖墙上的。楷书 "庆祝红军胜利会师" 八字,字宽约 20、高约 22 厘米。

1928 年 4 月底,南昌起义部分部队和湘南暴动农军,在朱德、陈毅率领下来到宁冈与毛泽东领导的秋收起义部队胜利会师,当时宁冈各地写了大量标语欢迎朱德部队。这条标语写在龙市镇河西坳上袁吉生家房屋的山墙上,红军离开井冈山后,袁吉生家人用黄泥浆抹盖将其保护下来。井冈山会师是中国革命史的重大事件,这条标语是当年两军会师的历史见证。

1969 年 5 月,根据宁冈县宣传毛主席在宁冈革命活动办公室的布置,袁嘉吉、刘晓农、刘才发等前往袁吉生家将标语重新恢复。1979 年宁冈县兴建井冈山会师纪念馆时,将标语仔细拆下,将砖头分别编号后运回纪念馆镶砌展出。

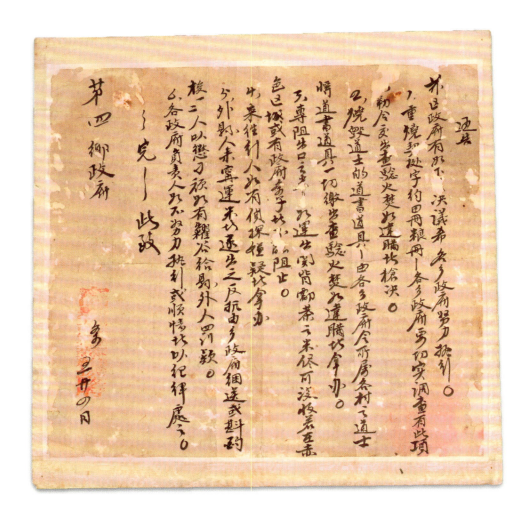

1928年5月24日宁冈县第三区第四乡苏维埃政府通告

| 国家二级文物 | 井冈山会师纪念馆藏 |

毛边纸，竖书。主要内容有烧毁地主劣绅契据字约、田册粮册，破除封建迷信，防止奸细破坏，禁止米谷外籴等六项。左下方盖有"宁冈县第三区第四乡苏维埃政府"印。

1928年5月，井冈山革命根据地进入了全盛时期，为巩固土地革命成果，发展工农武装割据形势，各级工农兵政府采取了具体措施来加强根据地建设。这份通告就是新城区蕉陂乡按区政府指示发出的，时任第四乡党支部书记的尹其章保存了一张。这张通告充分反映了井冈山斗争中基层政权的工作内容和措施，对研究井冈山革命斗争历史具有一定价值。

1967年，尹其章将其保存的这张通告捐出。

1928 年宁冈县赤卫连点名册

| 国家二级文物 | 井冈山会师纪念馆藏 |

　　纸张较厚，压有竖线纹和花纹，右侧用纸绳装订，包括封页仅存3张。封页竖书"宁冈县赤卫连点名册"，内页正反两面都有人员名单，按班次竖书从班长到士兵的姓名，清晰可辨。

　　宁冈县赤卫连于1928年5月成立。同年6月，蔡德华由第三区赤卫队队长调任县赤卫连副连长。宁冈县赤卫连在井冈山斗争中，协同红军对敌作战，保卫红色政权和土地革命成果，为根据地的建设做出了重要贡献。

　　1930年蔡德华在宁冈新城牺牲。他生前将这本点名册连同其他文件用竹筒装好，塞入自家屋檐下。1979年10月，其子蔡官妹拆老屋时发现，后捐赠井冈山会师纪念馆。

第二次国内革命战争时期井冈山革命根据地西源乡赤卫队使用的土炮（二门）

| 国家二级文物 | 井冈山会师纪念馆藏 |

俗称"横天地铳"，由炮管和持手两部分组成。炮管为钢管，前端加工成喇叭口，在炮管的前端、腰身和末端各有一道与炮管牢固结合的铁箍。前端铁箍套在炮管外径上，并超出管口3厘米，既增加了炮口强度，又保护炮口免受损伤。腰箍凸鼓，其中一门最厚处伸出一块铁片，其上钻一圆洞，一则增加炮管强度，二则可在洞中插销子连接支架，发射时起调整角度和支撑炮管的作用。持手部位主体是一圆铁棒，前端插入炮管内孔，并牢固结合，再用铁箍加固，铁箍上钻一插引线的小孔，后部加工出适当长度的圆孔，用以安装木棒，增加持手部位的长度和减轻发射时产生的反冲力度。

古城区西源乡赤卫队于1928年2月下旬成立，有四十余人，当年曾长时间随红军主力外出战斗。1928年5月，该赤卫队在鄰县九都同挨户团作战获胜，缴获敌人的地铳式土炮两门，带回宁冈。同年6月23日，赤卫队扛着这两门土炮参加井冈山斗争中著名的七溪岭战斗，发挥了重要作用。

1929年初，湘赣敌军对井冈山革命根据地发动第三次"会剿"，敌人在西源村进行了疯狂烧杀，该乡赤卫队队长谢香林安排谢锡光等人把这两门土炮用油纸包裹好，沉入屋背山冲夹雷湖的湖洋田里。中华人民共和国成立后，谢锡光等四人将土炮取出。1968年，土炮被宁冈县革命文物修建委员会征集。

第二次国内革命战争时期湘赣边界工农兵政府
财政部长余贲民使用的木箱子

| 国家二级文物 | 井冈山会师纪念馆藏 |

由杉木制成，箱身和箱盖用铜交链组合，箱体木板采用撒头榫工艺制作，除底部外，其他表面均油漆过。正面中间装配老式铜片双眼锁扣，两边的搭扣已脱落；背面两侧各钉铜交链，将身、盖连为一体；两个侧面各钉有一半月形提环，安装时采用四枚直径约 2.3 厘米的"道光通宝"铜钱代替垫片，以防提手环钉穿透时损伤木箱的外表面；木箱的底部装有两根用榫头结合的木枋，底板则钉于木枋上部，木枋起稳固底板和增加承载力的作用。

余贲民是湖南平江县人，土地革命时期，先后任湘赣边界秋收起义前敌委员会委员、工农革命军第一师副师长、红四军后方留守处处长等职。在井冈山斗争时期，余贲民曾担任湘赣边界工农兵政府财政部长，当年他用这个小木箱装账本和贵重财物，以方便携带。1929 年 1 月，红军主力离开井冈山之前，余贲民住在茅坪五斗村刘应龙家，出发时将这个箱子留给了刘应龙。1933 年 2 月，余贲民牺牲在江西省万载县小源村。这个木箱见证了井冈山斗争中红色政权建设的历史和先烈的革命生涯。

1983 年刘应龙将箱子捐出。

第二次国内革命战争时期红四军三十一团三营营长周鲂使用的铁匕首

| 国家二级文物 | 井冈山会师纪念馆藏 |

呈鱼肚状，厚背，单面刃，圆形手柄中空，可安装木棒。

周鲂，湖南省耒阳县人，1927 年带领耒阳县暴动团参加围攻长沙城的战斗。1928 年在湘南年关暴动中任第四师某连连长。井冈山斗争时期在红四军三十一团三营任职。后在闽西作战时牺牲。

第一次国内革命战争时期，周鲂带领 12 人攻打耒阳恶霸地主曾水仙家，用这把匕首杀死曾水仙之子和团丁数人，缴获一枝长枪和两支短枪。在随南昌起义余部和湘南暴动农军上山时，他将这把匕首交由妻子保存。这把匕首伴随和见证了周鲂烈士的革命战斗历程。

1989 年 3 月，其妻谷子英携女儿周凤杨来到井冈山会师纪念馆，并将这把匕首交由井冈山会师纪念馆收藏。

第二次国内革命战争时期陈毅安、李志强使用的搪瓷茶盘

| 国家二级文物 | 井冈山会师纪念馆藏 |

　　铁胎，外包釉料烧制而成。平沿外翻，斜腹，平底。内底外侧饰一圈弹头形图案，尖头朝内，贴近弹头形图案的内侧有一圈不规则菱形点；内底中心绘枝叶交错的两朵并蒂牡丹花。图案花朵均为蓝色。

　　陈毅安，湖南省湘阴县人。1924 年春加入中国共产党，1926 年 10 月黄埔军校第四期毕业。1927 年 9 月参加秋收起义，后上井冈山，任红四军十一师三十一团一营营长，参与指挥了著名的黄洋界保卫战。1929 年 1 月红四军主力下山后，调任红五军副参谋长。1930 年 7 月任红三军团第一纵队司令员，同年 8 月 7 日攻打长沙时牺牲，时年 25 岁。

　　陈毅安为了革命事业多次推迟婚期，1929 年在坚持井冈山斗争中负伤，彭德怀亲自派人将其护送回家治疗，并嘱咐他伤好后将婚事办了。陈毅安在家乡经恋人李志强的悉心护理后痊愈，伤愈后两人完婚。这个茶盘是他们结婚时添置的器物。陈毅安牺牲时，李志强已怀孕，她忍着巨大的悲痛，怀着革命事业必然胜利的信念，抚养烈士遗腹子。他和李志强的爱情故事，以及在战火年代里保存下来的被称为"红色两地书"的 54 封书信，是教育、激励青少年奋发向上、正确对待人生的绝好教材。这个茶盘见证了这对革命情侣聚少离多的革命生涯。

　　中华人民共和国成立后，陈毅安被列为中华第九号烈士，其遗腹子陈晃明后成为北京理工学院教授。1990 年 8 月，陈教授遵循母亲的遗愿，专程从北京送来这个茶盘，将其捐赠给井冈山会师纪念馆。

第二次国内革命战争时期陈毅安、李志强使用的木座钟

| 国家二级文物 | 井冈山会师纪念馆藏 |

　　这是一台由天津怡威钟表行生产的座钟，由座台、壳体和时钟机件三大部分组成。座台由木框架和四块扁形木块组成的矮脚粘接而成，底部用木胶板封闭。壳体上部为半圆形，下部逐渐呈弧形外撇。前后立板为木板，并用木胶板按半圆和弧形曲线顺势自然粘贴牢固，形成一个中空的壳体。正面外边缘凸出一条边沿线，在弧线和半圆交结处形成一个蝴蝶结，左右对称，增加了壳体的立体感。正面中心挖钟盘洞，并与钟盘密合。背面中轴线上设一带拱圈的小门，用铜质铰链安装门扇，门扇左侧装一圆形小拉手，以方便开启。壳体中空部位置机件。整个座钟用料精，做工细，形体美。

　　1990 年 8 月，陈毅安之子陈晃明将这台座钟捐赠给井冈山会师纪念馆。

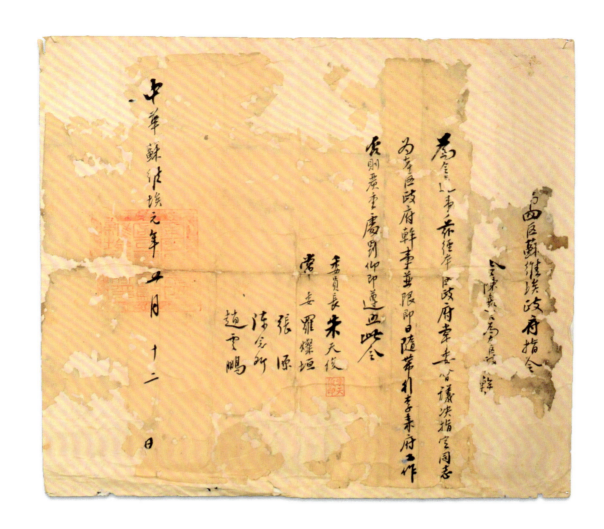

"中华苏维埃元年四月十二日"宁冈县第四区苏维埃政府指令

| 国家二级文物 | 井冈山会师纪念馆藏 |

　　毛边纸，竖书。主要内容为：经区政府常委会议决，指定陈嘉吉为区政府干事，并限即日随带行李赴任。文末有委员长朱天俊的签名和盖章，以及罗灿垣、张源、陈念昕、赵云鹏四名常委的签名。最左侧行中间盖有边长 6.5 厘米的"宁冈县第四区工农兵苏维埃政府印"方印，落款时间为"中华苏维埃元年四月十二日"。这张指令实际上是一张工作调动和任职通知书，对研究湘赣革命根据地早期基层政权机构建设具有一定的价值。

　　1986 年 4 月，湖里背村高贵和家拆老屋翻盖新房时，在大门框上方缝隙中一扁平布包里发现这件文物，后将其捐出。

第二次国内革命战争时期中华苏维埃共和国临时中央政府借谷证

| 国家二级文物 | 井冈山会师纪念馆藏 |

　　毛边纸，绿色印油印制。正面上首两条弧线中间，从右至左印"中华苏维埃共和国临时中央政府临时借谷证"，紧贴字下正中印党徽，中间印"干谷十斤折米七斤四两"，下部竖排说明文字共 13 行，左侧印"财政人民委员邓子恢"，左下首盖"邓子恢印"小方章。在借谷证的正中加盖了圆形公章，外圈文曰"中华苏维埃共和国临时中央政府财政人民委员会"，中圈为两束麦穗图案，内圈为地球图形，在地球图形正中是党徽。背面空白。

　　1932 年冬至 1933 年春，中华苏维埃共和国临时中央政府为解决战时军粮紧缺问题，向群众借谷借油，对借油者则按时价折成米数，同时发给此证为凭，待当年早谷收成后，向当地政府领还新谷。这一措施为解决军粮困难，支援前方战争，打破敌人对中央苏区的"围剿"起到了很大作用。这张保存下来的借谷证，是这一段历史的见证。

　　1978 年 10 月 16 日，宁冈县东上乡七里船村党支部书记罗学华等人在山里打猎，在一个山洞里发现一只旧木箱，木箱中用油纸和布包裹着一些债券等物品。后送交革命历史纪念馆。

永新县

湘赣革命纪念馆

第二次国内革命战争时期湘赣边界苏区游击队用过的铜炮

| 国家一级文物 | 湘赣革命纪念馆藏 |

　　此铜炮为太平天国殿左二十九检点傅忠信于 1856 年奉命铸造。呈长筒状，前小后大，中部两侧附两个对称的圆柱形炮耳，炮身有四组突棱将炮筒分成四节，第二至四节铸有"太平天国""监造后廿十七军正铸刘启盛""丙辰六年吉安郡造"等铭文，铜炮装填发射用火药量为二十两，属小型前膛炮。

　　铜炮发现于永新县象形乡，这里曾是红六军团突围西征出发前的省委机关驻地，红军主力离开后，湘赣苏区白色恐怖严重，留下坚守苏区的地方革命武装被迫转入地下游击。因铜炮太重，搬动不便，游击队将其就近隐藏在桃花山游击区，伺机再用。

1932 年湘赣省造币厂仿造 1914 年袁世凯头像 "壹圆" 银圆铜模

| 国家一级文物 | 湘赣革命纪念馆藏 |

　　铜芯铁箍，通高 9 厘米，分上、下两层，子母口套合。上层模为一圆柱体，高 5.1 厘米，外围铁质保护套箍顶径 7、宽 3 厘米；底面铜质模芯直径 5.8 厘米，模芯正中阴刻两束左右对称、穗柄相交成环形的反向麦穗图案，中间为竖排 "壹圆" 反向魏体字。下层模高 3.8 厘米，有两层铁质保护套箍，外层套箍底径 8.1、宽 3 厘米；内层套箍内径 5.9、宽 3 厘米；底面铜质模芯直径 5.8 厘米，平面与内层套箍相平，但凹进外层套箍 1.4 厘米深，呈一圆盒状，铜质模芯正中阴刻袁世凯戎装侧身头像的反向图案，头像上面弧形排列 "中华民国三年" 反向魏体字。铜模外形较完整，模芯表面平滑光亮，模面纹饰稍显模糊。

　　为打破国民党经济封锁，开展货币斗争，便于从国民党统治区购买食盐、弹药等急需物资，湘赣省造币厂仿造当时市场流通的银圆铸造货币，有 "袁大头" "孙小头" 和光绪元宝等种类。此铜模是 1932 年湘赣省造币厂仿造 "袁大头" 一元银圆所使用的模子，因磨损过度，花纹不清晰，被作为淘汰品就地埋藏。

　　1934 年 12 月，捐赠人在湘赣省造币厂生产地所在山上拾得。

1932 年湘赣省造币厂仿造 1914 年袁世凯头像"壹圆"银圆

| 国家一级文物 | 湘赣革命纪念馆藏 |

圆形,边缘规整。正面图案为袁世凯侧身戎装头像,上方弧形排列"中华民国三年"字样。背面图案为两束麦穗穗柄相交而成的环形,中央竖排"壹圆"二字。正反两面图案皆为阳纹。

此银圆为湘赣省造币厂为打破敌人的经济封锁所仿造,俗称"大脑壳"。

此枚银圆是原江苏生产建设兵团副司令刘群 1932 年在湘赣省军区工作时苏区发给他的"伙食尾子",经当时在湘赣省造币厂工作过的老人确认,是湘赣省造币厂 1932 年生产的。

第一次国内革命战争时期谭震林用过的订书机

| 国家二级文物 | 湘赣革命纪念馆藏 |

这是 19 世纪早期生产的简易手压式订书机。由机身、底座（缺）及手柄组成。机身由两块梯形铁块组成，中间设可放置订书针的凹槽，并装有一铁栓与手柄相连，手柄为长条形，末端呈圆饼状。机身上铸有几何纹。订书机现只剩机身部分，底座及配件缺损，功能已失。

谭震林，1902 年出生于湖南省攸县城关镇。1913 年，在书纸店当学徒，广泛阅读进步书籍，接受革命思想。1926 年加入中国共产党。井冈山斗争时期，先后当选为中共湘赣边界副书记、书记和工农兵政府土地部部长，在永新县成功领导土地分配工作。中华人民共和国成立后任中央书记处书记、中央政治局委员、国务院副总理、全国人大常委会副委员长、中央顾问委员会副主任等职。

此订书机为第一次国内革命战争时期谭震林在书纸店工作时使用过的原物，1962 年由谭震林胞弟谭乐春捐赠。

第一次国内革命战争时期谭震林用过的裁纸刀

| 国家二级文物 | 湘赣革命纪念馆藏 |

弯月形，由刀体和刀柄组成。刀体为铁质，较薄，锈蚀，刀刃有小缺口。刀柄为木质，短圆柱形，粗糙，有裂缝。

此裁纸刀为谭震林在书纸店当学徒时用过的原物，1962年由谭震林胞弟谭乐春捐赠。

1928年龙源口战斗中红四军二十九团用过的铜军号

| 国家二级文物 | 湘赣革命纪念馆藏 |

吹口呈漏斗状，颈部较细，号管弯曲两圈半，圆形喇叭口。在号颈处系有红棉布。

1928年6月23日的龙源口战斗中，红四军二十九团用过此军号。捐赠人为曾参加龙源口战斗担架队的一名永新县苏区干部。龙源口战斗中，这名干部将受伤的二十九团司号员送到山下村民家中救治后匆忙返回战场，挂在身上的军号忘记取下。归还时，发现伤好后的司号员已返回部队，于是将军号带回家中珍藏。龙源口战斗是井冈山斗争时期规模最大、歼敌最多、影响最深远的一次战斗，也是我军战斗史上第一次以少胜多的战役，使井冈山革命根据地进入了全盛时期。

第二次国内革命战争时期永新县象形区石塘村列宁小学用过的风琴

| 国家二级文物 | 湘赣革命纪念馆藏 |

　　黑褐色，木质，脚踏式，共23组键盘。键盘上面印有"嘉禾牌风琴，中华书局制"和一行英文，并有圆形花环内书"中华"两字的商标，字体及商标皆为金色。键盘底下设两块踏板，以脚踩鼓风。

　　这架风琴是第二次国内革命战争时期湘赣苏区永新县象形乡石塘村列宁小学使用过的。湘赣苏区大多是贫苦工农，子女上不起学，文盲很多，为改变这种现状，湘赣省苏维埃政府决定，以革命战争为中心，开展义务文化教育，扫除文盲，推广初小、高小的设立，使苏区7~13岁的适龄儿童能够免费入学，做到平均800人左右要有一所小学，每个乡有一所列宁小学，人口多的有2~3所。列宁小学大力革新教学内容，开设了国语、算数、音乐、图画、体操等课程。

第二次国内革命战争时期甘泗淇用过的军毯

| 国家二级文物 | 湘赣革命纪念馆藏 |

纯羊毛质地，长方形。靠近边沿处织有褐色"回"字纹。

此军毯是第二次国内革命战争时期甘泗淇（别名姜凤威、姜炳坤）用过的原物。

甘泗淇，1904年出生，1926年加入中国共产党。1931年8月1日，奉命到永新组建中共湘赣省委，先后任湘赣省宣传部部长、湘赣省军区政治委员、湘赣省财政部部长兼国民经济部部长、中国工农红军第六军团政治部主任等职。1933年底，甘泗淇率部在永新作战时受伤，永新红色独立营负责人将家人十分珍视的战利品军毯送给了甘泗淇。甘将军带着它南征北战，中华人民共和国成立后仍在使用。他逝世后，为了表达对湘赣苏区人民的深情厚谊，1979年其爱人李贞将军将这件军毯捐赠给湘赣革命纪念馆。

1932~1934 年湘赣省造币厂制造银圆用过的兑花石

| 国家二级文物 | 湘赣革命纪念馆藏 |

麻石质，方柱形。通高 72 厘米。顶部横截面为长方形，长 37.5、宽 21 厘米；底部横截面为正方形，边长 37.5 厘米。顶部中央有一个直径 8.4、深 5 厘米的圆孔，用以放置铜模，铜模内装有银圆坯子，启动上面的冲石，靠重力将铜模的花纹印在银坯上，完成"兑花"工序。兑花石左、右两面上下各有两个长 6、宽 9 厘米的长方形孔。前面也有两孔，上孔为长方形，长 6、宽 9 厘米，下孔为圆形，直径 3 厘米，从前面穿透至背面。

此兑花石是湘赣省造币厂制造银圆用过的造币工具，对粉碎敌人对湘赣苏区的经济封锁起了重要作用。

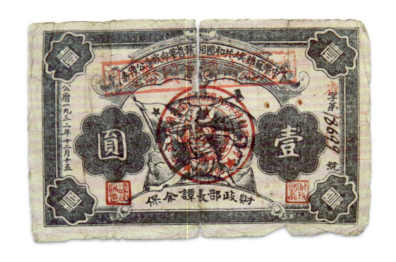

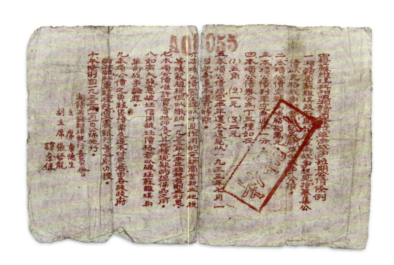

1932年12月中华苏维埃共和国湘赣省革命战争公债"壹圆"券

| 国家二级文物 | 湘赣革命纪念馆藏 |

此券由湘赣省发行。

正面为白底蓝图，四周印有长方形框，框内正上方弧形排列"中华苏维埃共和国湘赣省革命战争公债券"字样；正中是两名工人手举红旗的主体图案，并盖有"中华苏维埃共和国湘赣省苏维埃政府财政部"印章，左右两边的八瓣花框中各嵌印"壹""圆"两字；正下方的弧形框内有"财政部长谭余保"七字，两侧分别盖有"财政部长""谭余保印"两个方章；四角的花框内各嵌印"壹"字。框内左边竖印"公历一九三二年十二月十五"字样，右边印有冠号。

背面为白底红字，印有"中华苏维埃共和国湘赣省发行革命战争公债条例"，共十条。落款为湘赣省苏维埃执行委员会主席袁德生，副主席张启龙、谭余保。楷体竖排。

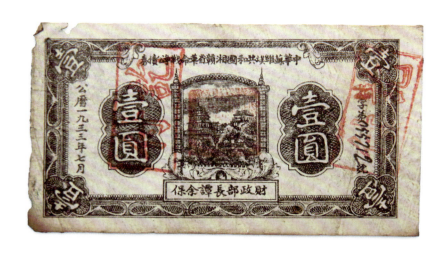

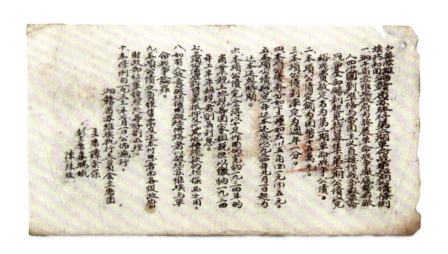

1933年7月中华苏维埃共和国湘赣省革命战争公债"壹圆"券

| 国家二级文物 | 湘赣革命纪念馆藏 |

此券由湘赣省发行。

正面四周印有长方形花框，框内正上方横排"中华苏维埃共和国湘赣省革命战争公债券"字样；中间主体图案为楼阁风景图，左右两侧椭圆形花框内嵌印"壹圆"两字；下方的长方形小框中有"财政部长谭余保"七字；四角的花框中各嵌印"壹"字。框内左边竖印"公历一九三三年七月"，右边印有冠号。

背面印有"中华苏维埃共和国湘赣省发行第二期革命战争短期公债条例"，共十条。落款为湘赣省苏维埃执行委员会主席谭余保，副主席李瑞娥、陈珠妹。楷体竖排。

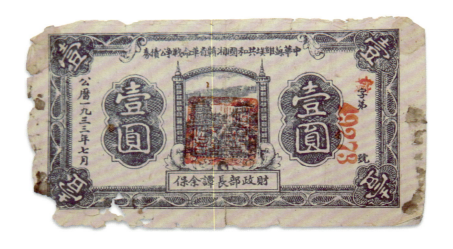

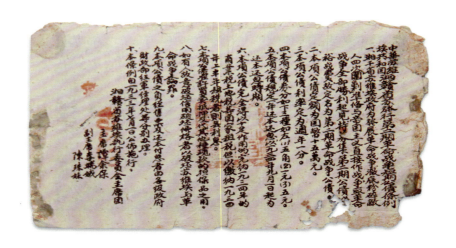

1933年7月中华苏维埃共和国湘赣省革命战争公债"壹圆"券

| 国家二级文物 | 湘赣革命纪念馆藏 |

此券由湘赣省发行。

正面为白底蓝图，四周印有长方形花框，框内正上方横排"中华苏维埃共和国湘赣省革命战争公债券"字样，中间主体图案为楼阁风景图，左右两侧的椭圆形花框内嵌印"壹圆"两字；正下方的长方形小框内横排"财政部长谭余保"七字。四角的花框中各印有"壹"字。框内左边竖印"公历一九三三年七月"，右边戳印红色冠号。

背面为白底黑字，印有"中华苏维埃共和国湘赣省发行第二期革命战争短期公债条例"，共十条。落款为湘赣省苏维埃执行委员会主席谭余保，副主席李瑞娥、陈珠妹。楷体竖排。

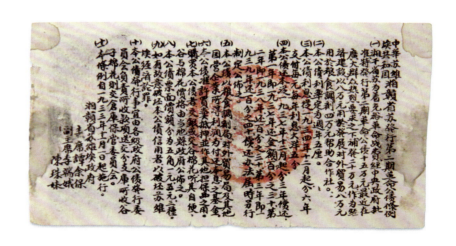

1933年11月中华苏维埃共和国湘赣省革命战争公债"壹圆"券

| 国家二级文物 | 湘赣革命纪念馆藏 |

此券由湘赣省发行。

正面四周印长方形花框，框内正上方横排"中华苏维埃共和国湘赣省革命战争公债券"字样；中间主体图案为楼阁风景图，左右两侧的椭圆形花框内嵌印"壹圆"两字；正下方的长方形小框内横排"财政部长甘泗淇"七字。四角的花朵中各有一个"壹"字。框内左边竖印"公历一九三三年十一月"，右边印有冠号。

背面印有"中华苏维埃共和国湘赣省发行第二期革命战争短期公债条例"，共十条。落款为湘赣省苏维埃执行委员会主席谭余保，副主席李瑞娥、陈珠妹。楷体竖排，中央盖有红色圆印。

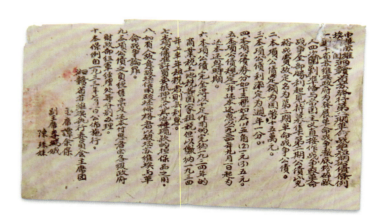

1933年7月中华苏维埃共和国湘赣省革命战争公债"伍角"券

| 国家二级文物 | 湘赣革命纪念馆藏 |

此券是1933年7月中华苏维埃共和国湘赣省发行的。正面为白底黄图，外围印长方形花框，四角各嵌印一个"伍"字，框内正上方横排"中华苏维埃共和国湘赣省革命战争公债券"字样，中央横排三个花形图案，正中图案内印面额"伍角"，正下方一长方形小框内印"财政部长谭余保"七字，左边竖印"公历一九三三年七月"，右边印有票号并盖圆形红章。

背面为白底黑字，印有"中华苏维埃共和国湘赣省苏发行第三期革命战争短期公债条例"，共十条。落款为湘赣省苏维埃执行委员会主席谭余保，副主席李瑞娥、陈珠妹。楷体竖排。

为了筹集革命战争资金、调节市场货币流通量、稳定币值，湘赣革命根据地在中央政府的批准下，发行了两期（含补发一期）公债。公债券允许买卖抵押及做其他种类的现款担保之用，还可以抵税和作为货币使用。为了节约印刷费用，曾采取付息后加盖"本息还清转为国币通用"印章的办法，视同银币券流通。公债券设计构思严谨、主题明确，具有浓郁的时代特征。

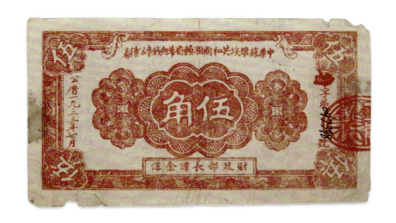

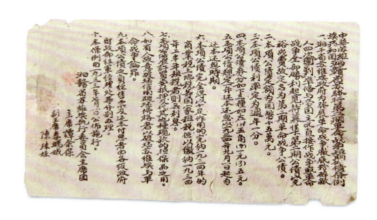

1933年7月中华苏维埃共和国湘赣省革命战争公债"伍角"券

| 国家二级文物 | 湘赣革命纪念馆藏 |

　　此券是1933年7月中华苏维埃共和国湘赣省发行的。正面为白底红图，外围印长方形花框，四角各嵌印一个"伍"字，框内正上方横排"中华苏维埃共和国湘赣省革命战争公债券"字样，中央横排三个花形图案，正中图案内印面额"伍角"，正下方一长方形小框内印"财政部长谭余保"七字，左边竖印"公历一九三三年七月"，右边印有票号并盖圆形红章。

　　背面为白底黑字，印有"中华苏维埃共和国湘赣省苏发行第三期革命战争短期公债条例"，共十条。落款为湘赣省苏维埃执行委员会主席谭余保，副主席李瑞娥、陈珠妹。楷体竖排。

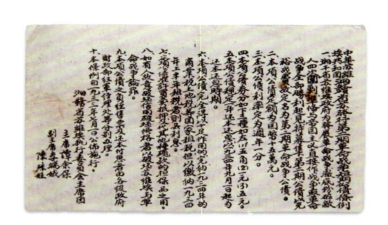

1933年7月中华苏维埃共和国湘赣省革命战争公债"伍角"券

| 国家二级文物 | 湘赣革命纪念馆藏 |

此券是 1933 年 7 月中华苏维埃共和国湘赣省发行的。正面为白底蓝图，外围印长方形花框，四角各嵌印一个"伍"字，框内正上方横排"中华苏维埃共和国湘赣省革命战争公债券"字样，中央横排三个花形图案，正中图案内印面额"伍角"，正下方一长方形小框内印"财政部长谭余保"七字，左边竖印"公历一九三三年七月"。

背面为白底黑字，印有"中华苏维埃共和国湘赣省苏发行第三期革命战争短期公债条例"，共十条。落款为湘赣省苏维埃执行委员会主席谭余保，副主席李瑞娥、陈珠妹。楷体竖排。

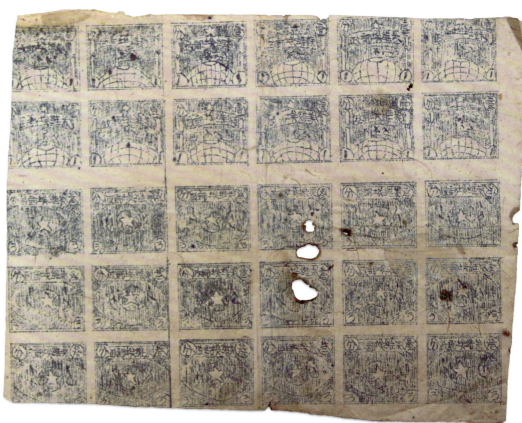

1932~1934 年中华赤色邮政湘赣省总局"壹分"与"叁分"八连张及三十连张邮票

| 国家二级文物 | 湘赣革命纪念馆藏 |

八连张邮票由 4 张一分和 4 张三分邮票组成；三十连张邮票由 12 张一分和 18 张三分邮票组成。

每张票面均呈正方形、蓝色油印，图案简单拙朴。其中一分票票面印有方形外框，框内上面有一个五角星，中间有横排"苏维埃邮政"字样，下面印有半圆形地球图案，四角分别印有一个圆圈，左上圈内印"分"字，右上圈内印"壹"字，下面两个圈内各有一个阿拉伯数字"1"，整个票面无图案处印满细竖线。三分票票面印有方形外框，框内上面横排"苏维埃邮政"字样，中央印有一只睁开的眼睛，瞳孔处为一个五角星，四角分别印有一个圆圈，左上圈内印"分"字，右上圈内印"叁"字，下面两个圈内各有一个阿拉伯数字"3"，整个票面无图案处印满细竖线。

这两版邮票均为中华赤色邮政湘赣省总局 1932~1934 年印行。

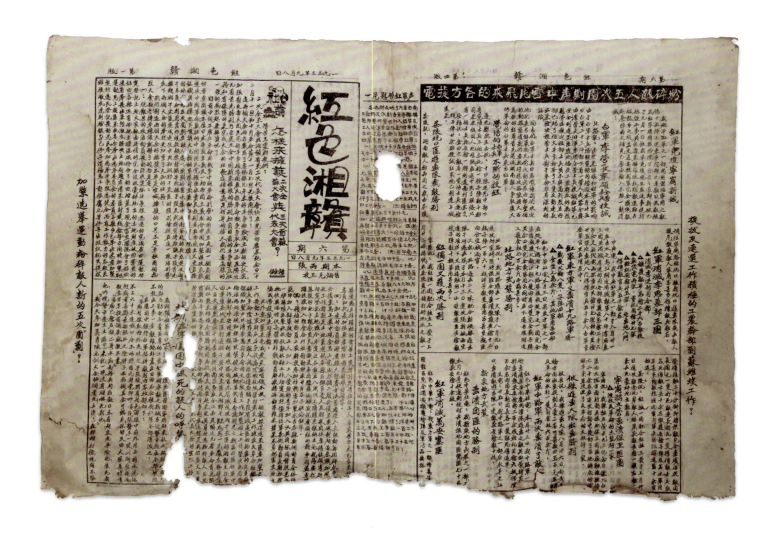

1933年版湘赣省苏维埃政府机关报《红色湘赣》第六期

| 国家二级文物 | 湘赣革命纪念馆藏 |

　　《红色湘赣》是湘赣省苏维埃政府机关报。第六期出刊于1933年9月8日，售价铜圆三枚，双面石印印刷，本期为两张，每张4版，共8版。1~4版正面左为第1版、右为第4版，背面左为第3版、右为第2版。版面文字竖排，骑缝区横排，字体皆为行楷。刊头"红色湘赣"竖列在第一版的右上角，为加粗艺术字体，每版内容均用粗黑线条框住，框外左右分别竖列一条宣传标语。

　　本期现存1~4版，载有《怎样来拥护二次全苏大会与三次省苏代表大会》《粉碎敌人五次"围剿"雪片飞来的各方捷电》等文章。

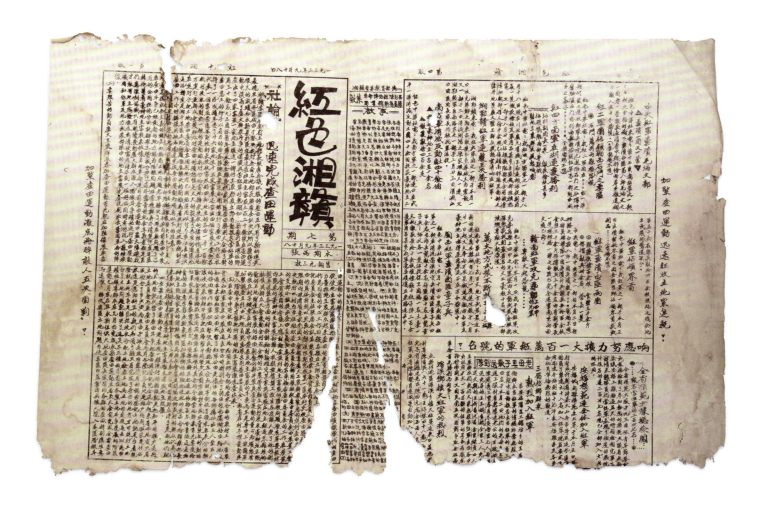

1933年版湘赣省苏维埃政府机关报《红色湘赣》第七期

| 国家二级文物 | 湘赣革命纪念馆藏 |

　　《红色湘赣》是湘赣省苏维埃政府机关报。第七期出刊于1933年9月18日，双面石印印刷，本期两张，每张4版，共8版。现存1~4版，载有关于查田运动及扩大红军的政策和报道，有《社论：迅速完成查田运动》《响应努力扩大一百万红军的号召》等文章。框外标语内容为"加紧查田运动彻底粉碎五次'围剿'""加强农业工会在查田运动中的领导""加紧查田运动巩固和扩大湘赣苏区""加紧查田运动迅速征收土地累进税"。

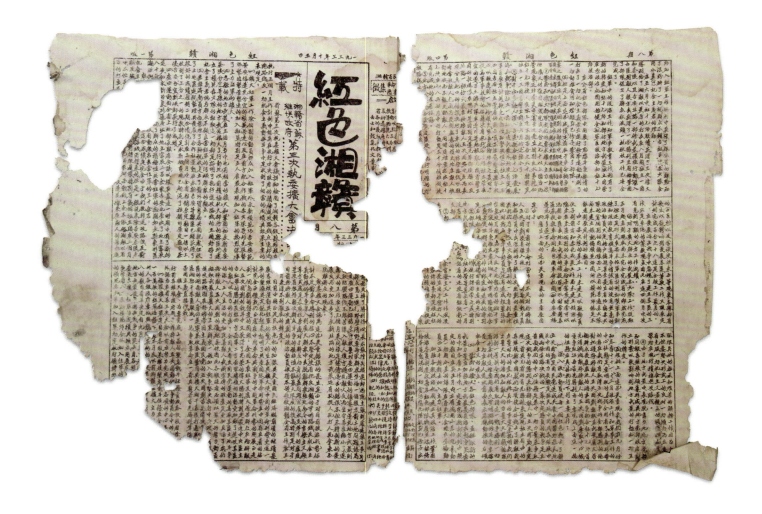

1933年版湘赣省苏维埃政府机关报《红色湘赣》第八期

| 国家二级文物 | 湘赣革命纪念馆藏 |

　　《红色湘赣》是湘赣省苏维埃政府机关报。第八期出刊于1933年10月5日，双面石印印刷，本期为两张，每张4版，共8版。现存1~4版，版面分"讯要""军事"等栏目，载有《特载：湘赣省苏维埃政府第三次执委扩大会决议》《湘赣军区首长会议的总结》《赤少队野营中怎样进行整治工作》等文章。

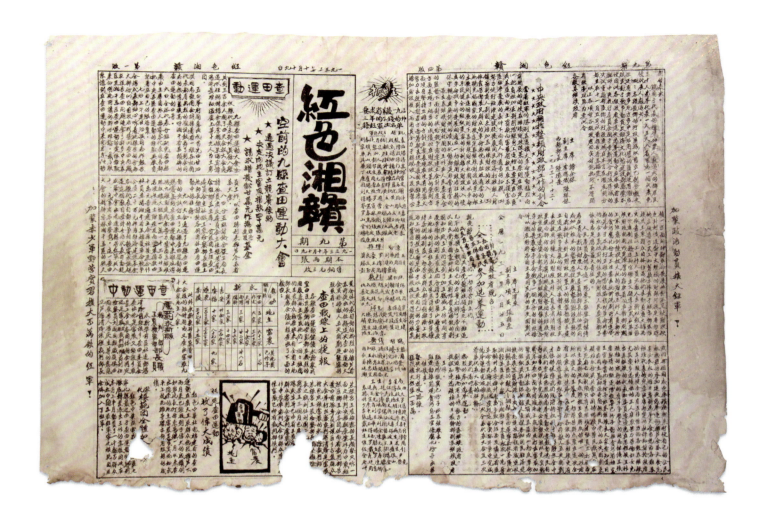

1933 年版湘赣省苏维埃政府机关报《红色湘赣》第九期

| 国家二级文物 | 湘赣革命纪念馆藏 |

　　《红色湘赣》是湘赣省苏维埃政府机关报。第九期出刊于 1933 年 10 月 19 日，双面石印印刷，本期为两张，每张 4 版，共 8 版。现存 1~4 版，版面分"要闻""捷报""社论""经济建设"等栏目，载有《空前的九县查田运动大会》《中央政府关于整顿财政部工作的训令》《回答加发廿万公债的请求》等文章。

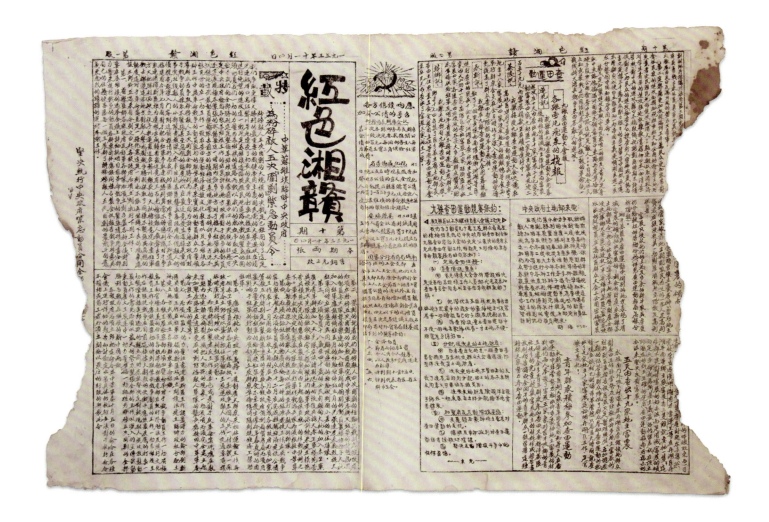

1933 年版湘赣省苏维埃政府机关报《红色湘赣》第十期

| 国家二级文物 | 湘赣革命纪念馆藏 |

　　《红色湘赣》是湘赣省苏维埃政府机关报。第十期出刊于 1933 年 11 月 4 日，双面石印印刷，本期为两张，每张 4 版，共 8 版。现存 1~4 版，版面分"特载""捷报""省苏文件""经济建设"等栏目，载有《中华苏维埃临时中央政府为粉碎敌人五次"围剿"紧急动员令》《九县查田运动竞赛条约》《湘赣省经济建设会议的决议》等文章。

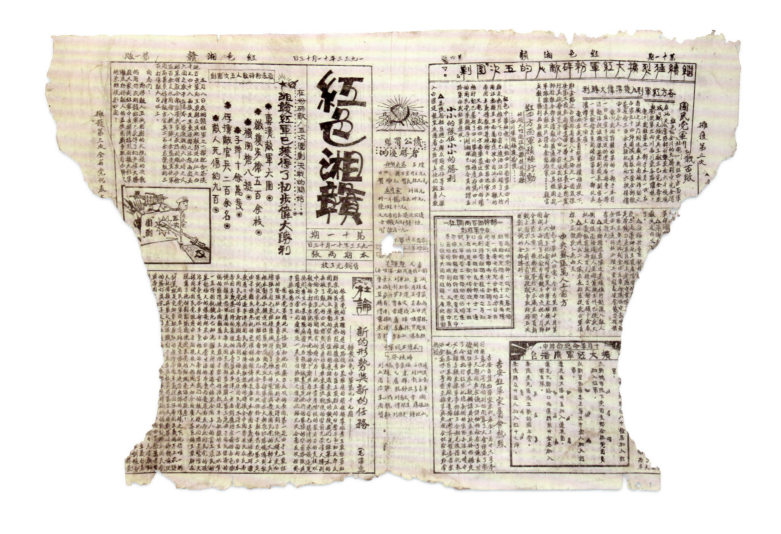

1933年版湘赣省苏维埃政府机关报《红色湘赣》第十一期

| 国家二级文物 | 湘赣革命纪念馆藏 |

　　《红色湘赣》是湘赣省苏维埃政府机关报。第十一期出刊于1933年11月13日，双面石印印刷，本期为两张，每张4版，共8版。现存1~4版，左右两边残缺。版面分"社论""扩大红军广播台"等栏目，载有《在粉碎敌人五次"围剿"决战的开始湘赣红军已获得了初步伟大胜利》《新的形势与新的任务》《红四方面军积极行动》等文章，其中《新的形势与新的任务》作者为毛泽东。

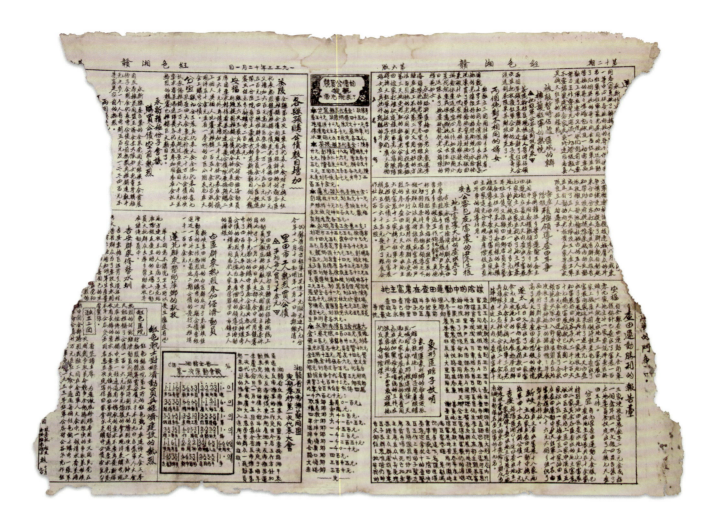

1933 年版湘赣省苏维埃政府机关报《红色湘赣》第十二期

| 国家二级文物 | 湘赣革命纪念馆藏 |

　　《红色湘赣》是湘赣省苏维埃政府机关报。第十二期出刊于 1933 年 12 月 1 日，双面石印印刷，本期为两张，每张 4 版，共 8 版。现存 5~8 版，左右两边残缺。载有《湘赣省党代会扩大红军的空气热烈》《各县预购公债数目增加》《地主富农在查田运动中的阴谋》等文章及《湘赣全省第一次运动会歌》。

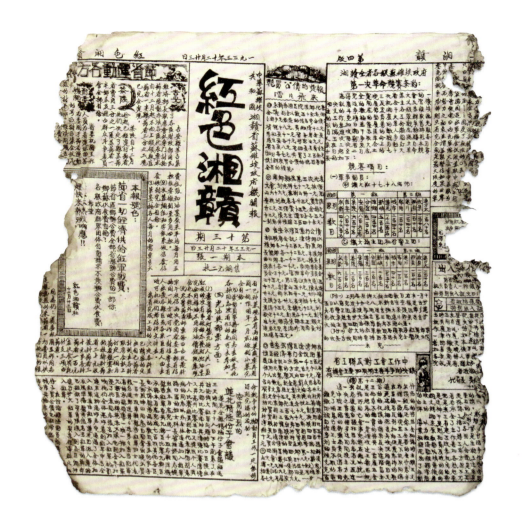

1933 年版湘赣省苏维埃政府机关报《红色湘赣》第十三期

| 国家二级文物 | 湘赣革命纪念馆藏 |

　　《红色湘赣》是湘赣省苏维埃政府机关报。第十三期出刊于 1933 年 12 月 23 日，双面石印印刷，本期为一张，共 4 版。载有《湘赣全省各级苏维埃政府第一次革命竞赛条约》《苏联航空界的新创造》《扩大红军的模范》等文章。

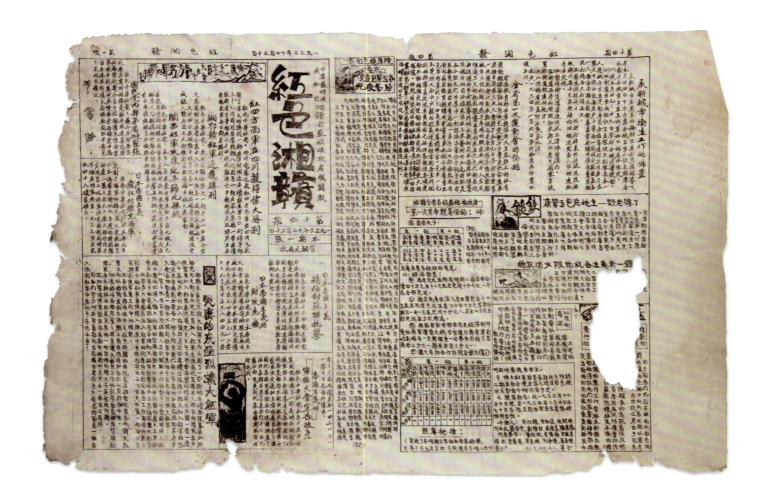

1933 年版湘赣省苏维埃政府机关报《红色湘赣》第十四期

| 国家二级文物 | 湘赣革命纪念馆藏 |

　　《红色湘赣》是湘赣省苏维埃政府机关报。第十四期出刊于 1933 年 12 月 30 日，双面石印印刷。本期为 1 张，共 4 版。设"拥护二次全苏大会声中各方红军的新胜利"和"各地在经济战线上取得的胜利"专栏，并载有全省扩红参军、城市卫生、体育方面工作的文章，如《突击的来猛烈扩大红军》《红四方面军在四川获得伟大胜利》《拥护二次全苏大会声中经济战线上不断的光荣胜利》。另本期对国民党的一些情况做了简单报道。

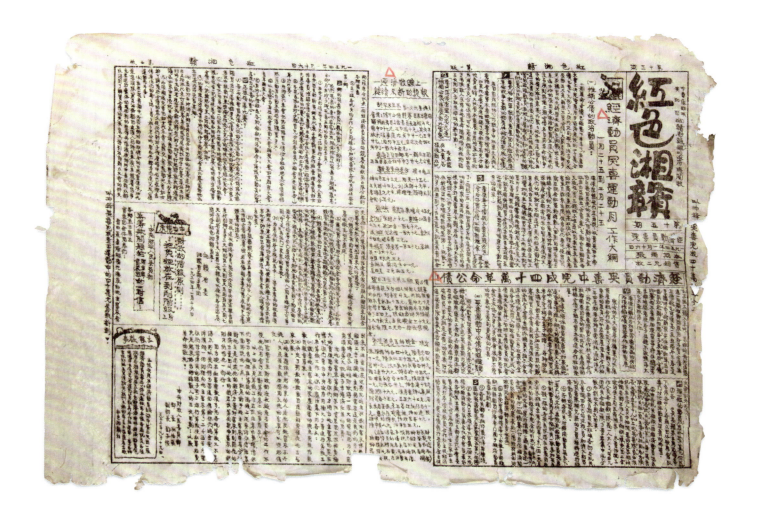

1934 年版湘赣省苏维埃政府机关报《红色湘赣》第十五期

| 国家二级文物 | 湘赣革命纪念馆藏 |

　　《红色湘赣》是湘赣省苏维埃政府机关报。第十五期出刊于 1934 年 1 月 16 日，为单面石印印刷。本期为两张，共 4 版。一张正面左为第 2 版、右为第 1 版，另一张背面左为第 4 版、右为第 3 版。版面文字排列正文部分横竖并用，骑缝区横排，字体皆为行楷。刊头"红色湘赣"竖列在第一版的右上角，为加粗艺术字体。每版内容均用粗黑线条框住，框外左右部分分别竖印一条宣传标语。

　　本期为经济动员专刊，栏目繁多，内容丰富，刊载有《经济动员突击运动月工作大纲》《经济动员突击中完成四十万革命公债》等文章。

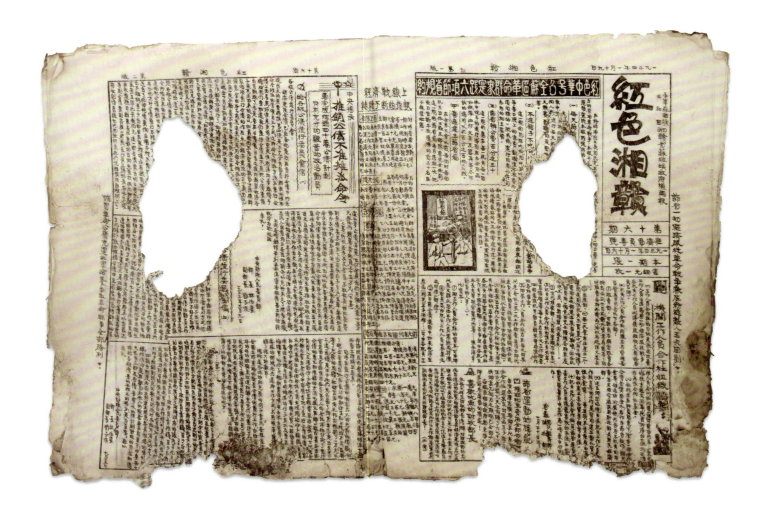

1934 年版湘赣省苏维埃政府机关报《红色湘赣》第十六期

| 国家二级文物 | 湘赣革命纪念馆藏 |

　　《红色湘赣》是湘赣省苏维埃政府机关报。第十六期出刊于 1934 年 1 月 19 日，单面石印印刷。本期为一张，共两版，是经济动员专刊，载有《红色中华号召全苏区革命群众实践六项节省规定》《推销公债不准摊派命令》等文章，提出了"节省一切经济服从革命战争彻底粉碎敌人五次'围剿'"的口号，内有"节省箱"宣传版画。

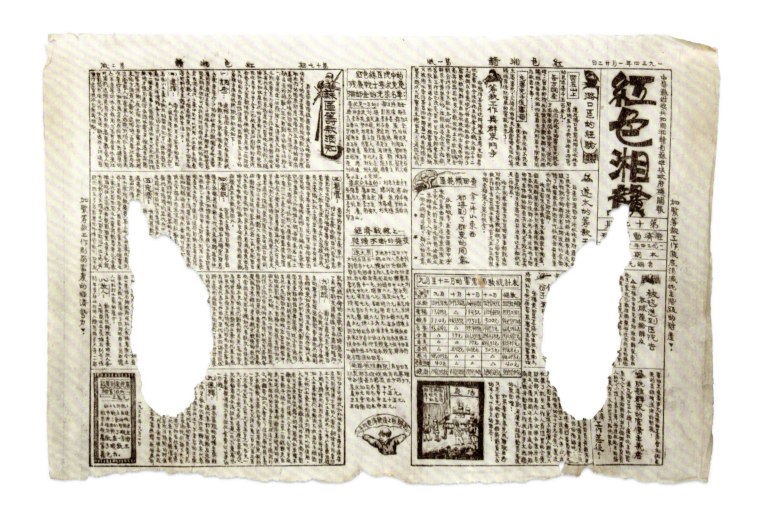

1934 年版湘赣省苏维埃政府机关报《红色湘赣》第十七期

| 国家二级文物 | 湘赣革命纪念馆藏 |

　　《红色湘赣》是湘赣省苏维埃政府机关报。第十七期出刊于 1934 年 1 月 22 日，单面石印印刷。本期为一张，共两版，是经济动员专刊，载有《苏区筹款须知》《潞口区的经验》等文章，提出了"加紧筹款工作削弱富农的经济势力"的口号，并印有"坚决消灭地主阶级的财产"宣传画。

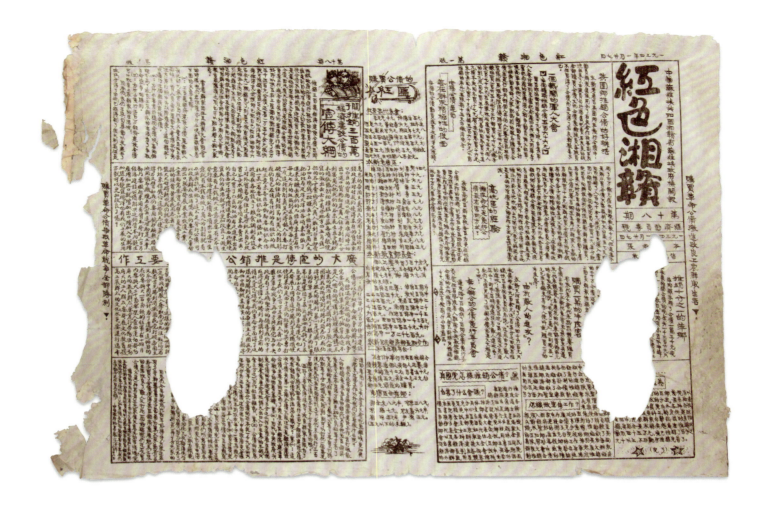

1934 年版湘赣省苏维埃政府机关报《红色湘赣》第十八期

| 国家二级文物 | 湘赣革命纪念馆藏 |

　　《红色湘赣》是湘赣省苏维埃政府机关报。第十八期出刊于 1934 年 1 月 27 日，单面石印印刷。本期为两张，共 4 版，是经济动员专刊，载有《关于推销三百万经济建设公债的宣传大纲》《全省第一次成绩展览会评判总结》等文章，骑缝载有全省大会竞买公债一览表。提出了"购买革命公债争取革命战争全部胜利"的口号。另外也刊登了红军的一些战况战报及国民党加紧制造白色恐怖的情况。

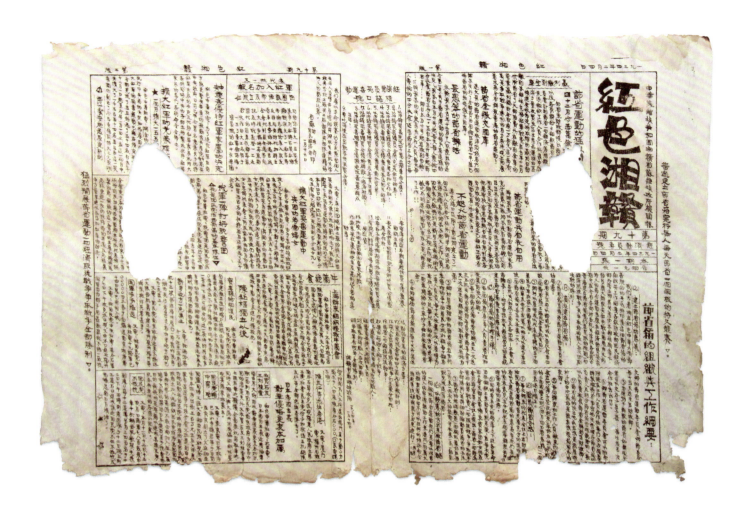

1934 年版湘赣省苏维埃政府机关报《红色湘赣》第十九期

| 国家二级文物 | 湘赣革命纪念馆藏 |

　　《红色湘赣》是湘赣省苏维埃政府机关报。第十九期出刊于 1934 年 2 月 4 日，单面石印印刷，本期为一张，共两版，是经济动员专刊，载有《节省箱的组织与工作纲要》《扩大红军突击运动中兴国的劳动妇女》等文章，骑缝载有"经济动员突击运动标语口号"，提出了"猛烈开展节省运动一切经济服从战争争取战争全部胜利"的口号，另外也刊登了关于扩大红军、红军战况及日本侵略中国的短讯。

1934年版湘赣省苏维埃政府机关报《红色湘赣》第二十期

| 国家二级文物 | 湘赣革命纪念馆藏 |

　　《红色湘赣》是湘赣省苏维埃政府机关报。第二十期出刊于1934年2月，单面石印印刷，本期为一张，共两版。第1版载有《合作社运动的普遍发展》《安福经济建设》等文章，第2版载有《经济动员突击中合作社运动的工作计划》《一个模范的消费合作社》等文章，骑缝载有"全省反帝拥苏同盟一次代表大会代表报名并领导群众加入红军的光荣名单"。另外还刊登了关于各县经济建设及扩大红军等内容的短讯。

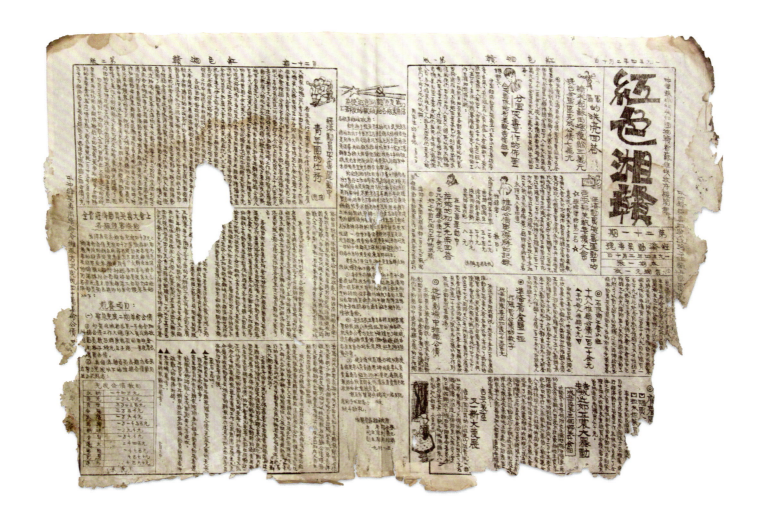

1934年版湘赣省苏维埃政府机关报《红色湘赣》第二十一期

| 国家二级文物 | 湘赣革命纪念馆藏 |

　　《红色湘赣》是湘赣省苏维埃政府机关报。第二十一期出刊于1934年2月10日，单面石印印刷。本期为一张，共两版，是经济动员专刊，载有《经济动员突击运动中青年团的任务》《全省经济动员突击大会上各县竞赛条约》等文章。骑缝载有《为使"红色湘赣"更变为群众的报纸给各级苏府信》。另外还刊登了关于各地经济动员突击队工作、公债推销情况等内容的短讯。

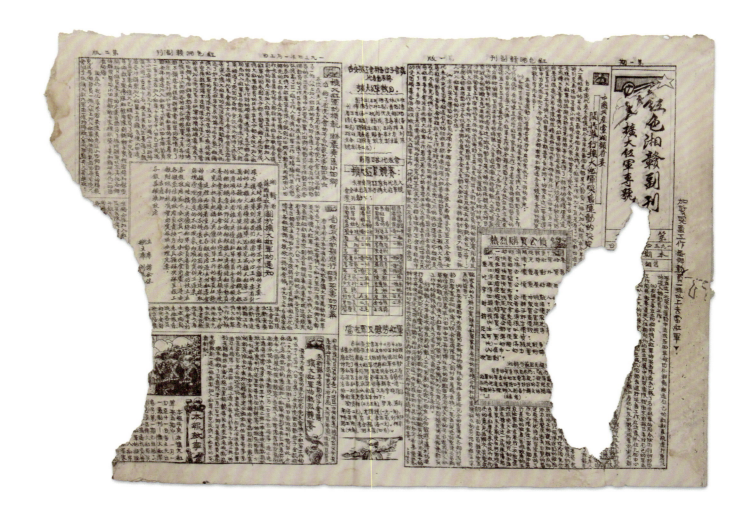

1934 年版湘赣省苏维埃政府机关报《红色湘赣》副刊第一期

| 国家二级文物 | 湘赣革命纪念馆藏 |

　　此报为 1934 年湘赣省苏维埃政府机关报《红色湘赣》副刊的第一期，售价铜圆一枚。第一期出刊于 1934 年 1 月 3 日，单面石印印刷。本期为一张，共两版。左为第 2 版，右为第 1 版。刊名竖列在第 1 版右上角，为加粗艺术字体。版面文字排列正文部分横竖排列并用，骑缝区横排，字体皆为行楷。每版内容均用粗黑线条框住，框外左右分别竖印一条宣传标语。

　　本期为扩大红军专刊，载有《湘赣省委、省苏关于扩大红军的决定》《湘赣苏区各地扩大红军热烈竞赛》《湘赣省苏维埃政府关于扩大红军的通知》等文章，骑缝载有《南阳区苏代表会扩大红军竞赛》等内容。另外还刊登了关于各地扩大红军、经济动员、公债推销情况等内容的短讯。

1934 年版湘赣省苏维埃政府机关报《红色湘赣》副刊第二期

| 国家二级文物 | 湘赣革命纪念馆藏 |

此报为 1934 年湘赣省苏维埃政府机关报《红色湘赣》副刊的第二期。第二期出刊于 1934 年 1 月 6 日,为扩大红军专刊,载有《新苏区工农群众踊跃报名当红军》《永新全县扩大红军工作的两个月竞赛条约》等文章,骑缝载有《猛烈扩大红军来回答省党大会的号召》等内容。另外还刊登了关于各地扩大红军、经济动员等内容的短讯。

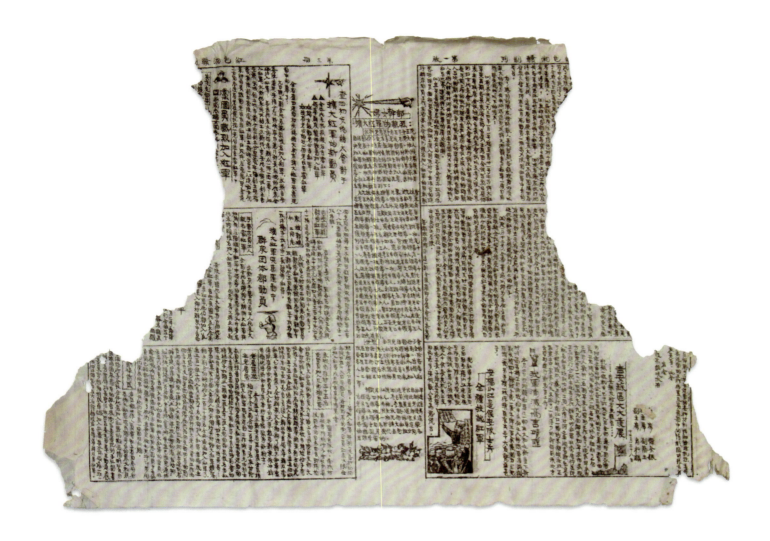

1934年版湘赣省苏维埃政府机关报《红色湘赣》副刊第三期

| 国家二级文物 | 湘赣革命纪念馆藏 |

　　此报为1934年湘赣省苏维埃政府机关报《红色湘赣》副刊的第三期。第三期出刊于1934年1月9日，单面石印印刷。本期为一张，共两版。左为第2版，右为第1版。版面文字正文部分竖排，骑缝区横排，字体皆为行楷。每版内容均用粗黑线条框住。

　　本期为扩大红军专刊，载有《查田初步总结大会对于扩大红军的新动员》《吉安苏区大大发展》《安福小江边保安队士兵全体投诚红军》等文章，骑缝载有各地妇女干部积极做扩大红军工作的报道。另外还刊登了关于各地扩大红军的短讯。

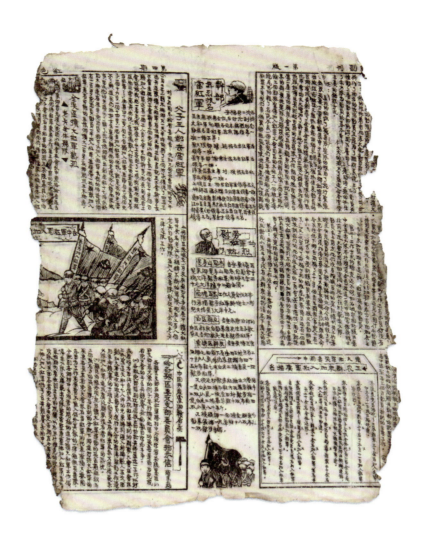

1934 年版湘赣省苏维埃政府机关报《红色湘赣》副刊第四期

| 国家二级文物 | 湘赣革命纪念馆藏 |

　　此报为 1934 年湘赣省苏维埃政府机关报《红色湘赣》副刊的第四期。第四期出刊于 1934 年 1 月，单面石印印刷。本期为一张，共两版。为扩大红军专刊，载有《父子三人都去当红军》《扩大红军突击期中工农群众加入红军广播台》《中国共产党湘赣省委给各县区委及支部委员会指示信》等文章，骑缝载有各地干部热烈报名当红军的报道。另外还刊登了关于各地扩大红军的短讯。

1934 年中华苏维埃共和国国家银行湘赣省分行"伍分"纸币

| 国家二级文物 | 湘赣革命纪念馆藏 |

此伍分纸币是 1934 年中华苏维埃共和国国家银行湘赣省分行发行的银币券。伍分纸币券面冠字分"A、B、C、D"四种，此币为"A"。

券正面和背面的图案颜色不同，正面为白底、红图、黑字，背面为白底、蓝图、蓝字。正面外围印有方形花框，框内上面弧形排列"中华苏维埃共和国国家银行湘赣省分行"字样；中间印面额"伍分"，两边的花框内印有楼阁风光图；下面椭圆框内印"凭票廿张兑换银币壹元"；四角各印有一个圆圈，上面两圈分别印"伍"，下面两圈内分别印"分"字。券背面为蓝色，中央有一花框，内印城市风光图，左右圆圈内分别印"伍""分"两字，下面横排发行时间"公历一九三四年"。

1932 年 1 月 15 日，在永新县城成立中华苏维埃共和国湘赣省工农银行。1933 年 2 月，按照苏区中央局的指示，中华苏维埃共和国湘赣省工农银行改称中华苏维埃共和国国家银行湘赣省分行，并开始发行银币券，共有五分、一角、二角、一元四种面值。1934 年还发行了一种"当拾枚"的铜圆券。1934 年 8 月，红六军团突围西征，红军撤出湘赣根据地，湘赣省分行铜圆券和银币券即停止发行和流通。

1934 年中华苏维埃共和国国家银行湘赣省分行"伍分"纸币

| 国家二级文物 | 湘赣革命纪念馆藏 |

　　此伍分纸币是 1934 年中华苏维埃共和国国家银行湘赣省分行发行的银币券。券面冠字为"B",共有 8 张。

　　券正面和背面的图案颜色不同,正面为白底、红图、黑字,背面为白底、蓝图、蓝字。正面外围印有方形花框,框内上面弧形排列"中华苏维埃共和国国家银行湘赣省分行"字样;中间印面额"伍分",两边的花框内印有楼阁风光图;下面椭圆框内印"凭票廿张兑换银币壹元";四角各印有一个圆圈,上面两圈分别印"伍",下面两圈内分别印"分"字。券背面为蓝色,中央有一花框,内印城市风光图,左右圆圈内分别印"伍""分"两字,下面横排发行时间"公历一九三四年"。

1934 年中华苏维埃共和国国家银行湘赣省分行"伍分"纸币

| 国家二级文物 | 湘赣革命纪念馆藏 |

此伍分纸币是 1934 年中华苏维埃共和国国家银行湘赣省分行发行的银币券。券面冠字为"C"。

券正面和背面的图案颜色不同，正面为白底、红图、黑字，背面为白底、蓝图、蓝字。正面外围印有方形花框，框内上面弧形排列"中华苏维埃共和国国家银行湘赣省分行"字样；中间印面额"伍分"，两边的花框内印有楼阁风光图；下面椭圆框内印"凭票廿张兑换银币壹元"；四角各印有一个圆圈，上面两圈分别印"伍"，下面两圈内分别印"分"字。券背面为蓝色，中央有一花框，内印城市风光图，左右圆圈内分别印"伍""分"两字，下面横排发行时间"公历一九三四年"。

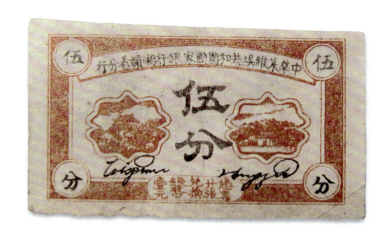

1934 年中华苏维埃共和国国家银行湘赣省分行 "伍分" 纸币

| 国家二级文物 | 湘赣革命纪念馆藏 |

　　此伍分纸币是 1934 年中华苏维埃共和国国家银行湘赣省分行发行的银币券。券面冠字为 "D"。

　　券正面和背面的图案颜色不同，正面为白底、红图、黑字，背面为白底、蓝图、蓝字。正面外围印有方形花框，框内上面弧形排列 "中华苏维埃共和国国家银行湘赣省分行" 字样；中间印面额 "伍分"，两边的花框内印有楼阁风光图；下面椭圆框内印 "凭票廿张兑换银币壹元"；四角各印有一个圆圈，上面两圈分别印 "伍"，下面两圈内分别印 "分" 字。券背面为蓝色，中央有一花框，内印城市风光图，左右圆圈内分别印 "伍" "分" 两字，下面横排发行时间 "公历一九三四年"。

1934 年中华苏维埃共和国国家银行湘赣省分行"拾枚"纸币

| 国家二级文物 | 湘赣革命纪念馆藏 |

　　此纸币是 1934 年中华苏维埃共和国国家银行湘赣省分行发行的铜圆券。券面冠字为"A"。

　　正背两面均为白底、黑图、黑字。正面四周印有细密竖线组成的方框，框内上面有一弧形细框，框内从左至右排列"中华苏维埃共和国国家银行湘赣省分行"字样；中央有一面镰刀斧头五星红旗及工、农、兵三人像组成的圆形图案，两边的五角星形框内分别印"拾""枚"两字；下面椭圆框内印"当铜圆拾枚"字样；四角各印有一个花框，上面两框内分别印"拾"字，下面两框内分别印"枚"字。券背面中央有一花框，内印山水风光图，左右两边的五角星形框内分别印"拾""枚"两字，下方细框内印发行时间"公历一九三四年"；四角各印有一个五角星形框，上面两框内分别印"拾"字，下面两框内分别印"枚"字。

1934 年中华苏维埃共和国国家银行湘赣省分行 "拾枚" 纸币

| 国家二级文物 | 湘赣革命纪念馆藏 |

　　此纸币是 1934 年中华苏维埃共和国国家银行湘赣省分行发行的铜圆券。券面冠字为 "B"。

　　正背两面均为白底、黑图、黑字。正面四周印有细密竖线组成的方框，框内上面有一弧形细框，框内从左至右排列 "中华苏维埃共和国国家银行湘赣省分行" 字样；中央有一面镰刀斧头五星红旗及工、农、兵三人像组成的圆形图案，两边的五角星形框内分别印 "拾" "枚" 两字；下面椭圆框内印 "当铜圆拾枚" 字样；四角各印有一个花框，上面两框内分别印 "拾" 字，下面两框内分别印 "枚" 字。券背面中央有一花框，内印山水风光图，左右两边的五角星形框内分别印 "拾" "枚" 两字，下方细框内印发行时间 "公历一九三四年"；四角各印有一个五角星形框，上面两框内分别印 "拾" 字，下面两框内分别印 "枚" 字。

1934 年中华苏维埃共和国国家银行湘赣省分行 "拾枚" 纸币

| 国家二级文物 | 湘赣革命纪念馆藏 |

此纸币是 1934 年中华苏维埃共和国国家银行湘赣省分行发行的铜圆券。券面冠字为 "C"。

正背两面均为白底、黑图、黑字。正面四周印有细密竖线组成的方框,框内上面有一弧形细框,框内从左至右排列 "中华苏维埃共和国国家银行湘赣省分行" 字样;中央有一面镰刀斧头五星红旗及工、农、兵三人像组成的圆形图案,两边的五角星形框内分别印 "拾" "枚" 两字;下面椭圆框内印 "当铜圆拾枚" 字样;四角各印有一个花框,上面两框内分别印 "拾" 字,下面两框内分别印 "枚" 字。券背面中央有一花框,内印山水风光图,左右两边的五角星形框内分别印 "拾" "枚" 两字,下方细框内印发行时间 "公历一九三四年";四角各印有一个五角星形框,上面两框内分别印 "拾" 字,下面两框内分别印 "枚" 字。

1934 年中华苏维埃共和国国家银行湘赣省分行"拾枚"纸币

| 国家二级文物 | 湘赣革命纪念馆藏 |

此纸币是 1934 年中华苏维埃共和国国家银行湘赣省分行发行的铜圆券。券面冠字为"D"。

正背两面均为白底、黑图、黑字。正面四周印有细密竖线组成的方框,框内上面有一弧形细框,框内从左至右排列"中华苏维埃共和国国家银行湘赣省分行"字样;中央有一面镰刀斧头五星红旗及工、农、兵三人像组成的圆形图案,两边的五角星形框内分别印"拾""枚"两字;下面椭圆框内印"当铜圆拾枚"字样;四角各印有一个花框,上面两框内分别印"拾"字,下面两框内分别印"枚"字。券背面中央有一花框,内印山水风光图,左右两边的五角星形框内分别印"拾""枚"两字,下方细框内印发行时间"公历一九三四年";四角各印有一个五角星形框,上面两框内分别印"拾"字,下面两框内分别印"枚"字。

1934年中华苏维埃共和国国家银行湘赣省分行"拾枚"纸币

| 国家二级文物 | 湘赣革命纪念馆藏 |

　　此纸币是1934年中华苏维埃共和国国家银行湘赣省分行发行的铜圆券。券面冠字为"I"。

　　正背两面均为白底、黑图、黑字。正面四周印有细密竖线组成的方框，框内上面有一弧形细框，框内从左至右排列"中华苏维埃共和国国家银行湘赣省分行"字样；中央有一面镰刀斧头五星红旗及工、农、兵三人像组成的圆形图案，两边的五角星形框内分别印"拾""枚"两字；下面椭圆框内印"当铜圆拾枚"字样；四角各印有一个花框，上面两框内分别印"拾"字，下面两框内分别印"枚"字。券背面中央有一花框，内印山水风光图，左右两边的五角星形框内分别印"拾""枚"两字，下方细框内印发行时间"公历一九三四年"；四角各印有一个五角星形框，上面两框内分别印"拾"字，下面两框内分别印"枚"字。

青原区

东固革命根据地纪念馆

第二次国内革命战争时期兴国苏维埃政府银证章

| 国家二级文物 | 东固革命根据地纪念馆藏 |

印有"兴国苏维埃政府证章"字样,刻有苏维埃图案标志,有链环,是第二次国内革命战争时期兴国苏维埃政府生产的。

兴国县与东固相邻交界的枫边、崇贤、贺堂,大陇等地,长期处于东固根据地的核心地域。兴国苏区的党政军组织与东固苏区紧密联系,相互支援,广大人民群众也建立了深厚的革命情谊。苏区在各级苏维埃政权建立之后,一般都会打造一些纪念证章用品,苏区革命政权的工作人员甚至会打造一些便于在苏区交通通行的相关证件。这枚证章就是其中一种。

这枚证章征集于富田镇陂下村,现收藏于东固革命根据地纪念馆。

第二次国内革命战争时期江西公略军事部奖励领导一排的先锋银牌

| 国家二级文物 | 东固革命根据地纪念馆藏 |

　　印有"江西公略县军事部奖励领导一排的先锋牌"字样，刻有党徽图案，有链环。

　　1931 年 11 月在中华苏维埃苏第一次代表大会上，由永吉泰代表团提议，为纪念牺牲的红三军军长黄公略，在原来永吉泰苏区基础上建立的一个新的行政区划，即公略县。该县基本包括了原来的东固苏区的核心地域。

　　这枚银牌征集于富田镇陂下村，现收藏于东固革命根据地纪念馆。

第二次国内革命战争时期中国共产青年团胜利县委 "少年先锋"银奖牌

| 国家二级文物 | 东固革命根据地纪念馆藏 |

　　奖牌印有"中国共产青年团胜利县委赠""少年先锋"字样，刻有党徽图案，有链环。这是中国共产青年团胜利县委为表彰广大革命青年在革命斗争中的先锋作用而颁发的奖章。

　　胜利县是 1932~1934 年在原来宁都县基础上建立起来的一个新行政区划，它的一部分地域就是原来东固苏区核心地域。

　　这枚奖牌征集于富田镇陂下村，现收藏于东固革命根据地纪念馆。

第二次国内革命战争时期苏区邮局用过的收发邮件布挂袋

| 国家二级文物 | 东固革命根据地纪念馆藏 |

棉麻纤维质。写有"赤色邮件不得遗失"字样。此收发邮件布挂袋是第二次国内革命战争时期苏区邮局使用过的原物。

东固苏区在 1929 年就开始创办了赤色邮政，建立了东固赤色邮政分局。1930 年 5 月，建立了统一的赣西南赤色邮政总局，后来发展为江西赤色邮政总局。1932 年后又形成了统一的中华苏维埃赤色邮政总局，形成了苏区的各级邮政组织和相关的邮路。各级邮政组织都会配发一些相关的邮政业务用品，这件布挂袋就是其中之一。

这件布挂袋征集于富田镇陂下村，现收藏于东固革命根据地纪念馆。

第二次国内革命战争时期东固苏区"打土豪分田地"木量米斗

| 国家二级文物 | 东固革命根据地纪念馆藏 |

量米斗上写有"打土豪分田地"黑色字样，内部分小格。

东固苏区在1929年后就开始了土地革命斗争，特别是1930年二七会议之后，在东固赣西南苏区掀起了"一要分二要快"的土地革命斗争高潮，东固赣西南大地到处出现了"分田分地真忙、赣水那边红一角"的喜人景象。这个木质的用来量米的斗，是当时苏区分粮时用过的物品。

这件米斗征集于东固苏区地域范围的天玉镇（原来是公略县管辖，现为青原区管辖），现收藏于东固革命根据地纪念馆。

第二次国内革命战争时期东固苏区生产的五角星铁熨斗

| 国家二级文物 | 东固革命根据地纪念馆藏 |

斗为铁质，把手为木质，侧面印有五角星图案，是第二次国内革命战争时期东固苏区生产的。

东固苏区是中国共产党在第二次国内革命战争时期建立起来的一块先独立后联合连片的革命根据地，始终由东固区委及上级党组织领导，先后经历了赣西、赣西南、苏区江西省、苏区公略县等几个发展阶段，在不同时期分别开展过军事武装斗争和反"围剿"战争、扩大红军支援前线革命战争、革命政权建设、根据地经济社会文化教育卫生等建设，成为苏区革命斗争和经济社会建设的模范苏区。由此也产生、流传、留存了一批重要、宝贵的革命文物。

东固苏区在创建初期建立了以生产红军被服为主的东固平民工艺厂，厂址设在东固老街。1929 年初，红四军下山以后，安置了一批伤病员在平民工艺厂生产，生产品种也扩大到绑腿、袜子等。1930 年 10 月九打吉安以后，在吉安城建立的红军被服厂，也先后转移到东固、兴国等地。这个带有红五角星的铁熨斗，就是东固平民工艺厂和红军被服厂曾经生产使用过的工具。

这个铁熨斗征集于东固乡殷富村江崇茂家，现收藏于东固革命根据地纪念馆。

第二次国内革命战争时期东固消费合作社用过的
"精细理财支援革命"方形木箱

| 国家二级文物 | 东固革命根据地纪念馆藏 |

箱上写有"支援革命精细理财"红色字样。两层，上部可翻盖，下部可通过拉环打开。此"精细理财支援革命"方形木箱是第二次国内革命战争时期东固消费合作社用过的原物。

东固苏区在 1929 年就创办了消费合作社，作为赣西南苏区和中央苏区创办最早的消费合作社，在打破敌人经济封锁，发展苏区经济，改善苏区群众生活方面发挥了重要作用。东固消费合作社的工作人员用一根扁担挑起货郎担，走村串户为人民群众服务。消费合作社的门店都会配置一些木箱，装载一些工作用品或货物。这个木箱上面印有"精细理财支援革命"八个大字，反映了当时消费合作社的经营理念，也是工作人员革命精神的写照。

这个木箱征集于东固乡殷富村江崇茂家，现收藏于东固革命根据地纪念馆。

第二次国内革命战争时期东固苏区使用过的
竹针线篓

| 国家二级文物 | 东固革命根据地纪念馆藏 |

茧形，底部印有"扩红"文字，有苏维埃图案标志，周身涂红漆，是第二次国内革命战争时期东固苏区使用过的。

东固苏区长期处于赣西南苏区的核心地域，扩大红军、支援前线革命战争是东固苏区地方党组织及革命政权和广大人民群众的一个主要任务，广大妇女群众在扩红支前的任务当中，大量地缝制布鞋和鞋垫送给红军官兵。这个带有红五角星的针线篓是见证苏区军民鱼水情的珍贵文物。

这个针线篓征集于东固乡殷富村江崇茂家，现收藏于东固革命根据地纪念馆。

第二次国内革命战争时期东固苏区干部用过的"扩大红军"竹笔筒

| 国家二级文物 | 东固革命根据地纪念馆藏 |

　　刻有"扩大红军起来革命"黑色字样，有党徽图案。"扩大红军"竹笔筒是第二次国内革命战争时期东固苏区干部用过的。

　　东固苏区长期处于赣西南苏区的核心地域，扩大红军、支援前线革命战争是东固苏区地方党组织及革命政权和广大人民群众的一项主要任务，这项任务需要做大量的宣传教育工作，使用各种文化宣传用品。竹制的笔筒就是当时苏区的群众因地制宜生产使用的一种文化宣传用品。

　　这个笔筒征集于东固乡殷富村江崇茂家，现收藏于东固革命根据地纪念馆。

遂川县

遂川县博物馆

1928 年 "遂川第四区高圳上乡苏维埃政府" 条形木印

| 国家二级文物 | 遂川县博物馆藏 |

长方形。印文为阳文 "遂川第四区高圳上乡苏维埃政府"，印面呈红色，印油犹存。

1928 年 1 月 5 日，毛泽东率领工农革命军来到遂川后，立即分兵三路（雩田三区、枚江四区、碧洲五区），下乡发动群众。这三个区的群众早在第一次国内革命战争时期就开展过轰轰烈烈的大革命运动，群众思想觉悟较高，斗争性较强，因此一经工农革命军发动，立即组织起来，在雩田、枚江、碧洲先后建立了区、乡红色政权。高圳上乡苏维埃政府就是在 1 月中旬由宛希先率领工农革命军帮助建立的，并由四区政府发给了这枚条印。乡苏维埃政府建立后，发动群众打土豪劣绅，并协助部队开展各种工作，其出色的工作受到了上级的表扬。

这枚印章是井冈山斗争时期红色政权建设的历史见证，是不可多得的珍贵文物。

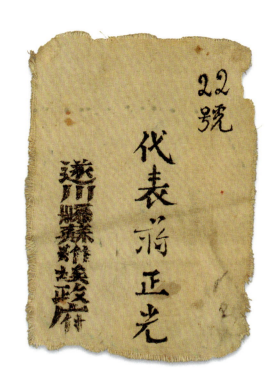

1928 年遂川县第一次全县工农兵代表大会蒋正光代表证

| 国家一级文物 | 遂川县博物馆藏 |

代表证是用红布剪成的长方形布条。右边上方墨书"22号",中间一行墨书"代表蒋正光"五字,左侧为"遂川县苏维埃政府"墨印。

1928 年 1 月 24 日,毛泽东亲手创建的第一个红色政权遂川县工农兵政府建立后,领导全县人民开展了轰轰烈烈的土地革命,相继建立了十个区的工农兵政府。为了总结工作经验,加强红色政权的建设,1928 年 12 月 9 日,遂川县第一次全县工农兵代表大会在下庄村召开,参加会议的有来自全县十个区苏维埃政府选派的工农兵代表共四十多人。会议总结了县苏维埃政府成立后一年来的工作情况,就加强红色政权的建设,加强地方武装的建设,开展土地革命斗争等工作做了具体布置。会议选举了县苏维埃政府新的领导班子,并就选举结果发布了"遂川县工农兵苏维埃政府公函第一号"。这次代表大会的召开,是遂川县工农兵政府实行民主集中制领导的重要体现,对于巩固和加强遂川县工农兵政府的工作,指导边界红色政权的建设都有重要意义。

此代表证是见证井冈山革命斗争时期红色政权建设的重要实物。

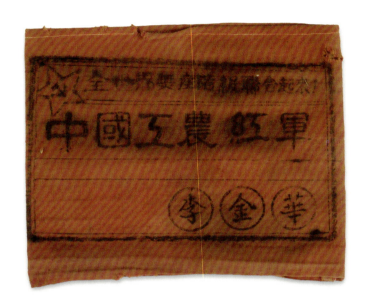

1928 年中国工农红军第五军战士李金华戴过的布袖章

| 国家一级文物 | 遂川县博物馆藏 |

红色，长方形。正面画有长 19.5、高 12 厘米的黑框，框内左上角画有一个五角星和党徽组成的图案，框内字分三行，上行写"全世界无产阶级联合起来！"；中行写"中国工农红军"；下行靠右角处写"李金华"三字，每个字都用黑圈框住。所有字均从左至右书写。

1929 年，湘赣敌人对井冈山革命根据地进行第三次"会剿"，由于反水富农带路，黄洋界的几个哨口相继失守。在彭德怀、滕代远等率领下，红五军向赣南闽西突围，经过遂川县大汾长冈坪时遭敌人阻击。经过一天的激战，部分红五军战士为掩护大部队突围，在大汾周围的乡村走散。这些红军战士有的在当地群众的掩护下脱险，有的遭当地土匪、乡丁逮捕杀害。退至戴家埔的红五军战士李金华等人不幸被当地乡丁抓住，关在伪乡公所待审。李金华自知难逃一劫，危急中将佩戴的袖章脱下来，藏到房内门框边的墙缝里，外面再用一块泥土塞住。第二天，李金华等几个红军战士遭到敌人的严刑拷打，被敌人杀害在河滩上。

这个袖章是李金华烈士怀着对革命事业的无限忠诚而保存下来的，是一件珍贵的革命文物。

万安县

万安县博物馆

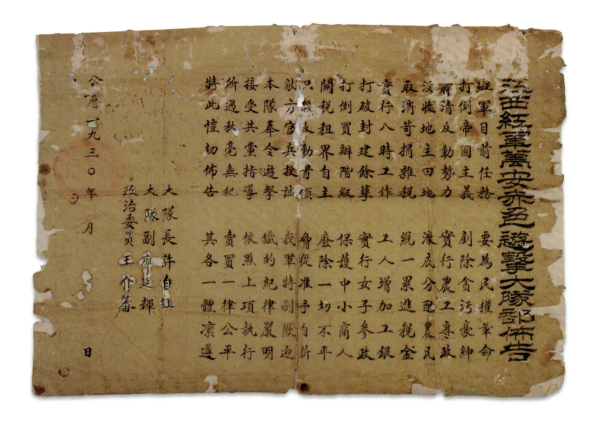

1930 年江西红军万安赤色游击大队部发布的布告

| 国家一级文物 | 万安县博物馆藏 |

纸质，石印。楷书竖书，全文工整押韵，繁简字并用，共15句180字。内容为："红军目前任务，要为民权革命；打倒帝国主义，铲除贪污豪绅；肃清反动势力，实行农工专政；没收地主田地，澈（彻）底分配农民；取消苛捐杂税，统一累进税金；实行八时工作，工人增加工银；打破封建余孽，实行女子参政；打倒买办阶级，保护中小商人；关税租界自主，废除一切不平；只杀反动首领，胁从准予自新；敌方官兵投诚，我军特别欢迎；本队奉令游击，铁的纪律严明；接受共党指导，依照上项执行；所遇秋毫无犯，卖买一律公平；特此恺切布告，其各一体凛遵。大队长许自钰，大队副廖延辉，政治委员王介蕃，公历一九三〇年、月、日。"落款盖有红色圆印"万安赤色游击大队印"。

江西红军万安赤色游击队成立于1930年5月，成立后，在万安境内武术、棉津、蕉源一带开展了捉杀土豪劣绅、消灭地方武装势力、保卫赤色政权的游击战争。赤色游击大队一方面与大土豪邱延龄等国民党地方武装势力和河西一带的靖卫团展开斗争，一方面张贴标语、布告，大力宣传党的方针、政策，成为保卫万安红色政权的一支劲旅。

此布告为1930年上半年发布，反映了红色政权下万安游击队革命斗争的史实。

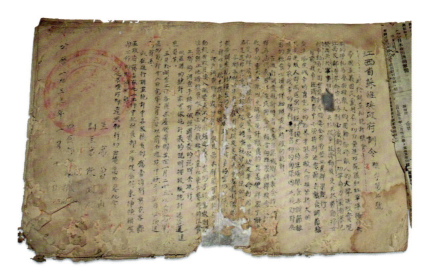

1933年江西省苏维埃政府训令及空白粮食调查表格

| 国家一级文物 | 万安县博物馆藏 |

　　宣纸、油印、繁体字竖书。标题为"江西省苏维埃政府训令",黑体字;接着是"粮字第二号";第二行为小标题"关于调查和统计粮食"。全文800多字,无标点,重点阐明了粮食与战争的密切关系。统计表内容有全区人口多少、余粮多少、红军公谷多少等,调查表内容有家长姓名、全家人口、谷米多少、愿意借给红军多少。表格空白,白底红字。落款为省苏"主席曾山、副主席陈正人、粮食部长姚振欣",日期为公历1933年1月10日,并印有江西省工农兵苏维埃政府的朱红色印鉴。

　　由于国民党的经济封锁,中央苏区经济困难,江西省苏维埃政府十分重视粮食工作。一方面要维护当地民众的基本生活生产,另一方面必须保证红军给养,以巩固革命根据地和抗击国民党反动派。粮食调查是粮食工作的重要组成部分,因为江西省苏维埃政府各项工作到位、措施有力,在大灾战乱之年,苏区军民粮食问题得到解决。

　　1968年,由万安县武术乡新文村庄昌明捐赠。

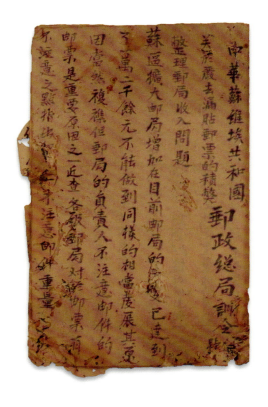
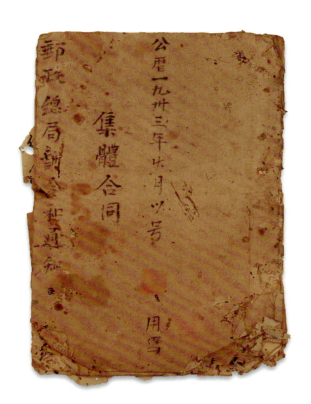

1933年中华苏维埃共和国邮政总局关于"整理邮局收入问题"的训令和"集体合同"

| 国家二级文物 | 万安县博物馆藏 |

训令和"集体合同"分别用蓝、黑墨水抄写。训令为"关于严去漏贴邮票的积弊，整理邮局收入问题"的4项条款，代理局长王醒才；通知第十六号"关于破烂邮件包皮并延误邮件等问题"。"集体合同"为中华苏维埃共和国邮政总局与江西、福建两省邮务工会代表、全体邮务工人签订，共19条，规定了邮务工人的工资、工龄、工作职责等。

土地革命时期，中国共产党为了适应革命斗争的需要，创办了中央苏区的邮政事业，作为根据地红色政权建设的重要组成部分，邮政工作在第二次国内革命战争期间为革命军情的传递和苏维埃政权的宣传工作做出了突出贡献。

1968年，由万安县枫林乡郑守荣捐赠。

红色基因——吉安市革命文物图典

可移动文物篇

安福县

安福县博物馆

第二次国内革命战争时期"工农检查部部长彭"款带流圆形石砚

| 国家二级文物 | 安福县博物馆藏 |

有流口，底部有不同时期刻的"一区""大洋""工农检查部部长彭"行楷字。

1930年3月，彭德怀率红五军攻占安福县城后，撤销了原永新管辖的十一区区委和区苏维埃政府，成立了安福一区区委和区苏维埃政府。此石砚由红军家属捐给了当地一区苏维埃政府作办公用具。1930年4月中旬，安福县在洋溪万寿宫成立了安福县苏维埃政府，石砚继续被县苏维埃政府使用，故有"大洋"刻字。县苏维埃政府逐步健全后，此石砚被分配给县苏维埃政府工农检查部专用。至1934年，石砚一直随县苏维埃政府工农检查部辗转各地苏区。1932年4~8月，彭标任县苏维埃政府主席前后兼任过工农检查部部长，1934年1~6月彭振兴任县苏维埃政府代主席前后也兼任过工农检查部部长。

1934年8月红六军团西征后，国民党以五个正规师的主力部队在地方反动保安团的配合下大举进攻湘赣边苏区。1934年9月，湘赣省委省军区被迫放弃永新县牛田等几小块被分割的根据地，率领机关转移至武功山区，安福县委和县苏维埃政府也陆续跟随转移至武功山下的泰山乡文家村、南沙村、瓦溪村的外围村落。1934年11月上旬，国民党江西保安四团两个中队偷袭省委、省军区驻地文家村，占领县苏维埃政府驻地，杀害了留守的干部，并点火焚烧办公房。红军独立第三、第五团奋力抗击，毙敌八十余人，缴枪四十余支。清理战场时，在灰烬中找到这件砚台。

20世纪90年代，泰山乡文家村委员会将之捐出。

吉水县

吉水县博物馆

1930 年湘赣省赣北斗委会颁发的红军急先锋第一等银币奖章

| 国家一级文物 | 吉水县博物馆藏 |

五角星形。中为轮形图案，轮形上凸出党徽图案，下衬五角星底图，五角上各有五瓣花一朵。文字从右至左弧形排列，上为"慰劳红军急先锋第一等奖"，下为"湘赣省赣北斗委会给"。奖章配有银链条和挂杆，以作挂佩之用。

奖章为湘赣省赣北斗委会制造，特奖给支前英雄罗前修。罗前修，湘赣省同水区黄金湖乡上石赖村人（现江西省吉水县阜田镇上石赖村）。1928 年参加革命，1929~1930 年在分宜、宜春、峡江、新余、吉水等各地积极组织群众辗转战斗，并建立了几个重要的革命和政权组织。1930 年，罗前修在北路组织并领导了一支参战和支前队伍。这支队伍在保卫苏区的战斗中取得了一次又一次的胜利，因此获湘赣省赣北斗委会特制银质奖章一枚。

1931 年 9 月，罗前修被错误地划为 AB 团分子。1933 年，第三次反"围剿"失败后，罗前修被释放，回来时把奖章藏于斗笠，后交与其妻保管至 1965 年。1965 年，罗前修的战友李其先用一元二角钱从罗前修妻子手中购买了慰劳奖章。1976 年 8 月，李其先将奖章捐赠给毛主席在吉水农村调查纪念馆。

后 记

　　吉安是一块红色的土地。井冈山革命根据地艰苦卓绝的斗争，十万工农下吉安的英雄气概，血肉之躯筑就的井冈山精神，让每一个吉安人倍感敬畏和光荣。见证革命历史的红色文物，赓续红色血脉的革命遗迹，革命摇篮的红色丰碑，让每一个吉安人倍感骄傲和自豪。

　　吉安，是一座没有围墙的红色博物馆，红色文物资源十分丰富。经普查，全市不可移动革命文物近千处、可移动革命文物 2300 余件（套）、红色标语 2400 余条。这些红色文化遗存，在国家文物局、江西省文物局的大力支持下，得到了较好的保护利用。2018 年，全国革命文物保护利用工程现场工作会在吉安召开，吉安文物工作者在实践中总结的革命文物保护利用与红色精品景区建设相结合的"井冈山模式"和革命文物保护利用与传统村落保护相结合的"青原模式"在全国推广。为了保护好、管理好、运用好这些宝贵的红色文化遗产，吉安市于 2020 年10 月公布了《吉安市红色文化遗存保护条例》，红色文化保护已成为全市人民的共识。

　　今年适逢中国共产党成立 100 周年，吉安又是井冈山革命根据地所在地，在弘扬井冈山精神、革命文物保护利用、红色基因传承等方面走在时代前列。在新时代下，我们组织编辑出版《红色基因——吉安市革命文物图典》一书，意义重大，正逢其时。

　　《红色基因——吉安市革命文物图典》分两篇。一篇辑录全市不可移动革命文物中的全国重点文物保护单位和江西省文物保护单位共 118 处，一篇辑录国家一、二级可移动革命文物 228 件（套）。本书史料真实、考证准确、文字简练、图片精美，是全国第一部区域性革命文物图典，也是一部进行红色文化阐释、传播、教育的工具书。

　　《红色基因——吉安市革命文物图典》的出版，得到了国家文物局、江西省文物局、中共吉安市委、吉安市人民政府、中共吉安市委宣传部、吉安市文化广电新闻出版旅游局的高度重视和关心支持，中共吉安市委书记为本书作序，各县（市、区）文化广电新闻出版旅游局及各文博单位在文物拍摄、资料整理等方面给予了大力支持，在此一并致谢！

　　由于水平有限，瑕疵难免，敬请方家指正。

李希朗

2021 年 10 月

支持单位

（排名不分先后）

井冈山革命博物馆

永新县文物保护中心

青原区文博事业发展促进中心

遂川县博物馆

万安县博物馆

泰和县博物馆

安福县博物馆

永丰县博物馆

吉水县博物馆

吉安县文物保护服务中心

吉州区博物馆

新干县博物馆

峡江县博物馆

红色基因

吉安市革命文物图典

不可移动文物篇

文物出版社

图书在版编目（CIP）数据

红色基因：吉安市革命文物图典 / 吉安市博物馆编
. -- 北京：文物出版社，2021.10
ISBN 978-7-5010-7185-2

Ⅰ.①红… Ⅱ.①吉… Ⅲ.①革命文物—吉安—图集
Ⅳ.① K871.62

中国版本图书馆 CIP 数据核字 (2021) 第 152820 号

红色基因：吉安市革命文物图典

编　　者：吉安市博物馆

责任编辑：孙漪娜　王霄凡
封面设计：孙　鹏
责任校对：赵　宁
责任印制：张道奇

出版发行：文物出版社
地　　址：北京市东城区东直门内北小街 2 号楼
网　　址：www.wenwu.com
经　　销：新华书店
印　　刷：宝蕾元仁浩（天津）印刷有限公司
开　　本：965mm×1270mm　1/16
印　　张：30
版　　次：2021 年 10 月第 1 版
印　　次：2021 年 10 月第 1 次印刷
书　　号：ISBN 978-7-5010-7185-2
定　　价：460.00 元（全二册）

编辑委员会

序

习近平总书记指出，"每一个历史事件、每一位革命英雄、每一种革命精神、每一件革命文物，都代表着我们党走过的光辉历程，取得的重大成就"。红色是我们党最鲜亮的底色，也是吉安最靓丽、最值得称道的颜色。吉安这片红土圣地，遍地都是红色印记，犹如一座没有围墙的红色博物馆。近年来，我们认真学习贯彻习近平总书记关于革命文物工作的重要指示精神，出台《吉安市红色文化遗存保护条例》，切实把革命文物保护好、管理好、运用好。

在热烈庆祝中国共产党成立 100 周年之际，我们又组织编辑出版了《红色基因——吉安市革命文物图典》一书。该书系统梳理了吉安丰富的红色文化资源，辑录了全市 118 处不可移动革命文物和 228 件可移动革命文物，图文并茂，呈现了井冈山革命根据地创建发展的非凡历程，充分展示了吉安儿女在党的领导下进行革命斗争的英勇实践，生动诠释了跨越时空的井冈山精神。此书是吉安革命文物保护利用和革命历史研究的又一丰硕成果，是兼具历史意义和现实意义的红色工具书，更是全国革命文物图典类图书的开山之作。

革命文物所蕴藏的精神财富跨越时空、熠熠生辉，激励人们风雨无阻、坚毅前行。刚刚闭幕的中国共产党吉安市第五次代表大会，明确了吉安未来五年"坚持一条主线、紧扣两个定位、奋力建设三区"的总体工作思路，明确提出要弘扬跨越时空的井冈山精神，建设全国红色基因传承示范区。我们要充分用好用活《红色基因——吉安市革命文物图典》这本工具书，以红色资源赓续红色血脉，让伟大的井冈山精神薪火相传、生生不息，放射出新的时代光芒；把革命精神转化为勇担使命、干事创业的强大精神动力，创造出无愧于党、无愧于先烈、无愧于时代的光辉业绩，为实现中华民族伟大复兴的中国梦做出新的、更大的贡献！

是为序。

中共吉安市委书记　王少玄

2021 年 9 月

目 录

| 井 冈 山 市 |

井冈山革命遗址 …………………………………………………………………………… 02

毛泽东和袁文才会见旧址 ………………………………………………………………… 32

袁文才、王佐部队升编旧址 ……………………………………………………………… 33

毛泽东宣布"三项纪律"地点——雷打石旧址 ………………………………………… 34

红军被服厂旧址 …………………………………………………………………………… 35

工农革命军后方留守处旧址 ……………………………………………………………… 36

茅坪枫石 …………………………………………………………………………………… 38

新遂边陲特别区工农兵政府旧址 ………………………………………………………… 39

大井乡工农兵政府旧址 …………………………………………………………………… 40

旗罗坳战斗指挥部旧址 …………………………………………………………………… 41

新城战斗旧址 ……………………………………………………………………………… 43

中国工农革命军第一师师部旧址 ………………………………………………………… 44

黄坳毛泽东旧居 …………………………………………………………………………… 45

黄坳红军物资转运站旧址 ………………………………………………………………… 46

龙市红四军军部旧址 ……………………………………………………………………… 47

中国红军第四军军部旧址 ………………………………………………………………… 48

茅坪红四军军需处旧址 …………………………………………………………………… 49

茅坪红四军二十八团团部旧址 …………………………………………………………… 50

茅坪红四军二十九团团部旧址 …………………………………………………………… 51

茅坪红四军三十一团团部旧址 …………………………………… 52

茅坪红四军三十二团团部旧址 …………………………………… 54

黄坳战斗旧址 …………………………………………………… 55

上井红军造币厂旧址 …………………………………………… 56

湘赣边界防务委员会旧址 ……………………………………… 57

湘赣边界第二次党代会旧址 …………………………………… 58

黄洋界红军挑粮小路 …………………………………………… 60

桐木岭哨口遗址 ………………………………………………… 62

朱砂冲哨口遗址 ………………………………………………… 63

八面山哨口遗址 ………………………………………………… 64

双马石哨口遗址 ………………………………………………… 66

小井红军伤病员殉难处遗址 …………………………………… 67

袁文才烈士墓 …………………………………………………… 68

王佐烈士墓 ……………………………………………………… 69

王佐烈士故居 …………………………………………………… 70

井冈山革命先烈纪念塔 ………………………………………… 71

鹅岭龙氏敬爱堂 ………………………………………………… 72

遂万泰县委县苏区旧址 ………………………………………… 73

黄泥刘氏房祠红军标语旧址 …………………………………… 74

永新县

井冈山革命遗址 ………………………………………………… 76

湘赣省委机关旧址 ……………………………………………… 84

中共秋溪乡支部旧址 …………………………………………… 86

秋溪乡暴动队旧址 ……………………………………………… 87

塘边毛泽东旧居 ………………………………………………… 88

中共湘赣边界临时特委旧址 …………………………………… 89

樟枧湘赣省红军被服厂旧址 …………………………………… 90

湘赣省政治保卫局旧址 ………………………………………… 91

牛田湘赣省苏维埃政府旧址 …………………………………… 92

中国工农红军学校第四分校旧址 ……………………………… 94

青原区

东固平民银行旧址···96

富田村诚敬堂··97

渼陂红四军总部旧址··98

"二七"陂头会议旧址···100

中共赣西南第一次党代会旧址···101

东固革命旧址群···102

东固南垅村毛泽东旧居···118

东固螺坑石鼓丘红四军军部旧址暨朱德旧居·······································119

赖经邦旧居···120

罗炳辉起义旧址···121

渼陂毛泽东旧居···122

渼陂朱德旧居···124

渼陂红四军卫生队旧址···125

渼陂红二十军成立旧址···126

净居寺···127

渼陂江西省苏维埃总工会旧址···128

渼陂曾山旧居···129

富田中国工农红军学校旧址···130

富田王家村毛泽东旧居···132

富田匡家村江西省赤色邮局旧址暨陈毅旧居·······································133

富田匡家村江西省苏维埃财政总局暨江西省工农银行旧址··························134

富田匡家村中华全国总工会苏区执行局暨江西省赤色总工会旧址····················134

富田匡家村中共江西省行动委员会旧址···136

富田陂下村公略县中心县委旧址···137

富田陂下村省苏四次重要会议旧址···138

遂川县

井冈山革命遗址——遂川县工农兵政府旧址···140

遂川毛泽东旧居 ·· 142

遂川县联席会议旧址 ·· 143

草林毛泽东旧居 ·· 144

草林红色圩场 ·· 145

五斗江战斗遗址 ·· 146

洛阳村客家彭宅 ·· 148

横石红六军团西征出发地遗址 ·································· 150

井下村正亮堂宅 ·· 152

| 万安县 |

万安暴动行动委员会旧址 ·· 154

中央苏区中央局旧址 ·· 155

康克清故居 ·· 156

曾天宇烈士纪念旧址 ·· 157

曾天宇烈士墓 ·· 158

| 泰和县 |

马家洲集中营旧址 ··· 160

泰和县苏维埃临时政府旧址 ····································· 161

白云山战斗指挥所旧址 ·· 162

浙大西迁泰和旧址群 ·· 163

| 安福县 |

洲湖红五军战斗旧址群 ·· 174

红五军驻地旧址群 ··· 175

安福红一方面军旧址群 ·· 178

上街列宁学校旧址 ··· 180

武功山三年游击战旧址 ·· 181

永丰县

君埠红一方面军总司令部旧址⋯⋯⋯⋯⋯⋯⋯⋯⋯⋯⋯⋯⋯⋯⋯⋯⋯⋯⋯⋯⋯⋯⋯⋯ 186

沙溪红四军军部旧址⋯⋯⋯⋯⋯⋯⋯⋯⋯⋯⋯⋯⋯⋯⋯⋯⋯⋯⋯⋯⋯⋯⋯⋯⋯⋯⋯⋯⋯ 187

君埠黄公略旧居⋯⋯⋯⋯⋯⋯⋯⋯⋯⋯⋯⋯⋯⋯⋯⋯⋯⋯⋯⋯⋯⋯⋯⋯⋯⋯⋯⋯⋯⋯⋯⋯ 188

第一次反"围剿"指挥所旧址⋯⋯⋯⋯⋯⋯⋯⋯⋯⋯⋯⋯⋯⋯⋯⋯⋯⋯⋯⋯⋯⋯⋯⋯⋯ 189

龙冈毛泽东旧居⋯⋯⋯⋯⋯⋯⋯⋯⋯⋯⋯⋯⋯⋯⋯⋯⋯⋯⋯⋯⋯⋯⋯⋯⋯⋯⋯⋯⋯⋯⋯⋯ 190

吉水县

白沙红军独立二、四团和红三军驻军旧址群⋯⋯⋯⋯⋯⋯⋯⋯⋯⋯⋯⋯⋯⋯⋯⋯⋯ 192

毛泽东大桥、东塘调查旧址群⋯⋯⋯⋯⋯⋯⋯⋯⋯⋯⋯⋯⋯⋯⋯⋯⋯⋯⋯⋯⋯⋯⋯⋯ 201

毛泽东木口调查旧址群⋯⋯⋯⋯⋯⋯⋯⋯⋯⋯⋯⋯⋯⋯⋯⋯⋯⋯⋯⋯⋯⋯⋯⋯⋯⋯⋯⋯ 203

公略县苏维埃旧址群⋯⋯⋯⋯⋯⋯⋯⋯⋯⋯⋯⋯⋯⋯⋯⋯⋯⋯⋯⋯⋯⋯⋯⋯⋯⋯⋯⋯⋯ 208

吉安县

"四九"暴动旧址⋯⋯⋯⋯⋯⋯⋯⋯⋯⋯⋯⋯⋯⋯⋯⋯⋯⋯⋯⋯⋯⋯⋯⋯⋯⋯⋯⋯⋯⋯⋯⋯ 216

窑棚彭德怀旧居⋯⋯⋯⋯⋯⋯⋯⋯⋯⋯⋯⋯⋯⋯⋯⋯⋯⋯⋯⋯⋯⋯⋯⋯⋯⋯⋯⋯⋯⋯⋯⋯ 218

萧氏世德堂⋯⋯⋯⋯⋯⋯⋯⋯⋯⋯⋯⋯⋯⋯⋯⋯⋯⋯⋯⋯⋯⋯⋯⋯⋯⋯⋯⋯⋯⋯⋯⋯⋯⋯⋯ 220

湘赣省吉安县苏维埃政府旧址⋯⋯⋯⋯⋯⋯⋯⋯⋯⋯⋯⋯⋯⋯⋯⋯⋯⋯⋯⋯⋯⋯⋯⋯ 221

曾山故居⋯⋯⋯⋯⋯⋯⋯⋯⋯⋯⋯⋯⋯⋯⋯⋯⋯⋯⋯⋯⋯⋯⋯⋯⋯⋯⋯⋯⋯⋯⋯⋯⋯⋯⋯⋯ 222

罗石冰旧居⋯⋯⋯⋯⋯⋯⋯⋯⋯⋯⋯⋯⋯⋯⋯⋯⋯⋯⋯⋯⋯⋯⋯⋯⋯⋯⋯⋯⋯⋯⋯⋯⋯⋯⋯ 224

吉州区

北伐军新编第二师驻地旧址⋯⋯⋯⋯⋯⋯⋯⋯⋯⋯⋯⋯⋯⋯⋯⋯⋯⋯⋯⋯⋯⋯⋯⋯⋯⋯ 226

山前红一方面军攻吉指挥部旧址群⋯⋯⋯⋯⋯⋯⋯⋯⋯⋯⋯⋯⋯⋯⋯⋯⋯⋯⋯⋯⋯ 228

西刘家巷 8 号毛泽东旧居、西肖家巷 7 号朱德旧居⋯⋯⋯⋯⋯⋯⋯⋯⋯⋯⋯⋯ 231

西逸亭毛泽东调查旧址⋯⋯⋯⋯⋯⋯⋯⋯⋯⋯⋯⋯⋯⋯⋯⋯⋯⋯⋯⋯⋯⋯⋯⋯⋯⋯⋯⋯ 232

新干县

麦堽毛泽东旧居·······························234

新干县第一次工农兵代表大会旧址·······························236

峡江县

峡江会议旧址·······························238

梅元支部旧址·······························239

红三军团仁和会议会址·······························240

井冈山市

遗址位于江西、湖南两省交接处的罗霄山脉中段。1927 年 10 月，毛泽东率领秋收起义部队来到井冈山，创立了中国第一个农村革命根据地，井冈山是中国革命的摇篮。

井冈山革命遗址主要由古城会议会址、湘赣边界前委和特委旧址（含红军医院）、八角楼毛泽东同志旧居、湘赣边界工农兵政府旧址、红四军建军广场旧址、茨坪毛泽东同志旧居、红四军军部旧址（含朱德同志旧居）、新遂边陲特区公卖处、大井毛泽东同志旧居、小井红军医院、行洲红军标语、黄洋界哨口工事、柏露会议会址等旧址旧居组成。

古城会议会址

会址位于井冈山市古城镇，原为联奎书院。

1927 年 10 月 3~5 日，中共湘赣边界秋收起义前敌委员会书记毛泽东，在此主持召开前委扩大会议，出席会议的有部队营以上干部、宁冈县党组织负责人共四十余人。会议传达了党的八七会议精神，总结了湘赣边界秋收起义的经验教训，讨论和研究了在罗霄山脉中段建立革命根据地和开展游击战争的问题，并决定团结改造袁文才、王佐部队，同时还决定派人与中央和湖南省委取得联系，并派遣一些红军干部深入白区和敌军中开展工作。

古城会议是三湾会议的继承和发展。这次会议初步确定了在井冈山建立革命根据地的决策，为中国共产党实现革命重心的转移，即走农村包围城市，最后夺取全国胜利的革命武装道路奠定了基础。

1929 年 5 月 10 日，湘赣边界特委第二届第四次执委会也在此召开，参加会议的有地方党组织负责人邓乾元、朱昌偕、宛希先、陈正人等及红五军领导人彭德怀、滕代远等。会议根据前委 4 月 13 日来信介绍的东固秘密割据经验，总结了过去的工作，决定将边界公开的割据形式，改变为公开与秘密相结合的割据形式，同时党的组织由公开转为秘密。会议制定了《游击工作大纲》，划分了四个游击区，重新安

排了边界的宣传、组织等各项工作。会议改组了临时特委，产生正式特委，邓乾元为书记。这次会议，对井冈山革命根据地的恢复和巩固，起了重要的推动作用。

1961 年 3 月 4 日，该会址被公布为第一批全国重点文物保护单位。

湘赣边界前委和特委旧址（含红军医院）

旧址原系攀龙书院，位于井冈山市茅坪镇茅坪村口。

1927年10月，中共前敌委员会（简称前委）和中共湘赣边界特别委员会（简称特委）在此书院三楼办公。前委是秋收起义时由湖南省委任命成立的湘赣边界党的最高领导机关，毛泽东任书记，统辖之后成立的特委和军委，下设秘书处、宣传科、组织科、职工运动委员会、军事委员会等机构；特委是边界地方党组织的领导机关，毛泽东、杨开明和谭震林等分别担任过书记，下辖宁冈、永新、遂川、莲花、酃县五县县委和茶陵特别区委。毛泽东曾在攀龙书院召开军事会议，部署新城战斗。

在攀龙书院的一、二楼还建立了根据地的第一所后方红军医院。医院由曹镶任院长，初期只有三名医生，加上看护和担架人员共二十多人；到11月份又增加了三名中医，并设立了医疗室和药房。毛泽东、朱德等经常到医院看望伤病员，并把群众送的慰问品，如鸡蛋、红糖等转送给伤病员。在医务人员的精心照料下，多数伤病员得到了及时的治疗，得以重返战场。1928年10月后，红军医院搬迁至小井村。同年秋，中共湘赣边界特委机关从攀龙书院迁至茨坪北山脚下。

1961年3月4日，该旧址被公布为第一批全国重点文物保护单位。

八角楼毛泽东同志旧居

旧居位于井冈山市茅坪镇茅坪村，建于清代，原系当地村民谢池香的住宅。当年毛泽东居住在左侧进深第四间的楼上，卧室顶有一个斗八藻井，当地群众称之为"八角楼"。

1927年10月~1929年1月，中共湘赣边界秋收起义前敌委员会书记、井冈山前敌委员会书记、湘赣边界特委书记毛泽东经常在此居住和办公，领导根据地的革命斗争，同时进行红色政权理论研究工作。他先后在这里写下了《中国的红色政权为什么能够存在》《井冈山的斗争》两篇著作。在这两篇著作中，毛泽东全面总结了井冈山斗争的经验，根据中国社会和中国革命的特点，分析了中国革命的性质和任务；阐述了红色政权能够存在和发展的五个条件；回答了"红旗到底打得多久"的疑问；提出了"工农武装割据"的思想。实行工农武装割据，就是在中国共产党的领导下，把武装斗争、土地革命、建立革命政权三者结合起来。就全党来说，当时还没有解决以农村为工作中心的问题，工农武装割据的思想为解决这个问题，也为农村包围城市、武装夺取政权的革命道路的形成，奠定了坚实的基础。

井冈山斗争时期，朱德也经常在这里居住和办公，与毛泽东共同领导和指挥井冈山的斗争。

旧址墙上还存有当年红军战士写的几条标语，室内的陈列如床架子、桌子、砚台、油灯、茶几、高背椅等是毛泽东和贺子珍当年在这里居住时用过的原物。旧址内还有一个围棋台（复制品），朱德在工作之余，经常与毛泽东在这里一起下围棋。

1961年3月4日，该旧址被公布为第一批全国重点文物保护单位。

中共湘赣边界党的一大旧址

旧址位于井冈山市茅坪镇茅坪村北。原为谢氏慎公祠，建于清代。

1928年5月，井冈山革命斗争进入了大发展时期，为加强湘赣边界党的统一领导，经江西、湖南两省委同意，5月20~22日，中共湘赣边界党的第一次代表大会在茅坪"谢氏慎公祠"召开。出席会议的有原宁冈、永新、莲花、遂川、酃县五县县委和茶陵特别区委以及军队党组织的代表共六十余人，会期三天。会议总结了井冈山革命根据地创建以来的经验，讨论了发展党的组织、深入土地革命、巩固和扩大红军和革命根据地等多项任务，明确回答了一些人提出的"红旗到底打得多久"的疑问，指出革命根据地和红军能够长期存在并发展。会议选举产生了湘赣边界党的最高领导机关——中共湘赣边界特委，毛泽东任书记，统一领导湘赣边界红军和根据地的革命斗争。接着，湘赣边界统一的工农兵苏维埃政府成立，袁文才任主席。会议还为根据地的建设制定了一系列正确的政策：坚决地和敌人做斗争，创建罗霄山脉中段政权，反对逃跑主义；深入割据地区的土地革命；军队的党帮助地方党的发展，军队的武装帮助地方武装的发展，对统治势力比较强大的湖南采取守势，对统治势力比较薄弱的江西采取攻势；大力经营永新，创造群众的割据，布置长期斗争；集中红军迎击当前之敌，反对分兵，避免被敌人各个击破；割据地区采取波浪式的推进政策，反对冒进政策。这些政策不仅适用于当时的对敌斗争，也是工农武装割据思想的最初体现。这次会议统一了人们的思想，产生了湘赣边界地方党的领导，有力地促进了井冈山革命根据地的发展。

1961年3月4日，该旧址被公布为第一批全国重点文物保护单位。

士兵委员会旧址（含陈毅同志旧居）

旧址位于井冈山市茅坪镇茅坪村北，原为村民谢池香家的旁屋，建于清末。

士兵委员会是由广大官兵民主推选代表组成的一种组织，由 5~7 人组成士兵委员会的执行委员。士兵委员会的任务是：参加军队管理，维护军队纪律，监督军队的经济，做群众工作，做新兵的政治教育工作。早在三湾改编时，工农革命军就在连队成立了士兵委员会组织。1928 年 5 月上旬，红四军士兵委员会成立，陈毅任主任，在此居住和办公。士兵委员会作为军队中的民主组织和群众监督机构，对军内民主制度建设、消除雇佣军思想和军阀作风、建设新型的人民军队起到了重要作用。陈毅在此接待来访士兵，发现问题及时处理，同时多次召开会议，商讨士兵委员会的工作。

1961 年 3 月 4 日，该旧址被公布为第一批全国重点文物保护单位。

湘赣边界工农兵政府旧址

旧址位于井冈山市茅坪镇苍边村，原为袁家祠，中华人民共和国成立后按原貌修复。

1928年5月下旬，湘赣边界工农兵政府在此成立，为边界各县的最高领导机关。下辖宁冈、永新、莲花、遂川、酃县、茶陵等六个县的工农兵政府。政府领导人员由湘赣边界工农兵代表大会选举产生。成立之初，推选袁文才为主席。边界政府下设土地部（谭震林负责）、军事部（张子清负责）、财政部（余贲民、李筱甫负责）、政法部（邓允庭负责）、工农运动委员会（宋乔生、毛科文、胡波负责）、青年运动委员会（肖子南、刘真负责）、妇女委员会（吴仲廉、彭儒负责）。

边界政府发动和组织广大群众开展武装斗争，动员组织群众参军参战，保卫各级红色政权；领导广大农民分配土地，大力发展农业生产，巩固土地革命成果。同时，筹集大量物资支援红军，为井冈山革命根据地的发展和建设做出了很大贡献。

1961年3月4日，该旧址被公布为第一批全国重点文物保护单位。

朱德、毛泽东会见旧址（含红军教导队）

旧址位于井冈山市龙市镇龙江书院。龙江书院建于清道光二十年（1840年），由原宁冈、酆县、茶陵三县的客籍绅民捐款集资修建，是当时三县客籍人的最高学府。整座书院分前、中、后三进，砖木结构，面积2000余平方米，大小房屋合计一百多间，现存四十二间。中华人民共和国成立后，政府多次拨款按原貌维修。

1928年4月28日，朱德、陈毅率南昌起义余部及湘南暴动农军到达龙市，和毛泽东领导的秋收起义部队会师。在这里，毛泽东和朱德初次相见，两支部队的主要领导商讨了会师后的有关事项，并定于5月4日召开军民庆祝大会。

此前，为了培养工农革命军和地方武装的指挥员，工农革命军军官教导队于1927年11月中旬，在龙江书院中厅的明道堂创办了第一期军官教导队。教导队的学员由边界各县选派的工农分子和部队中的干部组成，其中宁冈、永新、莲花等县选派来的工农分子六十多人，加上工农革命军的基层军官三十多人，共百余人。由吕赤担任教导队队长，下设四个区小队，陈士榘、张令彬、王良、陈伯钧等任区分队长，袁炎飞等任教官。学习期间，每天三操两讲，既学政治，又学军事。毛泽东十分重视教导队的工作，经常给学员们讲课，指导学员进行军事训练，还指示学员们要理论联系实际，一边学习，一边做群众工作。同时，教导队还派出学员到古城、新城、茅坪一带进行社会调查，调查的内容包括行政区别、人口、阶级状况、土客籍姓氏关系、文化、风俗习惯和统治阶级内部矛盾等，经过政治教育和军事训练，学员们的素质有了很大提高。

这期教导队原计划办三个月，由于斗争形势的发展，只办了两个多月，在新城战斗后就结业了。至今，在书院前栋的墙上还保留着当年学员们写的两幅标语。

1961年3月4日，该旧址被公布为第一批全国重点文物保护单位。

红四军建军广场旧址

旧址位于井冈山市龙市镇龙江河东岸。旧址原来是龙江河东岸的一片沙洲，当年的会台是用禾桶和门板临时架设的，现在的会台是仿建的。广场南北长105、东西宽120米，占地面积1.26万平方米。

1928年5月4日，井冈山革命根据地军民两万余人在此召开庆祝两军胜利会师和成立中国工农革命军第四军（同年6月改称中国工农红军第四军）大会。会议执行主席陈毅宣布第四军成立。朱德任军长，毛泽东任党代表，王尔琢任参谋长，陈毅任士兵委员会主任，下辖三个师九个团。会上，毛泽东、朱德及宁冈县党政机关和民众代表先后讲话。毛泽东在会上重申了红军的"三大任务"以及"三大纪律六项注意"。

1961年3月4日，该旧址被公布为第一批全国重点文物保护单位。

茨坪毛泽东同志旧居

旧居位于井冈山市茨坪东山脚下店上村，房屋坐东朝西，干打垒土木结构，原为井冈山斗争时期茨坪乡工农兵政府主席李利昌的小杂货铺。

1927年10月27日，毛泽东率秋收起义部队抵达茨坪后，李利昌将房子底层的一半腾让给前委机关和毛泽东使用并居住，他自己则住在房后的一排闲屋中。

在这里，毛泽东领导井冈山军民度过了艰难的岁月。当时，由于湘赣敌军对井冈山实行严密的经济封锁，红军的军需给养非常困难，物质生活十分艰苦，毛泽东与普通战士一样吃红米、南瓜度日。

毛泽东军务十分繁忙，晚间还要办公到深夜。当时，部队对晚上点灯用油有一个规定：各级机关晚上办公时，只能用一盏油灯，油灯上可以点三根灯芯；连部晚上值班，可以留一盏油灯，但只准点一根灯芯。按照这个规定，毛泽东作为红四军的党代表、红四军军委书记、中共湘赣边界特委书记和中共井冈山前委书记，晚上办公时用的油灯完全可以点三根灯芯，但他为了节省用油，每天晚上办公都只点一根灯芯照明。就在这样微弱的灯光下，毛泽东起草了《井冈山的斗争》这篇重要的著作，在这篇著作中，他总结了井冈山斗争的经验，阐明了"工农武装割据"的光辉思想，指明了中国革命的前途。

1928年11月6日，毛泽东、杨开明和谭震林等在此屋内主持召开了中共湘赣边界特委扩大会议，会议根据中央于同年6月4日来信的指示精神，重新组织了以毛泽东为书记的井冈山革命根据地内党的最高指导机关——井冈山前委。毛泽东、朱德、谭震林、毛科文、宋乔生五人为委员，毛泽东为书记，进一步加强了湘赣边界党的领导，使"工农武装割据"思想更加巩固和发展。此后，前委机关也在此屋办公。

1929年1月14日，毛泽东、朱德、陈毅等率领红四军主力出击赣南后，湘赣敌军一度占领井冈山，并实行"石头要过刀、茅草要过火、人要换种"的烧杀政策，井冈山上的大部分房屋被烧毁。

1961年，井冈山革命博物馆按原貌修复了该旧址。同年3月4日，该旧址被公布为第一批全国重点文物保护单位。

红四军军官教导队旧址

旧址位于井冈山市茨坪东山脚下店上村，与红四军军械处旧址相连。

1928 年 5 月，红四军成立后，原军官教导队改名为"中国红军第四军军官教导队"，并从宁冈龙市迁来井冈山茨坪店上村办公。同年冬，彭德怀率红五军上井冈山后，根据中共井冈山前委的决定，在红四军军官教导队的基础上创办了中国红军的第一所正式学校——井冈山红军学校，校址设在井冈山茨坪的黄竹坳，彭德怀任校长。

教导队的主要任务是负责训练红军的下级军官和为地方培训赤卫队的指挥官。学员主要来自两个方面：一部分是从红军战士和班、排长中抽调，一部分是由各县、区政府派送。训练的时长为每期约三个月，每期的学员有一百五十人左右。训练的项目是政治工作和军事技术，同时也学习文化知识、马列主义的基本原理和俄国十月革命的理论。毛泽东、朱德、陈毅等还经常到教导队给学员们讲中国革命的形势和任务。当时教学条件非常艰苦，没有固定的教室，学员们经常露天上课；没有笔墨纸张，学员们就以树枝、炭条当笔，在地上、石板上或沙盘上练习写字；没有集体宿舍，学员们就分散住在群众家里或在祠堂、庙宇中睡地铺。在这种条件下，学员一面刻苦学习，一面参加生产劳动，开展农村调查，有时还随军作战。教导队的创办，为红军和地方培养了大批的军事、政治干部，对巩固和发展井冈山革命根据地起了重要作用。

中华人民共和国成立后，井冈山革命博物馆对该旧址按原貌修复。1961 年 3 月 4 日，该旧址被公布为第一批全国重点文物保护单位。

红四军军械处旧址

旧址位于井冈山市茨坪东山脚下店上村，与红四军军官教导队旧址相连。

中国红军初期，没有自己的兵工厂，主要靠战场上缴获敌军的武器来武装自己。在井冈山斗争初期，工农革命军部队在茅坪设立修械所，1928 年 5 月红四军成立后，设立了军械处，从军中和地方调集三十余名枪工，主要负责修理全军的各种武器，以及时供给红军在战场上使用。工人们夜以继日地工作，将修理好或制造出的武器拿到后山上进行验枪试放，检验合格后便立即派人送往前方，部分地解决了红军各部队的武器供应问题。1928 年 8 月 30 日黄洋界保卫战中使用的迫击炮就是在这个军械处修理后参加战斗的。军械处不仅能修理各种武器，制造梭镖、大刀和鸟枪，而且还能制造单响枪和松树炮。军械处的工人们还经常帮助当地农民修理镰刀、锄头等各种农具，既有力地确保了前方作战，又支援了农业生产，密切了军民关系。

中华人民共和国成立后，井冈山革命博物馆对该旧址按原貌修复。1961 年 3 月 4 日，该旧址被公布为第一批全国重点文物保护单位。

红四军军部旧址（含朱德同志旧居）

旧址位于井冈山市茨坪东山脚下店上村，房屋坐西朝东，干打垒土木结构，房屋主人为李神龙。

朱德、陈毅率领南昌起义保留下来的部分队伍，经过在湘、粤、赣三省边界的艰苦转战，于1928年4月下旬来到井冈山，和毛泽东领导的秋收起义队伍胜利会师，组建工农革命军第四军。朱德任军长，毛泽东任党代表，陈毅任军政治部主任，王尔琢任军参谋长。红四军军部曾先后设在原宁冈县的龙市和茅坪村的洋桥湖，1928年夏，迁至茨坪李神龙家。此后，军部领导便经常在这里召开军事会议，研究和部署作战计划，这里成为巩固和发展井

冈山革命根据地的军事指挥中心。朱德、陈毅主要负责军部的日常工作，常在军部居住，此屋中间的厅堂是军委召开干部会议的场所，右间是朱德住房，左间是陈毅住房。

1929 年 1 月，红四军主力离开井冈山时，由彭德怀率领红五军的军部也曾设在此屋，彭德怀居住在朱德曾经住过的房间，滕代远居住在陈毅曾经住过的房间。

1961 年 3 月 4 日，该旧址被公布为第一批全国重点文物保护单位。

新遂边陲特区公卖处旧址

旧址位于井冈山市茨坪东山脚下店上村，房屋主人为李文昌。

在井冈山斗争的艰难岁月中，国民党反动派为了扼杀摇篮中的中国革命，除了对井冈山进行频繁的军事进攻外，还对井冈山实行严密的经济封锁，禁止各种日常生活用品运上井冈山。根据地内食盐、布匹、药材等日用必需品十分匮乏，红军和人民群众的日常生活遇到了极大困难。为了粉碎敌人对井冈山革命根据地的经济封锁，以毛泽东为书记的前委制定了"保护中小商人做买卖"等政策，并决定取消一切税收，鼓励根据地内外的中小商人到井冈山做买卖。1928年夏，为解决根据地内军民的日常必需品供给，新遂边陲特别区工农兵政府决定在所辖的十个乡中各设立一个乡公卖处，同时，在茨坪的店上村创办了这所特别区公卖处。

公卖处主要是收购根据地内的各种土特产品，鼓励中小商人从白区偷运如食盐、药材、布匹等必需品上山，红军在战场缴获的战利品等大部分也在公卖处平价出售给根据地军民。在当年物资极度缺乏的情况下，公卖处对稳定物价、促进根据地内外物质交流、搞活红色区域的经济、解决军民的生活困难都起到了重要的作用。

1961年3月4日，该旧址被公布为第一批全国重点文物保护单位。

中共湘赣边界特委旧址

旧址位于井冈山市茨坪北山脚下的田垄中，房屋坐西朝东，干打垒土木结构，房屋主人为李义生。

在井冈山斗争时期，为了加强党对根据地建设的领导，使井冈山革命根据地内党、政、军和土地革命运动等各项工作得以全面发展和巩固，1928年5月20日，毛泽东在原宁冈县茅坪村主持召开了湘赣边界党的第一次代表大会，选举产生了以毛泽东为书记的湘赣边党的第一届特委，特委会是井冈山革命根据地内地方党的最高领导机关。在特委的领导下，井冈山革命根据地的各项工作很快进入全盛时期。同年10月4日，毛泽东又在茅坪主持召开了湘赣边界各县党的第二次代表大会，选举产生了先后以杨开明、谭震林为书记，陈正人为副书记的第二届特委。会议还通过了毛泽东起草的《政治问题和边界党的任务》（即《中国的红色政权为什么能够存在》）的决议，毛泽东在决议中总结了井冈山斗争的经验，阐述了中国的红色政权能够长期存在和发展的原因，提出了"工农武装割据"的光辉理论。

1928年夏，特委机关从茅坪迁至茨坪北山脚下的民房中办公，中厅为机关人员的办公室，右间为特委书记谭震林所居，左间为特委副书记陈正人所居。

1928年冬，特委在此举办了党团政治训练班，分期分批组织根据地内党、团员到训练班学习《共产主义者须知》，学习马列主义理论和文化知识。1929年1月底，在第三次反"会剿"中，特委部分领导被冲散。同年3月中旬，特委机关从茨坪先后迁入永新县的三湾村和永新县城办公。到1930年2月，根据革命斗争形势发展的需要，中共湘赣边界特委同赣西、赣南两特委合并为赣西南特委，从而结束了湘赣边界特委的光荣使命。

1961年3月4日，该旧址被公布为第一批全国重点文物保护单位。

大井毛泽东同志旧居

大井位于井冈山市茨坪西北7千米处，是井冈山革命根据地内大小五井一带五个村庄中最大的一个，位于井冈山腹地，四周青山环绕，一派高山田园风光。

毛泽东同志旧居位于大井村中央，名为"新屋下"，房屋坐北朝南，共六行五天井四十二间，内外均粉刷成白色石灰墙面。此屋为邹姓旺公所建，是大井村早年的殷实人家，距今已有三百余年。邹家逐渐败落后，至20世纪20年代初，此屋已成为以王佐为首领的井冈山绿林武装的兵营。在大革命运动期间，王佐所部改编为遂川县新遂边陲农民自卫军后，依然以此屋为自卫军的营地。

1927年10月24日，毛泽东率领秋收起义部队首次来到大井村时，驻扎在大井新屋下"邹屋"中的王佐将农民自卫军的这幢兵营腾让出来给毛泽东的工农革命军做了营房，毛泽东也居住在此屋东边厢房内。当天，毛泽东赠送了七十条好枪给王佐发展武装，王佐也当即回赠五百担谷子给工农革命军做军需给养。在大井，毛泽东亲自做王佐及其部队的团结、教育工作，不久，又派何长工等同志帮王佐部队先后在大井、上井等地开展政治、军事训练。1928年2月，王佐部与原宁冈袁文才的队伍一起升编为中国工农革命军第一军第一师第二团，袁文才任团

长，王佐任副团长兼营长。在井冈山斗争期间，毛泽东经常在大井的这幢房子里居住。同在这幢房子住过的红军指挥员还有师党代表、前委委员、特委常委宛希先，军委委员、三十二团党代表何长工，三十二团副团长、防务委员会主任王佐，红军医院院长曹镕等。1928年12月中旬，彭德怀率红军主力上井冈山来到大井后，也在此屋的西厢居住。当时正值隆冬时节，天寒地冻，红军指战员们晚上睡觉垫的稻草已经不多了，彭德怀就亲自带领战士们到八面山去割茅草，并一捆捆地背回大井摊铺睡觉，他还风趣地和战士们说："用井冈山上的茅草摊铺，睡觉也特别的香呢！"在艰难困苦的时刻，彭德怀依然充满着革命乐观主义精神。

1929年1月底，井冈山第三次反"会剿"失利后，大井毛泽东旧居被烧毁，仅剩一堵残墙和屋前毛泽东平时读书看报时坐过的一块大石头，以及屋后毛泽东常在其下观看红军练兵的一棵红豆杉和一棵柞树。1959年，井冈山垦殖场按原貌修复大井毛泽东旧居，将那堵残墙镶嵌在新墙中以作为历史的见证，大井人民还对屋后的两棵树精心照顾，取名为"常青树"，对毛泽东坐过的那块石头也加以保护，命名为"读书石"。

1961年3月4日，该旧居被公布为第一批全国重点文物保护单位。

大井朱德和陈毅同志旧居

旧居位于井冈山市大井村田心里，是一栋干打垒房屋，为大井村群众邹安仁家的祖居。

1928年5月以后，中国工农革命军第四军军部从原宁冈茅坪迁至井冈山茨坪和大小五井一带，朱德与陈毅在这里居住和办公，并部署井冈山革命根据地的各项工作和军事斗争。朱德还经常从大井出发攀登八面山、双马石哨口，亲临前线检查，布置防务。

1928年8月底，当湘赣两省敌军乘毛泽东、朱德率红四军主力远在湘南之机，企图从黄洋界方向进攻井冈山革命根据地时，红四军三十一团党代表何挺颖、团长朱云卿按特委紧急会议的精神，在此屋中厅主持召开连以上干部军事会议，部署了黄洋界保卫战。

1987年6月15日，由井冈山革命博物馆在原址上修复的朱德、陈毅同志旧居正式对外开放。

2006年5月25日，该旧居被公布为第六批全国重点文物保护单位。

小井红四军医院旧址

旧址位于井冈山市茨坪北面 5 千米处的小井村，为杉皮屋面、全木质结构的建筑，上下两层共 32 间。

1928 年 5 月，毛泽东、朱德两支部队在井冈山胜利会师后，在井冈山的大小五井建立了取名为"红光医院"的后方医院。医院分四个管理组：第一、二组设在大井村，第三组设在中井村，第四组设在小井村，院部设在中井村。曹镔任院长，肖光球任党代表。同年底，曾志任党总支书记。为了改善红军伤病员的医疗条件，同年 10 月，湘赣边界党的第二次代表大会决定："建设较好的红军医院。"红军官兵们纷纷将平时发的"伙食尾子"捐献出来，军民们自己动手，就地取材，投入到红军医院的建设中。曾志那时已怀孕七个月了，还挺着大肚子，和大家一起上山砍木头、背木头。1928 年冬，在小井建成了这所红军医院的住院部，并取名"红光医院"。

由于敌军对井冈山实行严密的经济封锁，医院的医疗条件极差，医务人员和伤员们一起自力更生，因陋就简，克服了许多困难，

使一批批伤病员痊愈后重返前线。西药奇缺，医务人员就上山采掘金银花、鱼腥草、散血丹等草药给伤病员服用；缺少医疗器具，医务人员就用木头、竹子等制作成镊子、消毒盆、探针等器具；没有药棉，就将土布洗干净作药棉，一条纱布绷带用了洗、洗了又用，有时用上几十遍直至不能再用为止；没有手术刀，医生们就用盐水泡过的剃头刀、梭镖甚至切菜刀代替，用小锯齿的木锯子作骨锯。在最困难的时候，一点消炎的药水都没有了，就用食盐水，甚至用石灰水给伤员消炎。

1928 年 10 月以后，红军对敌作战十分频繁，红军的伤病员有时有五六百人，最多的时候达八百人。医院住不下，很多伤兵被安置在当地群众家中医治。伤病员的生活极为艰苦，每人每天只有一角钱的油盐柴菜钱，天天吃红

米饭、喝南瓜汤。尽管如此，他们在治疗期间依然坚持开会学习，关心前方的战斗形势，一些轻伤员还每天坚持为红军哨口削制竹钉，有时还开展各种文娱活动，体现了革命乐观主义精神。毛泽东、朱德等也十分关心伤病员，经常带着缴获来的战利品看望他们。

1929年1月底，井冈山军民第三次反"会剿"失利，湘赣国民党军窜入小井村，烧毁了红军医院，把未来得及转移的一百三十多名重伤员集体枪杀。

1967年，井冈山革命博物馆按原貌修复小井红军医院旧址。

2006年5月25日，该旧址被公布为第六批全国重点文物保护单位。

行洲红军标语遗址

遗址位于井冈山市茨坪东南的行洲村。行洲是井冈山革命根据地五大哨口内最大的村庄。毛泽东、朱德和陈毅等曾在此工作和居住。留有红军标语的民居主要是李焕湘和李足林两家。

毛泽东、朱德领导的红四军"每到一处，墙上都写满了标语"。1928年5~6月，红四军在此房屋墙壁上写有"实行马克思主义，实行共产主义"等三十多幅标语。

1929年2月以后，井冈山陷入国民党反动派的手中，农民李文銮家为了避免敌人迫害，用黄泥浆把整栋房屋外墙糊上一遍，标语被遮盖在里面。

在垄水段村民宅的墙壁上有一幅近9米长的红色标语，字迹清晰："红军是为劳动工农谋利益的先锋队！"敌人占据这里后，把这幅标语的"红"字改成"国"字。红军回来后，又将"国"改成"红"字。据查证，这幅标语为

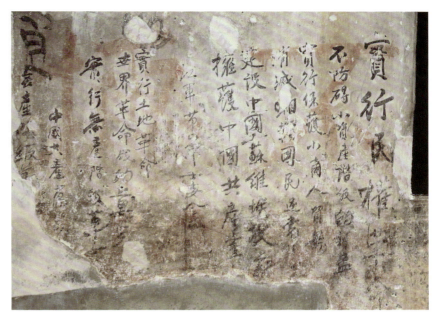

萧克的部队书写。当时担任宣传员的彭嘉珠（现在南京军区离休）1987年重上井冈山时，特意到这里回忆认定是自己的手迹。

1973年，井冈山革命博物馆发现了这栋写有红军标语的遗址后，随即派出工作人员对标语进行修复。1982年，恢复了房屋倒塌部分，并且加以维护。

2006年5月25日，该遗址被公布为第六批全国重点文物保护单位。

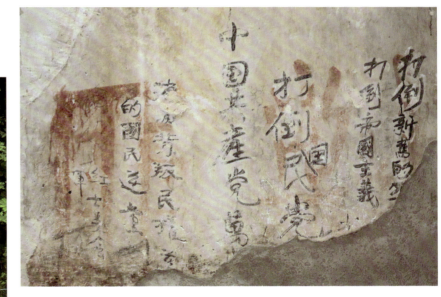

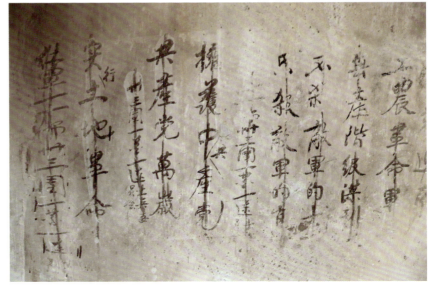

黄洋界哨口工事旧址

旧址位于井冈山市大小五井的西北，江西省原宁冈县、遂川县和湖南省炎陵县三县边界交界处，距茨坪 17 千米，海拔 1343 米，是茅坪通往茨坪的要隘，也是井冈山军事根据地五大哨口之一。黄洋界上山峰似剑，悬崖绝壁，一面是千仞高山，一面是万丈深渊，四周群峰起伏，地势极为险峻。山头上常有浓雾缭绕，大风吹来，云海腾波，故又被称为"汪洋界""望洋冈"。

黄洋界上有三条狭小崎岖、盘山而上的山间小路：一条北经茅坪村，与永新县相连；一条西连大陇村，可抵湖南省炎陵县；另一条则南接大小五井，直达茨坪。1928 年春夏，红军在黄洋界三条小路的联结点上建立了三处防御工事：一处用以控制通往茅坪的小路，阻击从江西永新方向来进犯井冈山的敌军；一处可控制通往原宁冈大陇的小路，阻击从湖南炎陵方向来犯的敌人；在这两处工事的后山山顶上又设立一处瞭望哨所，用以监视山下敌军的动静，以掩护前面两处工事。三处工事呈掎角之势，互相呼应，组成哨口。

1928 年夏，井冈山军民在黄洋界哨口两个工事的前沿，各设五道防线：第一道是竹钉阵，第二道是壕沟，第三道是竹篱笆围栏，第四道是檑木滚石，第五道是射击掩体。

1928 年 8 月 30 日，红四军三十一团团长朱云卿、党代表何挺颖和营长陈毅安率领不足一个营的兵力，在井冈山广大人民群众的积极配合下，借助黄洋界天险，英勇奋战，顽强抵抗，打退了敌军的多次进攻，取得了黄洋界保卫战的胜利，粉碎了湘赣两省敌军对井冈山的第二次"会剿"。

1961 年 3 月 4 日，该旧址被公布为第一批全国重点文物保护单位。

黄洋界哨口营房旧址

旧址位于井冈山市黄洋界上，房屋坐北朝南，是一栋杉皮屋面、土木结构的民房。

旧址原是一家客栈，于1923年倒塌。1928年夏，红四军军委决定在原客栈基础上重新建造此屋作为营房。由兵房建筑处主任李少垣负责施工，宁冈县第四区工农兵政府抽派民工建造。1928年8月，营房竣工，红四军一个连的部队驻扎在营房周围，日夜驻守在黄洋界哨口上。

1963年，营房旧址仍然由当年负责施工的李少垣按照原貌修复。

1961年3月4日，该旧址被公布为第一批全国重点文物保护单位。

黄洋界哨口荷树

荷树位于井冈山市黄洋界上，距黄洋界红军哨口约 2.5 千米。

这里原有小路经过树下，叫五里横排。1928 年冬，毛泽东、朱德等根据地领导和井冈山军民挑粮上山时，常在这棵树下歇脚。

当年，井冈山上除正规红军部队外，另有八百多名伤病员，还有党、政、军等后勤机关的工作人员，每天需要大量的粮食。但山上"人口不满两千，产谷不满万担，军粮全靠宁冈、永新、遂川三县输送"。为了粉碎敌人的军事进攻和经济封锁，必须储备足够的粮食，因此前委号召井冈山军民从宁冈等地挑粮上山。

从宁冈到茨坪，黄洋界是必经之地。黄洋界崇山峻岭，羊肠小道，交通十分不便。从山下运粮上山，是一件十分艰苦的事。军民们每天早上下山挑粮，晚上回来，往返于山上山下，挑的挑，背的背，仅一个多月，井冈山上就储备了三十多万斤粮食。毛泽东和朱德等虽然军务繁忙，但也坚持和军民们一起挑粮。在挑粮的过程中，他们常和战士们在黄洋界的荷树下休息。

1965 年 6 月 30 日，全国人大常委会副委员长郭沫若来到荷树下参观，写下了"小径挑粮领袖忙，五里横排遗槲（荷）树"的诗句。

1961 年 3 月 4 日，此树被公布为第一批全国重点文物保护单位。

柏露会议会址

会址位于井冈山市柏露乡柏露村北。会址原为店铺，建于清光绪十年间（1882年），由于横亘于柏露村道东侧，故名"横店"。

1929年1月4~7日，井冈山前敌委员会在宁冈县柏露村召开边界联席会议（即

柏露会议）。参加会议的有红四军前委、湘赣边界特委、红四军和红五军军委以及各县县委负责人共六十余人。毛泽东主持会议。会议传达了中国共产党第六次全国代表大会的决议；讨论和通过了毛泽东代表中共井冈山前委写给中央的报告，即《井冈山的斗争》；着重讨论了面对湘赣两省敌军十八个团，分五路向井冈山革命根据地发动"会剿"的局势，如何迎击敌人，如何粉碎敌人第三次"会剿"。

会议针对敌人的"会剿"部署，决定采取"攻势的防御"战略，由彭德怀、滕代远指挥红五军主力和红四军三十二团留守井冈山，由毛泽东、朱德、陈毅率红四军主力向赣南出击，以便解决由于敌人的军事"会剿"和经济封锁造成的困难，以内线和外线相互配合的办法打破敌军的"会剿"，保卫和发展根据地。

柏露会议后，红四军主力出击赣南，因强敌的一路猛追，连战失利，直到大柏地战斗后才转败为胜，进入东固革命根据地；当红四军主力离山后，红五军和边界军民坚持与敌浴血奋战，但未能打破敌人的"会剿"，当红四军到达东固时，得知红五军在边界失利，遂果断放弃回师井冈山的计划，转向闽赣边境敌人力量薄弱地区开展游击。

柏露会议制订的"围魏救赵"方针虽然没能完全实现，但是客观上使红四军转赴赣南闽西，开创了中央革命根据地；会议讨论通过的《井冈山斗争》一文，全面总结了井冈山斗争在党的建设、军队建设、政权建设和土地革命等方面的经验教训，很快转呈党中央，并对全国其他革命根据地的建设产生了积极影响。

1961年3月4日，该会址被公布为第一批全国重点文物保护单位。

毛泽东和袁文才会见旧址

旧址位于井冈山市龙市镇大仓村，原为当地大户林风和家的旁屋，共两层，二层楼面用吊柱悬挑楼廊，当地人称之为"吊柱楼"。

1927年10月6日，中共湘赣边界秋收起义前敌委员会书记毛泽东等一行七人，来到位于古城和茅坪之间的大仓村，与宁冈县的地方武装首领袁文才进行会见。两人就工农革命军在茅坪安家、共同开展湘赣边界工农武装割据斗争、创建革命根据地等问题进行了单独的、长时间的交谈。

2018年3月9日，该旧址被公布为第六批江西省文物保护单位。

省保单位 袁文才、王佐部队升编旧址

旧址位于井冈山市茅坪镇大陇，原为朱家祠堂。

1927年10月，毛泽东率工农革命军来到井冈山，在袁文才、王佐两支地方武装的帮助下创建了井冈山革命根据地，同时，应袁文才和王佐二人要求派出何长工、陈伯钧等工农革命军干部到袁、王部队进行团结改造工作。1928年2月上旬，中共湘赣边界前委决定将袁文才、王佐地方武装升编为工农革命军第二团。前委委员、工农革命军第一团团长张子清代表前委在此处主持升编仪式，任命袁文才为团长、何长工为党代表、王佐为副团长，下设两个营。同年5月4日，该部编为红四军三十二团，在斗争中屡建奇功，成为红四军主力团之一。

2018年3月9日，该旧址被公布为第六批江西省文物保护单位。

毛泽东宣布"三项纪律"地点——雷打石旧址

旧址位于井冈山市茨坪西南面的荆竹山，因巨石被雷电击破从山上滚落山下而得名。

1927年10月23日，毛泽东率领秋收起义部队到达井冈山与酃县毗邻的荆竹山。24日清晨，毛泽东登上路边的这块大石头向部队介绍了王佐和井冈山上的基本情况，强调部队一定要和山上的群众搞好关系，宣布部队必须做到：一，行动要听指挥；二，不拿农民一个番薯；三，打土豪要归公。首次提出了工农革命军的三项纪律。随后，部队经双马石进驻大井村。

2006年12月18日，该旧址被公布为第五批江西省文物保护单位。

红军被服厂旧址

旧址位于井冈山市茅坪镇桃寮村，原为张姓祠堂。

1927年10月，工农革命军进驻井冈山创建革命根据地。这时已近冬季，许多官兵还只穿两件单衣。为此，前委书记毛泽东指派副师长余贲民负责部队的后勤保障工作。在余贲民等人的筹措下，后方留守处在桃寮创办了被服厂，任命林善宾为厂长。毛泽东还为被服厂题写了厂名。红军被服厂的开办帮助红军官兵度过了山区严寒，对确保部队战斗力起到了重要作用，亦为我军的军需生产积累了经验。

红军被服厂创办之初，聘请当地裁缝分散手工作业。1928年1月，工农革命军攻下遂川，缴获几百担白布，缝纫工人规模扩大到三四十人，集中组织生产。产品也由单衣、帽子、米袋、绑腿、子弹袋扩展到棉衣。1928年5月，红军攻克永新，获得许多布匹和六架缝纫机。由此，被服厂工人增至一百三十余名，分为十三个作业组，扩大了生产规模。

桃寮被服厂是井冈山革命根据地的第一个军需工厂，也是我军创建的最早的军需工厂，对井冈山革命根据地的建设发挥了重要作用。红军在办好被服厂的这段时间，通过书写通俗易懂的标语进行了大量政治宣传。

2018年3月9日，该旧址被公布为第六批江西省文物保护单位。

工农革命军后方留守处旧址

旧址位于井冈山市茅坪镇半冈山北麓的山腰上，原为象山庵，因庵后的山称象山而得名。此庵始建于清康熙癸巳年（1713年），初建时内设大佛殿、达摩祖师殿、千斋殿三个大殿，是湘赣边界的名庵。

1927年11月，中共湘赣边界秋收起义前敌委员会书记毛泽东在这里主持召开宁冈、永新、莲花三县党组织负责人联席会议，研究和部署边界各县党组织的重建工作。参加会议的有龙超清（宁冈）、王怀、刘真、刘作述、贺敏学、朱昌偕、贺子珍（永新）、朱亦岳（莲花）等人。毛泽东详细询问了各县党组织的情况后指出，各县党员工农分子太少，知识分子太多，所以党的组织不巩固，革命不坚定，要求各县尽快重建党的组织，努力开展斗争。会后，隐蔽藏匿在茅坪一带山中的党员都返回各县，相继恢复和建立起党的组织，积极开展工作，建立地方武装，发动群众打土豪，分浮财，开展农村游击暴动，领导本县群众进行开创井冈山革命根据地的伟大斗争。到1928年2月，根据地拥有宁冈、茶陵、遂川三个县城，建立了三个县的红色政权，开辟了湘赣边界工农武装割据的局面。由此可见，象山庵会议是毛泽东开始创建井冈山革命根据地的重要一环。

在井冈山革命斗争时期，这里一直是红军的重要活动场所。如红四军后方留守所、红四军机炮连、湘赣边界特委机关印刷厂均设于此，永新、宁冈、莲花三县党的组织联席会议和湘赣边界第一期党团训练班均在此举办。留守处自1927年10月上旬建立以来，由余贲民负责，主要从事后方医院、被服厂、修械所等后方设施的筹建及管理工作。在留守处同志的努力和根据地人民的支持下，后方工作进行得非常出色，为井冈山革命根据地的创立和发展做出了很大贡献。

2018年3月9日，该旧址被公布为第六批江西省文物保护单位。

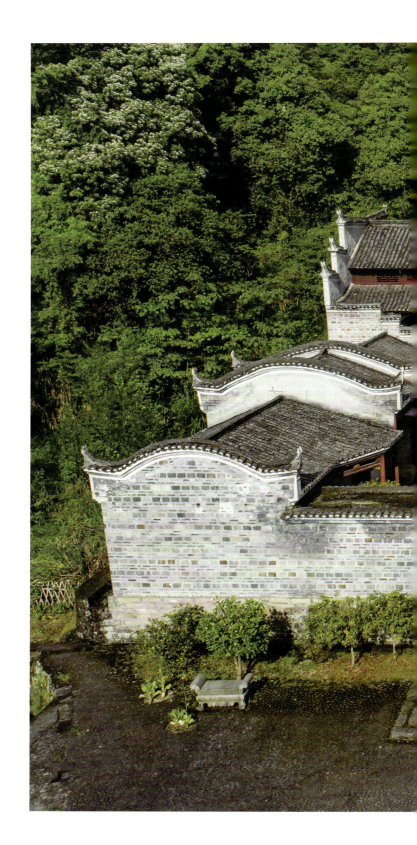

旧址位于井冈山市茅坪镇茅坪村。

茅坪村河边有一馒头状巨石，凸出地面部分横径达数米，面积近20平方米，中间高约1.5米，在巨石中部的裂缝里长有一棵需几人合围的枫树。井冈山斗争期间，毛泽东常在枫石处看书、思考问题，并找群众访问情况。有一次，毛泽东与群众交谈说："枫树生长在这块大石头的缝隙里，以顽强的生命力把巨石撑为两半。我们劳苦大众，只要团结起来，坚持斗争，就一定能够打败敌人。"他以富含哲理的比喻，来启发和坚定群众的斗争决心。

2018年3月9日，该旧址被公布为第六批江西省文物保护单位。

新遂边陲特别区工农兵政府旧址

旧址位于井冈山市茨坪天街，坐西朝东，干打垒土木结构，青瓦屋面，房屋主人为李益茂。

1928年2月初，新遂边陲特别区工农兵政府在茨坪店上村成立，办公机关设在李益茂家中。首任区政府主席是李尚发（后任为李子清），共有七名委员，即土地委员蔡月明、财政委员邹崇祥、组织委员黄梓香、经济委员罗发开、军事委员兼区赤卫队队长李佐臣、宣传委员李才龙、文化委员兼区秘书罗张杨（即罗冬祥）。区政府直属湘赣边界工农兵政府管辖，下辖茨坪、土岭、下庄、行州、梨坪、白银湖、坳下、茅锡坪、大小五井和荆竹山十个乡工农兵政府。

2006年12月18日，该旧址被公布为第五批江西省文物保护单位。

省保单位 大井乡工农兵政府旧址

　　旧址位于井冈山市大井村南的学堂排处，房屋坐西朝东，干打垒土木结构。

　　1928年2月，新遂边陲特别区工农兵政府成立不久，即在大井村成立了大井乡工农兵政府，邹先保任主席，管辖大井、小井、中井、上井、下井五个村庄，乡政府内设有经济、土地、妇女、军事等委员，还建立了妇女会、暴动队和儿童团，乡政府的主要任务是动员组织全乡农民开展插牌分田的土地革命运动，参加修筑黄洋界、八面山、双马石红军哨口工事，挑运粮食，搞好通讯联络；还组织全乡群众参军参战、支援前线，参加黄洋界、八面山的保卫战，为保卫和巩固井冈山军事根据地做了大量工作。

　　2018年3月9日，该旧址被公布为第六批江西省文物保护单位。

旗罗坳战斗指挥部旧址

旧址位于井冈山市茨坪东北 20 千米处的罗浮土山村，原为王姓宗祠。房屋坐西朝东，砖瓦结构。

1928 年 2 月，王佐、何长工在此指挥红军与反动武装尹道一部作战。随后，坳下乡工农兵政府在此成立，刘烈祥、王冬文先后任主席。乡暴动队队部亦曾设在这里。乡政府成立后，组织全乡群众打土豪、分田地，还组织群众为红军挑运粮食物资、通讯联络、参与修筑桐木岭哨口工事等多项革命活动。

2018 年 3 月 9 日，该旧址被公布为第六批江西省文物保护单位。

 新城战斗旧址

旧址位于井冈山市新城镇，面积约 1.3 平方千米。新城原为宁冈县治所所在地，曾筑有长约 1500、高约 7 米的环城城墙，设有东、南、西、北四座城楼。现仅存南门城楼及两侧数十米长的老城墙。棋山指挥亭位于新城镇南，海拔 321 米，与新城南门城楼隔郑溪河相望，两地相距 1000 米。中华人民共和国成立后，当地政府在棋山山顶建纪念亭。亭为五边形，由砖砌檐柱和内柱各五个托起重檐土瓦屋面。外面周边是回廊，中间为亭台，屋面为五角攒尖顶，廊屋檐角起翘。

1928 年 2 月上旬，江西国民党军第二十七师第七十九团，从永新派一个营占据宁冈新城，进犯井冈山革命根据地。为此，毛泽东召开军事会议，部署攻打新城计划。2 月 18 日，工农革命军一举攻下新城，全歼敌人一个正规营和宁冈靖卫团，击毙敌营长王国政，活捉反动县长张开阳。

同日，工农革命军在此设立阵地指挥所，前委书记毛泽东和工农革命军第一师第一团团长张子清在此指挥攻打新城战斗，取得新城大捷。

2018 年 3 月 9 日，该旧址被公布为第六批江西省文物保护单位。

中国工农革命军第一师师部旧址

旧址位于井冈山市茅坪镇洋桥湖村。原为当地村民谢兆瑞、谢槐福的住宅,建于清末,坐西朝东,夯土墙土木结构,悬山顶,两坡水盖小青瓦。

1927年11月以后,毛泽东来到洋桥湖,在这里居住和办公。当时,毛泽东脚伤溃烂,带病深入到群众中,经常和当地农民促膝谈心,号召群众组织起来闹革命,这一带的群众在毛泽东的耐心教育下,组织了赤卫队、暴动队,积极投入了打土豪分田地的革命斗争中。为了指导井冈山的革命斗争,毛泽东在对宁冈的政治、经济状况进行了深入细致的社会调查后,于1928年春写下了《宁冈调查》。

1928年3月上旬,中共湖南省委应湘南特委要求,派周鲁为特派员到井冈山革命根据地。周鲁到来之后,取消了以毛泽东为书记的前敌委员会,毛泽东改任中国工农革命军第一师师长,师部就驻扎于此,并在此办公,毛泽东也在此旧址内居住。

1987年12月,该旧址被公布为第三批江西省文物保护单位。

　　旧居位于井冈山市茨坪南面17千米处的黄坳乡黄坳村。原为一座庙宇，名"地母宫"，毛泽东住房在吊楼上的左间。

　　1928年初，中共遂川县委和遂川县工农兵政府、县赤卫大队从县城迁至黄坳办公。毛泽东曾在此居住，并带领工农革命军战士，深入群众开展土地革命，建立革命政权。在此期间，毛泽东出席了黄坳区工农兵政府成立大会，会上，他用通俗易懂的比喻说："打土豪就好比砍大树，砍倒了大树就有柴烧，打倒了土豪，穷人就有饭吃有衣穿。"号召群众组织起来，拿起枪杆，开展打土豪筹款子等游击暴动。

　　1928年5月，朱德、陈毅率领红四军一部在黄坳歼敌一个营。9月12日，毛泽东、朱德和陈毅等在吊楼中厅主持召开了红军大队排以上干部会议，研究部署攻打赣敌刘士毅部的作战方案。13日，红军在遂川击溃敌军五个营，占领了遂川县城。现在楼房内还保留着红军当年写下的"列宁是共产党的创造者，打倒国民党反动派"等标语。

　　2006年12月18日，该旧居被公布为第五批江西省文物保护单位。

黄坳红军物资转运站旧址

旧址位于井冈山市茨坪南面的黄坳乡黄坳河畔，原为西方传教士建造，名"天主堂"。

1928 年春，中国工农革命军攻占遂川县城后，为保障革命军的物资给养，开始在此屋设立物资转运站，由王佐负责组织运输队将遂川县城运来的大批粮食、布匹和枪支弹药等物资存放在这里。然后，王佐部队又将这些物资再转运到茨坪的怀德祠堂内贮放。

2018 年 3 月 9 日，该旧址被公布为第六批江西省文物保护单位。

龙市红四军军部旧址

旧址位于井冈山市龙市镇河西巷 58 号。原为刘德盛药店，坐西北朝东南，砖木结构。其前栋店铺因公路扩建而拆除，现存中栋和后栋。

1928 年 5 月 4 日，红四军成立后，军部设于此。毛泽东、朱德等在这里居住和办公。当年，军部在后栋厅堂办公，毛泽东，朱德等住在后栋二楼。这一时期，军部主要工作是抓部队建设，在各连队建立党的支部和士兵委员会组织。

2018 年 3 月 9 日，该旧址被公布为第六批江西省文物保护单位。

中国红军第四军军部旧址

旧址位于井冈山市茅坪镇洋桥湖村。原为村民谢兆瑞、谢槐福的住宅，建于清末。

1928 年 5 月间，红四军移驻茅坪一带，军部设于此。同时这里又是司号连连部旧址，曾为红四军各连培训了一批司号员。

红四军军部由龙市搬到茅坪后，军长朱德常在这里居住和办公。在此期间，朱德常深入到群众家里访贫问苦，帮助解决实际困难，得到群众的衷心爱戴。在茅坪洋桥湖一带，至今还广泛流传着朱德关心群众、模范遵守纪律等故事。

毛泽东、朱德、陈毅等在这里部署了一系列军事行动，指挥红四军相继取得五斗江战斗、草市坳战斗和七溪岭战斗的胜利。

1987 年 12 月，该旧址被公布为第三批江西省文物保护单位。

茅坪红四军军需处旧址

旧址位于井冈山市茅坪镇茅坪村，原为村民谢池香家的私宅，与八角楼毛泽东旧居连在一起。房屋坐东朝西，砖木结构，为二室一厅布局，厅堂内设天井，悬山顶盖小青瓦屋面。

1928年5月，红四军军需处设于此，由范树德负责，专门筹备红四军的军需物资供给工作。

2018年3月9日，该旧址被公布为第六批江西省文物保护单位。

茅坪红四军二十八团团部旧址

旧址位于井冈山市茅坪镇雅坳村。原为谢氏宗祠，又名积庆堂，建于清嘉庆十四年（1809年）。

1928年4月下旬，朱德、陈毅率领南昌起义保留下来的部队和湘南起义农军上井冈山，与毛泽东领导的工农革命军会师，5月4日成立红四军，南昌起义部队编为第二十八团，首任团长由军参谋长王尔琢兼任，后由林彪任团长，团部设于此。该团具有铁军遗风，英勇顽强，转战湘赣边界，屡建战功，是红四军的主力团。

2006年12月18日，该旧址被公布为第五批江西省文物保护单位。

省保单位 茅坪红四军二十九团团部旧址

旧址位于井冈山市茅坪镇茅坪村，原为民宅，1997年在原址修复。

1928年1月上旬，朱德、陈毅率领南昌起义军余部近八百人从粤北转至湘南宜章县境。1月12日在中共宜章县委的紧密配合下，朱德、陈毅率部智取宜章县城成功，发动了宜章年关暴动，打响了湘南起义第一枪。4月上旬，湘南暴动宜章农军在朱德、陈毅率领下撤出湘南地区，向井冈山革命根据地转移。不久，同毛泽东领导的工农革命军会师，编为红四军二十九团，胡少海任团长，团部驻此。初期以梭镖为主要装备，首战在黄坳击溃敌二十七师八十一团一个正规营。后在斗争中经受锻炼，成为红四军主力团之一。

2018年3月9日，该旧址被公布为第六批江西省文物保护单位。

茅坪红四军三十一团团部旧址

旧址位于井冈山市茅坪镇茅坪村。原为民宅，因土墙硝化，1997 年在原址进行修复。

1927 年 10 月，湘赣边界秋收起义部队随毛泽东上井冈山，1928 年 5 月编为红四军三十一团，为红四军主力团之一。团长为张子清（后为朱云卿），团部设此。该团不但能打仗，且善于做群众工作，我军许多政治工作原则，如"支部建在连上""三大纪律六个注意"等，都在该团首先实施。

2018 年 3 月 9 日，该旧址被公布为第六批江西省文物保护单位。

省保单位 茅坪红四军三十二团团部旧址

旧址位于井冈山市茅坪镇茅坪村。原为民宅，1997 年在原址修复。

1928 年 2 月上旬，井冈山地方武装袁文才、王佐的部队升编为工农革命军第一师第二团；同年 5 月编为红四军三十二团。袁文才任团长，王佐任副团长，团部设于此。该团英勇善战，屡建奇功。特别是 1928 年 6 月 23 日的七溪岭战斗，在关键时刻一举捣毁敌军前沿指挥部，为红军取得龙源口大捷起了重大作用。红军主力离开井冈山后，该团留守井冈山，坚持斗争。

2018 年 3 月 9 日，该旧址被公布为第六批江西省文物保护单位。

省保单位 黄坳战斗旧址

旧址位于井冈山市茨坪南面 20 千米处的黄坳街雁塔桥附近。

1928 年 5 月上旬，红四军采用"声东击西"的战术，朱德、陈毅等率领红二十八团、红二十九团等部绕道敌军侧后，打击敌军杨如轩部。红二十九团到达黄坳时正与敌军前锋部队相遇，双方激战后，敌军退至黄坳街、利用有利地形负隅顽抗。红二十九团在陈毅、胡少海等的指挥下分三路包抄敌军，发起猛攻，使敌军陷入四面包围之中。最后，红军在黄坳及蛇形冈一带将敌前锋部队一个营全部歼灭。

2018 年 3 月 9 日，该旧址被公布为第六批江西省文物保护单位。

上井红军造币厂旧址

旧址位于井冈山市茨坪北面的上井村。

20世纪20年代初期，广东龙川籍银匠谢官龙等兄弟数人，因生活所迫，在井冈山湘州的上东坑村办起了一个"对花厂"（即造币厂），以造"花边"（银圆）为业，当地称之为"谢氏花边厂"。

1928年4月下旬，朱毛两军在井冈山胜利会师，5月初正式宣布成立中国工农革命军第四军（后改称红四军），部队不断壮大，湘赣两省敌军对井冈山革命根据地实行频繁的军事"会剿"和严密的经济封锁，根据地军民面临着严重的给养困难。

1928年5月，在王佐的建议和推荐下，红军军部以军民们打土豪和战场上缴获的大量首饰和银器等为原料，运用"谢氏花边厂"的铸造技术，请谢火龙、谢官龙兄弟为师傅，在井冈山上的上井村借用农民邹甲贵的民房，创办了井冈山红军造币厂，并先后在上井的牛路坑、大井铁坑、茨坪和金狮面的红军洞等地设立了造币厂的粗坯车间和冲压车间。王佐是红军造币厂的主要负责人。红军造币厂沿用"墨西哥"版别铸造了第一批银圆，并在每块银圆上凿上标志湘赣边界工农兵政府自己发行流通的"工"字印记，称为"工"字银圆，它是中国共产党领导下的红色政权在革命根据地内发行流通的第一批金属铸币。

井冈山红军造币厂的建立和"工"字银圆的发行流通，帮助当年井冈山革命根据地军民度过了艰难的岁月，也为此后的湘赣革命根据地造币厂和中央苏区造币厂积累了经验，奠定了基础，在中国革命政权的货币发展史上占有重要地位。

1929年1月底，湘赣两省敌军调集十八个团的兵力，分五路第三次"会剿"井冈山，敌人提出在井冈山"石头要过刀，茅草要过火，人要换种"的烧杀口号，在井冈山上大肆烧杀抢掠。上井红军造币厂厂房全部被敌人烧毁，造币设备被破坏，人员被冲散。

1998年12月，在原址上按原貌修复这个红军造币厂时，还出土有当年造币时使用过的工具、原料以及银圆等大量文物，是研究红军造币厂的珍贵资料。

2018年3月9日，该旧址被公布为第六批江西省文物保护单位。

省保单位 湘赣边界防务委员会旧址

旧址位于井冈山市茨坪东山脚下店上村，房屋主人为李正龙、李付龙兄弟。

为了加强革命根据地内的防务，确保后方基地各项工作的顺利展开，1928年5月，湘赣边界工农兵政府设立防务处，军事部长张子清兼任处长。同年7月，在防务处的基础上，又组建了湘赣边界防务委员会，王佐任主任，邓允庭任党代表，办公地点设在茨坪的店上村。

防务委员会成立后，经常召开根据地内各县负责人的联防会议，布置检查各地的防务工作，组织根据地各县的少年先锋队和儿童团站岗、放哨，检查进出根据地人员的路条，严防敌人的暗探搞破坏活动；动员各县暴动队、赤卫队配合主力红军作战；在根据地建立递步哨，负责通讯联络；动员群众筹备军需物资、修筑哨口工事，储备军粮，建设红军医院，筹建造币厂、被服厂、硝盐厂，还定期调派人员守卫五大哨口等，为确保根据地安全和发展根据地的各项事业，做了大量工作。

2006年12月18日，该旧址被公布为第五批江西省文物保护单位。

省保单位 湘赣边界第二次党代会旧址

旧址位于井冈山市茅坪镇步云山，原为白云寺，始建于宋代。1928 年 10 月 4~6 日，中国共产党湘赣边界第二次代表大会在这里召开。

1928 年 9 月初，红军大队在毛泽东、朱德的率领下，力尽艰险，胜利返回井冈山革命根据地。在红军大队重回井冈山革命根据地的两个月中，毛泽东、朱德采取灵活机动的战略战术，与井冈山人民众志成城，三战三捷，粉碎了湘赣敌军的第二次"会剿"，收复了大片失地。这时，根据地南自遂川井冈山南麓，北至莲花边界，包括宁冈全县及遂川、酃县、永新各一部，成一南北狭长的整块。此外，还有莲花上西区、永新天龙区、万年山区。面积达 4200 平方千米，人口 14 万，根据地得以恢复。

根据地恢复以后，为了进一步认清形势，明确边界党的任务，使各项工作适应形势的需要，1928 年 10 月 4~6日，在宁冈茅坪的步云山召开了中共湘赣边界第二次代表大会。出席会议的有宁冈、永新、莲花、遂川、酃县县委和茶陵特别区委以及红四军党的负责人共一百余人。

会议由毛泽东主持，大会讨论通过了《中共湘赣边界第二次代表大会决议案》（《中国的红色政权为什么能够存在》是其中的一部分），讨论了边界的土地问题、组织问题、宣传问题，通过了《井冈山土地法》和《工会组织

法》。选举产生毛泽东、朱德、陈毅、龙超清、朱昌偕、刘天干、盘园珠、谭思聪、谭兵、李却非、朱亦岳、袁文才、王佐农、宛希先、王佐、杨开明、何挺颖、谭震林、陈正人等十九人组成的中共湘赣边界第二届特委会，杨开明任书记。由于杨病重，无法开展正常工作，由副书记谭震林代理书记，陈正人任副书记。11月，杨开明的病情仍无好转，特委改选谭震林任书记。

毛泽东在会上就当前的形势和今后的任务作了长篇报告。报告分析了国内的政治局势，针对少数人的悲观失望情绪，从理论和实践的结合上，阐述了红色政权存在和发展的理由，提出了坚持罗霄山脉中段政权的方针、政策，再次回答了"红旗到底打得多久"的疑问，从而进一步坚定了广大党员和军民坚持农村根据地斗争、把井冈山红旗扛下去的决心和信心。

这次大会统一了边界党的思想，有力地推动了根据地的建设。会后，边界军民齐心协力挑粮上山，修筑井冈山五大哨口工事和建设小井红军医院，巩固了井冈山和九陇山两个军事根据地，使边界的斗争得到了迅速的恢复和发展。

2006年12月18日，该旧址被公布为第五批江西省文物保护单位。

 省保单位 黄洋界红军挑粮小路

　　红军挑粮小路位于井冈山市黄洋界下，原名"五里横排"，是当年红军从宁冈挑粮上山路线的一段。

　　井冈山革命斗争时期，敌人不但对井冈山进行频繁的军事进攻，而且在经济上实行了严密的经济封锁，妄图把红军扼杀在篮里，红军的战斗环境极其恶劣，物质生活也非常艰苦，日常伙食总是红米饭、南瓜汤、秋茄子。由于部队给养困难，毛泽东、朱德等领导人一致认为，井冈山地势险要，群众基础好，指战员们英勇善战，这些都是有利因素，但要确保革命根据地的巩固，还有一个必不可少的条件，就是要在井冈山的中心村落储备足够的粮食，否则就很难对付敌人较长时间的围困。为此，1928年10月的湘赣边界党的"二大"上，就把"储备充足的粮食"作为巩固根据地的重要措施之一。很快，井冈山军民开展了一场的挑粮运动，"挑粮上山"便成了红军的一项经常性的工作。红军挑粮小路位于黄洋界，从宁冈大陇到黄洋界哨口，大约有十多里路，山高路陡，崎岖不平，都是羊肠小道。

　　与红军挑粮小路有关的故事有两则，一是《毛泽东挑粮上山》，一是《朱德的扁担》。《毛泽东挑粮上山》讲的是毛泽东和挑粮上山的战士在黄洋界荷树下休息，毛泽东问战士："站在这里能看到什么地方？"战士们回答："能看到江西、湖南两省"。毛泽东接着大家的话说："对，我们革命者就是要站得高、看得远，站在井冈山，不仅要看到江西和湖南，还要看到全中国、全世界。"《朱德的扁担》讲的是四十多岁的朱军长和战士们一道挑粮上山。战士们见朱军长年纪较大，军事工作又紧张繁忙，挑粮上山太辛苦，都劝他不要参加。朱德则说，军事工作可以安排早晚时间处理，挑粮不能不去。战士们见劝说不了，便把他那根挑粮的扁担藏了起来。哪知朱德又叫军需处新做了一根并写上"朱德的扁担，不准乱拿"九个字，照样和战士们一起挑粮上山。战士们的心灵受到震撼和激励，时任红四军军部秘书的朱良才还写了一首诗："朱德挑谷上坳，粮食绝对可靠。大家齐心协力，粉碎敌人会剿。"这首诗流传至今，正是当年红军战士崇高的理想信念的历史记录。

　　2018年3月9日，该遗址被公布为第六批江西省文物保护单位。

哨口位于井冈山市茨坪东北面，海拔800多米。为井冈山军事根据地五大哨口之一。每年春末夏初，桐木岭上盛开的桐树花，一团团，一簇簇，点缀着整个山头，桐木岭因此得名。

桐木岭哨口包括一个总哨口和三个分哨口。总哨口叫马坳，是通往茨坪的咽喉。三个分哨口中一个设在总哨口下面200多米处的风雨亭，那里的小路通往永新；一个设在总哨口西面约2.5千米处的石姬，那里的小路通往宁冈；一个设在总哨口东南面大约3千米处的小黎坪荷树坳，那里的小路通往遂川。总哨口和分哨口都筑有坚固的工事，工事外围埋有竹钉。桐木岭哨口通常有红军的一个连的兵力在白银湖乡和罗浮乡暴动队的协助下守卫，防御赣敌的入侵。

1929年1月中旬，国民党反动派调集十八个团聚集在井冈山下，层层封锁各个路口。当时守卫桐木岭哨口的部队是红五军第八大队和第九大队，由纵队长贺国中指挥。最初，敌人不敢向哨口大举进攻，只是每天几次发射炮弹。有时也派小部队偷袭，但都被红军打退。红军战士日夜守在哨口，饿了吃炒米，渴了喝雪水。一位当时参加过战斗的群众说："当时红军战士的帽檐像耕田的耙子一样，冰凌子一根一根地吊下来。"到了1月29日，因八面山、黄洋界哨口被敌人攻破，守卫桐木岭的红军被迫撤出战斗。

2006年12月18日，该旧址被公布为第五批江西省文物保护单位。

朱砂冲哨口遗址

遗址位于井冈山市茨坪的东南面，海拔 600 多米，是井冈山军事根据地五大哨口之一。

哨口屹立在悬崖峭壁之中，下临深邃的峡谷，有潺潺的朱砂河流水；上面是耸立的山峰，一条蜿蜒起伏的小路从哨口经过，有"一夫当关，万夫莫开"之险。附近的路旁有一小洞，常有朱红色的泉水溢出，朱砂冲因此而得名。朱砂冲哨口地势极为险要，易守难攻，在军事上有很重要的意义。

哨口上原有一木亭，名"观音亭"。亭内石壁上原凿一神龛，中间放观音一尊，两侧写着一副对联："此处危关多险要，观音护路救行人。"红军把朱砂冲作为军事哨口之后，在亭前建筑一处工事，属第一道防线；在距离哨口大约 7.5 千米处的凤龙排筑三处工事，属第二道防线。这两道防线，都由红四军王佐部担任守卫。

1928 年 1 月 4 日，毛泽东率领工农革命军出朱砂冲哨口，直捣遂川县靖卫团头子肖家璧的老巢——大坑镇，第二天占领了遂川县城。此后，凶狠的肖家璧、李世连率反动民团多次企图越过朱砂冲哨口，进犯井冈山，但都被守卫部队打退。

2018 年 3 月 9 日，该遗址被公布为第六批江西省文物保护单位。

省保单位 八面山哨口遗址

  遗址位于井冈山市茨坪西北面，海拔 1400 多米，是井冈山军事根据地五大哨口之一。站在八面山上眺望，四面八方的崇山峻岭历历在目，八面山由此得名。

  1928 年夏，井冈山军民在八面山修筑了三处工事，设置了三道防线，搭了一个简易的哨棚。这个哨口有红军日夜守卫，大井乡工农兵政府也经常派暴动队员协助红军放哨，防御湘敌的入侵。当年有一首民歌唱道："山上溪水弯又长，八面山上放豪光，红军哨口在山腰，好比天然大城墙。八面山啊山座山，哨口做在山上山，反动白狗

来进攻，有命来哩没命还。"

1929年1月，湘赣敌军对井冈山进行第三次"会剿"。当时守卫哨口的部队是红五军第十大队，还有暴动队三十多人参战。战斗持续数日，红军多次打退敌人的进攻，击毙击伤敌人数百。最后，在敌人猛烈的炮火攻击下，工事全被摧毁，红五军第十大队队长彭包才以及大部分红军战士壮烈牺牲。

2018年3月9日，该遗址被公布为第六批江西省文物保护单位。

双马石哨口遗址

遗址位于井冈山市茨坪的西南面，海拔 1000 米，是井冈山军事根据地五大哨口之一。此处原名叫"下井坳"。因石阶路旁有两块大石重叠在一起，远看形似马头，故又称"双马石"。从此处往西走，途经荆竹山，可达湖南炎陵县的大院等地，是当年红军阻击湖南敌军、进犯井冈山革命根据地的一个重要关卡。

1927 年 10 月，毛泽东率秋收起义部队几经艰难转战，于 23 日到达荆竹山村。第二天，毛泽东及其所部在王佐的代表朱持柳的指引下经双马石登上井冈山，进驻大井村。

1928 年 5 月开始，红四军在此设立哨口，构筑三处主要工事、数道防线和一个哨棚，平时有一个排左右的兵力在暴动队员的配合下守卫在此，以防敌军进犯。

1929 年 1 月，在井冈山军民第三次反"会剿"中，红五军十二大队大队长黄龙指挥所部坚守在这个哨口上。月底，井冈山失守后，彭德怀命守卫在这里的红军战士转移到茨坪集中，然后经井冈山主峰的河西垅，从遂川县大汾方向突出重围，到瑞金和红四军主力会合，从而保存了革命的有生力量。

2018 年 3 月 9 日，该遗址被公布为第六批江西省文物保护单位。

省保单位 小井红军伤病员殉难处遗址

遗址位于井冈山市小井村小河边，距小井红军医院仅百米。

1929年1月下旬，湘赣两省敌军调集十八个团的兵力，对井冈山革命根据地发动了第三次"会剿"，为保卫井冈山的大后方和红军总部，红五军和红四军三十二团指战员在彭德怀、滕代远的指挥下，在五大哨口上与敌军展开了殊死战斗，顽强阻击敌军七天七夜，使敌人没能前进一步。1月29日，敌军在原宁冈县斜源村用二百块大洋收买了一个名叫陈开恩的无业游民，趁黄洋界哨口上大雾弥漫、挡住红军战士视线的机会，带着敌军从黄洋界右侧的一条小山沟窜入小井村。住在红军医院和群众家中的一百三十多名红军重伤病员因来不及转移，全部落入敌人手中。

凶恶的敌人立即对红军重伤病员进行严刑拷打，威逼他们说出红军总指挥部的位置和红军主力的去向。面对敌人的拷打和枪口，这些英勇的伤病员没有一人屈服，始终忠贞不屈，视死如归。恼怒的敌人把伤病员们连推带拖地押到小河边的这块干稻田里，四面架起了机枪。伤病员们振臂高呼："打倒国民党反动派！中国共产党万岁！革命成功万岁！"在稻田中全部壮烈牺牲。

英雄们倒下后，当天晚上，隐蔽在深山密林里的井冈山群众冒着生命危险，将烈士们的遗体分三堆掩埋在这块稻田中。

中华人民共和国成立后，井冈山革命博物馆的工作人员，根据当年参加过井冈山斗争的老红军战士们的一些断断续续的回忆才得知其中吴鸿禄、李玉发、朱娥龙和邓颖发等十八位烈士的姓名，而绝大部分烈士则成为被后人怀念的无名英雄。

1951年，当地政府将这三堆红军烈士的部分遗骨从小井迁到茨坪重新安葬，并建造了一座井冈山革命烈士纪念塔以示纪念。1970年，又在小井红军重伤病员殉难处的原墓地再建一座烈士墓和烈士纪念碑，供后人对先烈们缅怀、瞻仰。

2018年3月9日，该遗址被公布为第六批江西省文物保护单位。

位于井冈山市茅坪镇马源坑村山斗坳西坡。坐东朝西，背倚山岭，前对山谷。1.9 米高的石柱上嵌青石墓碑，碑高 1.4、宽 0.6 米，碑首正中镌刻五角星，星下横刻"永垂不朽"四字，下竖刻"公元 1930 年春牺牲于永新县城，工农红军 32 团团长袁文才显考大人之墓"。碑两侧为石砌半圆形中间高、两侧低的护墙，内为 2.5 平方米的墁卵石墓堂。

袁文才为井冈山市茅坪镇马源坑村人，原为绿林豪杰，后投身革命，1927 年加入中国共产党，并于同年 10 月打开山门迎接毛泽东率领的工农革命军进入茅坪安家，开创根据地。先后任工农革命军第一师第二团团长、红四军三十二团团长、湘赣边界工农兵政府主席、红四军参谋长等职，当选为中共湘赣边界特委委员。1930 年 2 月被错杀于永新县城。

2018 年 3 月 9 日，袁文才烈士墓被公布为第六批江西省文物保护单位。

王佐烈士墓
含大井红军烈士墓

省保单位

位于井冈山市大井村北山冈上。王佐，原名王云辉，1898年出生在下庄村一个贫苦的家庭里，1923年参加了绿林武装。1927年10月，王佐对毛泽东率工农革命军进驻井冈山给予了多方面的支持和帮助。1928年2月王佐部接受改编，王佐任工农革命军第一军第一师二团副团长，兼第二营营长。4月加入中国共产党。5月，任中国工农红军第四军第一师三十二团副团长兼第二营营长、红四军军委委员，并当选中共湘赣边界特委委员。7月，任湘赣边界防务委员会主任。领导建立了井冈山革命根据地的后方机关和五大哨口。1929年1月，红四军主动向赣南出击，王佐奉命率三十二团协同红四军留守井冈山，坚持斗争。5月，任红五军第五纵队司令员，率部在井冈山坚持游击战争。1930年2月被错杀于永新县城，遗体葬于大井村南面山冈上。1951年，井冈山人民将王佐烈士的遗骨安葬于此，并立碑纪念。

大井红军烈士墓与王佐烈士墓左右相依。井冈山斗争时期，大井是井冈山革命根据地的主要后方基地。1929年初，井冈山失守后，大井先后被焚烧九次，许多红军战士和地方党、政负责同志被杀害。1951年，井冈山人民将散落大井村的红军遗骨收拢后安葬于此，并立碑纪念。

2018年3月9日，王佐烈士墓被公布为第六批江西省文物保护单位。

故居位于井冈山市下庄村，为1953年在原址上重建。

王佐，原名王云辉，1898年出生在下庄村一个贫苦的家庭里，1923年参加了绿林武装。1927年10月，王佐对毛泽东率工农革命军进驻井冈山给予了多方面的支持和帮助。1928年2月王佐部接受改编，王佐任工农革命军第一军第一师二团副团长，兼第二营营长。4月加入中国共产党。5月，任中国工农红军第四军第一师三十二团副团长兼第二营营长、红四军军委委员，并当选中共湘赣边界特委委员。7月，任湘赣边界防务委员会主任。领导建立了井冈山革命根据地的后方机关和五大哨口。1929年1月，红四军主动向赣南出击，王佐奉命率三十二团协同红四军留守井冈山，坚持斗争。5月，任红五军第五纵队司令员，率部在井冈山坚持游击战争。1930年2月，在永新县被错杀。中华人民共和国成立后被追认为革命烈士。

2018年3月9日，该故居被公布为第六批江西省文物保护单位。

省保单位 井冈山革命先烈纪念塔
含井冈山红军烈士墓

纪念塔位于井冈山市茨坪中心马路旁。墓宽 7、高 3.2 米，占地面积 120 平方米。

1952 年，遂川县井冈山区人民政府在茨坪东山山冈上修建红军烈士墓，墓中安放有当年在茨坪牺牲的部分革命烈士的遗骨。1956 年，井冈山区人民政府在现中心路旁的井冈山革命先烈纪念塔前重建一座烈士墓，将原有烈士墓中的遗骨和部分在小井红军医院遇难的红军伤病员的遗骨一起安放在墓中。烈士墓的正面刻有"革命烈士之墓"，两边为"人民英雄，永垂不朽"八个大字。井冈山红军烈士墓与井冈山革命先烈纪念塔前后相依，四周松柏常青，整个建筑庄严肃穆。

2018 年 3 月 9 日，该纪念塔被公布为第六批江西省文物保护单位。

鹅岭龙氏敬爱堂
宁冈县第三区第八乡工农兵政府旧址

鹅岭龙氏敬爱堂位于井冈山市柏露乡塘南村，为清代建筑，砖木结构。硬山墙，青灰砖二眠一斗砌筑。牌坊式外八字门楼，挂"清朝侍御""进士"木质匾额。紧靠大门设木戏台，一进天井两边有回廊，中进设八角形斗拱藻井，后进在文化大革命时期被改为戏台。

井冈山革命斗争时期，毛泽东曾多次在塘南村与时任中共宁冈县委书记、莲花县委宣传部长、边界特委宣传部长等职务的龙超清商量工作。朱德也曾在龙氏敬爱堂"进士殿"牌楼的石狮旁召开大会，动员群众打土豪。"进士殿"还曾经是宁冈县第三区第八乡工农兵政府驻地。红军在塘南村民居墙壁上留下的上百条标语，成为这段烽火岁月的历史见证。

2018年3月9日，该旧址被公布为第六批江西省文物保护单位。

省保单位 遂万泰县委县苏区旧址

旧址位于井冈山市碧溪镇碧溪村。房屋为砖木结构民居建筑，坐东北朝西南。

1932 年冬，湘赣省委和省苏维埃政府贯彻苏区中央局关于向外挺进，使赣江西部的湘赣苏区和赣江东部的中央苏区连成一片，牵制敌人对中央苏区的进攻，配合中央红军粉碎国民党第四次"围剿"的指示，抽调八十三人组成遂万泰工作团，由刘正西率领进入遂万泰三县边境一带。为加强党的领导、巩固和发展遂万泰边界地区的革命大好形势，1933 年 1 月，湘赣省委指示，在泰和碧江洲厚冈村（碧溪镇碧溪村）成立中共遂万泰县委和遂万泰苏维埃政府，积极开展对敌斗争。工作团进驻泰和碧江洲后，分六个工作组深入农村、山区，向群众宣传党的政策，发动和带领群众打土豪、分田地，在实践工作中发展党员和选拔干部，并建立了村一级党的组织和苏维埃政权。革命斗争如火如荼地向纵深发展。1933 年底至 1934 年 10 月，由于遭反动武装的多次围攻，无法集结开展工作，遂告解体。

旧址内隔扇上绘有红军杀敌场面宣传漫画三幅及"实行土地革命""武装保护苏维埃""建立工农兵苏维埃政权""打倒国民匪党""欢迎靖卫团守望队的弟兄回家打土豪分田地""国民党十大罪状"等标语。

2018 年 3 月 9 日，该旧址被公布为第六批江西省文物保护单位。

黄泥刘氏房祠红军标语旧址

旧址位于井冈山市光明乡黄泥自然村。黄泥村是清朝道光年间刘姓由杨柳村分居此地所建,因建村时的第一栋房屋用黄泥筑墙而得名。

刘氏房祠已有近两百年历史,据上七刘家族谱记载,当年吴三桂手下四员大将逃难至此,其中一位名为刘世龙的在此地插草为标,开基立业。祠堂大门左侧写有红军标语:"苏联是世界革命的大本营。"在南面外墙上写有红军标语:"白军士兵不要打红军士兵,要去打日本及一切帝国主义。"北面外墙的红军标语为:"红军是工农出生,不要替军阀杀工农。"标语均为黑色,落款均为"红独立十营"。红军长征,离开此地后,国民党反动派经常到村里来抢东西,村民为了自家写满标语的房子不被敌军烧毁,就用黄泥把那些标语覆盖起来,从而保存至今。这些标语均为七十多年前湘赣革命时期红军留下的。

2018 年 3 月 9 日,该旧址被公布为第六批江西省文物保护单位。

永新县

井冈山革命遗址位于江西、湖南两省交界的罗霄山脉中段。1927年10月，毛泽东率领秋收起义部队来到井冈山，创立了中国第一个农村革命根据地，井冈山是中国革命的摇篮。

永新县的井冈山革命遗址由枫树坪、士兵委员会旧址、工农革命军第一军第一师第一团团部旧址、三湾毛泽东旧居、龙源口桥和七溪岭战斗指挥所等旧址旧居构成。其中枫树坪、士兵委员会旧址、工农革命军第一军第一师第一团团部旧址、三湾毛泽东旧居等旧址均属于三湾改编旧址群。三湾改编是中国共产党建设新型人民军队最早的一次成功探索和实践，从政治上、组织上奠定了新型人民军队的基础，确定了党对军队的绝对领导，是中国共产党建军史上的重要里程碑。

枫树坪

位于永新县三湾乡三湾村前。现有樟树一棵，枫树两棵，树木紧挨在一起。樟树根深叶茂，树冠面积约150平方米。

1927年9月29日，工农革命军来到永新县三湾村，前委决定对部队进行改编。一是建立党的各级组织和党代表制度，把支部建在连上，班、排设党小组，营以上设党委，确立党对军队的绝对领导。二是在军队内部实行民主制度，在连以上建立士兵委员会保障民主制度的执行。三是对部队进行组织整顿，根据自愿原则把一个师改编成一个团，称工农革命军第一军第一师第一团。

1927年10月1日，部队在这里集合宣布改编，毛泽东作重要讲话：大家都是娘生的，敌人有两只脚，我们也有两只脚。贺龙两把菜刀起家，现在当军长，我们有两营人，还怕干不起来吗？没有挫折和失败就不会有成功！10月3日，部队离开前，部队再次聚集在此，毛泽东再次作了讲话，并宣布了行军纪律。随后，部队离开三湾到达井冈山古城镇。

1961年3月4日，枫树坪被公布为第一批全国重点文物保护单位。

三湾毛泽东旧居

旧居位于永新县三湾乡三湾村。原是协盛和杂货店。

1927年9月29日，工农革命军来到永新县的三湾村，毛泽东居住在协盛和杂货店的左厢房。鉴于秋收起义部队连续受挫、人员锐减，出现军心不稳、将士悲观动摇、军阀习气严重的情况，在部队到达三湾的当晚，毛泽东在三湾协盛和杂货店主持召开了前敌委员会议，决定对起义部队进行改编，即著名的三湾改编。

1961年3月4日，该旧居被公布为第一批全国重点文物保护单位。

士兵委员会旧址

旧址位于永新县三湾乡三湾村。原是三湾街上的泰和祥杂货铺。

1927年9月29日,工农革命军来到永新县的三湾村,进行了著名的三湾改编。在军队内建立民主制度:"官长不许打骂士兵,废除烦琐的礼节,建立新的带兵方法,开会士兵有说话的自由,经济公开,官兵待遇平等,吃饭穿衣都一样。"为确保民主制度的实行,连以上成立各级士兵委员会,士兵委员会的任务和职责是"参加军队管理、维护红军纪律、监督军队的经济、作群众运动、作士兵政治教育"。三湾改编后成立的团士兵委员会设在泰和祥杂货铺,并在这里召开过军官会议。

1961年3月4日,该旧址被公布为第一批全国重点文物保护单位。

工农革命军第一军第一师第一团团部旧址

旧址位于永新县三湾乡三湾村。原是钟家祠。

1927年9月29日，工农革命军来到永新县三湾村，进行了著名的三湾改编。部队将原一个师缩编成一个团，称为工农革命军第一军第一师第一团，团部设在钟家祠的一楼。团长为陈浩，党代表为何挺颖，副团长为徐庶，参谋长为韩昌剑，政治部主任为宛希先。部队离开三湾后，钟家祠便成为三湾地区的儿童团、暴动队、少年先锋队等革命群众组织的活动场所。

1961年3月4日，该旧址被公布为第一批全国重点文物保护单位。

中共湘赣边界特委、红四军军委、永新县委联席会议会址

会址位于永新县禾川镇民主街 54 号。原为永新县商会。

1928 年 6 月 30 日，毛泽东、朱德、陈毅等在二楼大厅召开了中共湘赣边界特委、红四军军委和永新县委联席会议。会议期间，毛泽东居住在此。会议重点讨论了湖南省委的指示，详细分析了湘赣边界斗争形势，决定不执行湖南省委要红四军主力往湘南发展的错误指示，而是让红军主力继续留在湘赣边界巩固和扩大井冈山革命根据地。7 月 4 日，会议决议形成报告呈报湖南省委，详尽阐述了红军主力不往湘南的理由。后因湖南省委代表杜修经不顾会议决议，强行把红军主力拉往湖南，造成"八月失败"。毛泽东知情后，亲率红四军三十一团三营赶赴桂东迎还红军主力，回到井冈山后继续执行联席会议的决议，才使井冈山革命根据地得以恢复、巩固和发展。

1961 年 3 月 4 日，该会址被公布为第一批全国重点文物保护单位。

七溪岭战斗指挥所

位于永新县龙源口镇龙源口村委龙源口自然村。原名望月亭，地处永新县和井冈山市交界处的新七溪岭山顶，为临时休憩的亭子。

1928年6月中旬，赣敌五个团向井冈山革命根据地发动"会剿"，同时湘敌第八军第二师加强了对湘赣边红军的防堵。毛泽东等人决定对力量较强的湘敌采取守势，对力量较弱的赣敌采取攻势。6月23日凌晨，朱德、陈毅、胡少海率领红二十九团、三十一团一营从新城出发，抢在敌人之前占领了新七溪岭的制高点——望月亭。朱德将前线指挥所设在新七溪岭望月亭，战斗最激烈的时候，朱德亲自上前线指挥，并端着机关枪向敌人扫射，掩护部队进攻。下午4点左右，大部分敌军被消灭在龙源口桥一带。红军随后乘胜追击，第三次占领永新县城。龙源口大捷是井冈山斗争时期边界规模最大、歼敌最多的一次战斗，粉碎了湘赣敌军对井冈山革命根据地的第一次联合"会剿"，使井冈山革命根据地进入全盛时期。

2006年5月25日，该旧址被公布为全国重点文物保护单位，归入第一批全国重点文物保护单位。

龙源口桥

位于永新县龙源口镇龙源口村，是一座单孔半圆形石拱桥，建于清道光十七年（1837年），全长25.4、宽5、净跨14.2、拱矢高10米。桥头两侧岸边各有两根高1、直径0.2米的铁柱，上面铸有"清道光十七年建"字样。

1928年6月23日，龙源口战斗就发生在这周围。毛泽东、朱德率红四军抗击向新、老七溪岭进攻的赣敌三个团，将其歼灭在龙源口桥附近。"不费红军三分力，打败江西两只羊（杨池生，杨如轩）"，取得了以少胜多的"龙源口大捷"。20世纪50年代中国人民银行发行的第二套人民币三元纸币上，正面图案就是龙源口的独孔拱桥。

2006年5月25日，龙源口桥被公布为全国重点文物保护单位，归入第一批全国重点文物保护单位。

中国工农红军湘赣省军区总指挥部旧址

旧址位于永新县禾川镇任弼时中学院内。

1928年6月25日，毛泽东在这里召开了红四军连以上干部、湘赣边界各县地方武装和党组织负责人会议。1932年1月，为统一指挥湘赣革命根据地的各种武装力量，配合中央红军作战，成立了湘赣省军区，总指挥部设在这里。张启龙、蔡会文等先后任军区总指挥，军区领导张启龙、冯达飞、于兆龙等居住于此。此外，红军学校第四分校校长冯达飞、政委李芬也在此办公并居住。湘赣省军区接受中央革命军事委员会和中共湘赣省委双重领导，下辖四个分区。1933年6月，任弼时受中央委派担任湘赣省委书记和省军区政委，期间，偕夫人陈宗英在此居住并办公。湘赣省军区在中央革命军事委员会和湘赣省委的领导下，率领湘赣军民扩大红军和地方武装，广泛开展游击战争，粉碎了国民党军对湘赣根据地的多次"围剿"，配合了中央红军的反"围剿"斗争，保卫并巩固了湘赣革命根据地的政权，培养了一支英勇善战的劲旅——红六军团。

1996年11月20日，该旧址被公布为第四批全国重点文物保护单位。

中共湘赣省委旧址

旧址位于永新县禾川镇民主街盛家坪路14号。原为萧氏宗祠，始建于1913年。砖木结构，楼上、楼下共有二十二间房。

1931年7月，中共苏区中央局决定以湘东南红色区域和西路红色区域为基础，成立湘赣省，建立湘赣革命根据地。10月，正式成立了中共湘赣省委和省苏维埃政府，湘赣省以永新为中心，管辖范围包括赣江以西、袁水以南、粤汉铁路以东、大余以北的广大地区，全盛时期达三十一个县。王首道、任弼时先后任省委书记，袁德生、谭余保先后任省苏维埃政府主席。省委、省苏及省直机关均驻永新县城。中共湘赣省委驻扎在萧氏宗祠，王首道、甘泗淇、林瑞笙、胡耀邦等省委领导也居住于此。1932年11月，中共湘赣省第二次代表大会在此召开，会后，第二届省委机构从此处迁往附近的孔圣殿，中共永新县委机关迁入此处办公，但省委的许多活动仍然在此举行。在湘赣省委的正确领导下，湘赣军民进行土地革命、武装斗争和根据地建设，积极开展革命竞赛活动，配合中央苏区粉碎了敌人的第三次"围剿"。

1996年11月20日，该旧址被公布为第四批全国重点文物保护单位。

中共秋溪乡支部旧址

旧址位于永新县龙源口镇龙源口村委龙源口自然村，地处永新、井冈山交界的新、老七溪岭脚之间，四周高山林立。原明心寺，建于1922年。

1928年2月，毛泽东率领工农革命军第一师第一团第三营部分指战员来到龙源口秋溪一带，武装发动群众、开展社会调查，在斗争中，毛泽东亲自发展了五名党员。在毛泽东的主持下，蔡会文带领这五名党员在明心寺举行入党宣誓仪式，宣布成立中共秋溪乡支部，由李松林任支部书记。中共秋溪乡支部是井冈山斗争时期第一个由毛泽东亲自创建的农村党支部。在毛泽东的亲切教导下，中共秋溪乡支部立足基层，坚定信念，不忘初心，以实际行动践行共产党人的使命，积极领导开展打土豪、分田地斗争，组织暴动，成立乡工农兵政府，发动群众参军支前，建立秘密交通站。该支部第一、二批共十三名党员，除一人私拿打土豪获得的财物被处决外，其余十二人都为革命光荣牺牲。中共秋溪乡支部充分发挥了战斗堡垒作用，被评为东南特区的模范党支部，并被毛泽东称赞为"特别能战斗的党支部"，为井冈山革命根据地的创立和发展、为中国革命的胜利做出了重大贡献。

2018年3月9日，该旧址被公布为第六批江西省文物保护单位。

秋溪乡暴动队旧址

旧址位于永新县龙源口镇秋溪村委下三湾自然村。原为李氏宗祠，建于清末。

1928年2月底，毛泽东率工农革命军第一团第三营的部分指战员来到龙源口、秋溪一带发动群众打土豪，开展革命活动，培育了一批从革命斗争中涌现出来的积极分子，并亲自领导成立了中共秋溪乡党支部。1928年夏，在毛泽东的指示下，暴动队在李氏宗祠秘密成立，队员十七人，高云厚任队长，李炳光任副队长。暴动队平时打土豪、分田地，发展革命势力，战斗时则配合红军和赤卫队作战，暴动队不脱离生产。1928年5月，毛泽东指示从红军中拨了十支枪武装秋溪乡暴动队。同年6月23日，暴动队参加了著名的七溪岭战斗。7月，暴动队和永新赤卫队、少先队三万多人协同毛泽东率领的红四军三十一团将敌军十一个团围困在永新县城附近。1929年10月，配合永新、宁冈、莲花等县赤卫队攻克了永新县城，为湘赣苏区中心设立在永新奠定了基础。湘赣苏区成立后，秋溪乡暴动队更是积极镇压土豪劣绅和反革命分子，捍卫土地革命取得的胜利果实，输送优秀队员参加红军，配合红军踊跃参加战斗，为保卫红色政权、保卫湘赣革命根据地、粉碎敌人对革命根据地的"围剿"做出了较大贡献。

2018年3月9日，该旧址被公布为第六批江西省文物保护单位。

塘边毛泽东旧居
含红四军三十一团团部旧址

塘边毛泽东旧居和红四军三十一团团部旧址均位于永新县沙市镇塘边村。塘边毛泽东旧居原为塘边村村民周香姬的住宅；红四军三十一团团部旧址原为塘边村徐氏三房祠。

1928年5~7月，毛泽东率中国工农红军第四军三十一团部分指战员，先后三次进入塘边村进行社会调查，开展土地革命试点工作，通过召开塘边农民及各阶层人士调查会，取得了大量调查资料。在塘边的四十余天里，毛泽东及三十一团指战员通过深入细致的调查、研究，探索出了一套土地革命的方法，成功地开展了土地革命的试点工作。不久，塘边土地革命的经验在湘赣边界得到推广，有力地推动了边界土地革命运动的深入发展，为我党第一个土地法——《井冈山土地法》的制定奠定了坚实的基础，对井冈山革命根据地的建设起到了重要作用。毛泽东领导的塘边土地革命也因此成为井冈山革命根据地土地革命的典范。在塘边期间，毛泽东领导塘边群众建立了党支部、乡苏维埃政府及地方武装，写下了著名的《永新调查》。毛泽东还在这里与贺子珍举行了婚礼。

2000年7月25日，该旧居被公布为第四批江西省文物保护单位。

中共湘赣边界临时特委旧址

旧址位于永新县三湾乡九陇村，地处永新、茶陵、井冈山、鄙县交界处。原为九陇村村民肖胜先家住宅。

1927年8月，中共永新县委在这里成立并办公。1929年井冈山革命根据地失守后，为了恢复湘赣边界的革命工作，永新、宁冈、茶陵三县地方党组织负责人在九陇山召开联席会议，成立中共湘赣边界临时特委，特委机关设在这里。朱昌偕任书记，指挥湘赣边界的整理收容工作。3月11日，陈正人到九陇山与朱昌偕、宛希先等会合，于14日召开常委扩大会议，重新成立了以朱昌偕、宛希先、刘真、陈正人五人为常委的临时特委，其主要任务是指挥各县开展工作，朱昌偕任书记。临时特委成立后，分析了边界的斗争形势，恢复和扩大了党的组织，使党深入群众，积极宣传和组织群众，加紧领导群众，在日常的经济和政治斗争方面做了大量工作，取得了一定成绩。1937年11月，陈毅受中央指派来到九陇山收编湘赣边界游击队时，也曾在此居住。

2006年12月28日，该旧址被公布为第五批江西省文物保护单位。

樟枧湘赣省红军被服厂旧址

旧址位于永新县石桥镇樟枧村委樟枧自然村。原为刘氏家庙，砖木结构。

湘赣省军区被服厂于1932年春创办，是在吸收井冈山革命根据地时期成立的桃寮被服厂经验的基础上开办的。厂址初设于永新县才丰乡陂下村的大龙祠，厂长胡少廷，副厂长余利薛。刚开办时只有三十余名工人，四五台老式木架缝纫机和几台老式织布机。生产工序为织布、染布、缝纫。织布主要是将军区供给部供给的棉纱，利用老式织布机织成布匹。染布主要用野生植物如栗子、栀子、茶籽壳等做原料，将织好的布染成灰色。裁缝除利用几台缝纫机外，大部分为手工缝制。产品有军衣、军裤、军帽、军棉衣、军绑腿、子弹袋、红袖章、旗子等。生产好的产品打捆成包，由军区供给部统一分配。1932年11月，被服厂从陂下村迁到永新石桥乡樟枧村刘家庙，这时全厂发展到百余名工人，有十多台缝纫机。1933年4月又搬迁到永新象形乡花溪村盘古祠，工人增至二百多人，缝纫机增加到三十多台。1933年10月，被服厂再次由花溪迁入石桥水西戴氏宗祠。1934年8月，红六军团突围西征后，工人被疏散，被服厂停办。

2018年3月9日，该旧址被公布为第六批江西省文物保护单位。

省保单位 湘赣省政治保卫局旧址

旧址位于永新县禾川镇学背居委会东门街。原名穆如堂，坐北朝南，为二层硬山顶穿斗式砖木结构。

1931年8月，湘赣省政治保卫分处在此成立、办公。1932年，湘赣省政治保卫分处改称湘赣省政治保卫局。1934年春，由于湘赣苏区政治局势的改变，政治保卫局随省委机关搬离穆如堂，先后迁至永新的象形、牛田等地。林瑞笙、谭牛山、吴德峰等先后担任湘赣省政治保卫局局长（处长），湘赣省政治保卫局的主要职能是执行侦查，镇压政治上和经济上的反革命活动。它为保卫湘赣苏维埃政权、保护人民群众的利益、巩固工农民主专政、镇压反革命分子做出了不可磨灭的贡献。

2018年3月9日，该旧址被公布为第六批江西省文物保护单位。

牛田湘赣省苏维埃政府旧址

旧址位于永新县坳南乡牛田村委双源自然村。原为尹氏二房祖祠，建于清晚期。

1934 年春，湘赣苏区由于受"左"倾路线的影响，在军事上没有根据当时的形势做出正确的指战方针，导致湘赣苏区在第五次反"围剿"中失利，苏区的中心区域逐渐被敌人占领。为保存实力，湘赣省委机关不得不撤出永新县城等中心区域，于 1934 年 5 月底转移至永新县的牛田村。省委机关之一的湘赣省苏维埃政府设立于牛田村的尹氏二房祠内。同年 7 月 23 日，中革军委发来训令，指示红六军团离开现在的湘赣苏区转移到湖南中部去，发展游击战争并创造新的苏区。

按中央训令精神，省委、省苏维埃政府领导组织广大军民在牛田秘密进行了一系列出发前的准备工作。8月7日，红六军团在任弼时、萧克、王震等人的率领下，离开牛田开始突围西征。留下重新成立的省委、省苏维埃政府和省军区继续在牛田领导湘赣军民开展革命活动，由陈洪时任省委书记、谭余保任苏维埃政府主席。同年11月，由于斗争环境变得更加恶劣，湘赣省苏维埃政府被迫从此撤离，开始了艰苦卓绝的三年游击战。

　　2018年3月9日，该旧址被公布为第六批江西省文物保护单位。

中国工农红军学校第四分校旧址

旧址位于永新县禾川镇东里村委颜家自然村。原为东里颜氏大宗祠，又名为敦伦堂，建于清同治十年（1871年）。

中国工农红军学校第四分校的前身是河西教导队，1932年12月，正式定名为中国工农红军学校第四分校。1932年下半年，国民党湘军侵占永新县城，湘赣红军学校第四分校搬迁至永新东里颜氏大宗祠，由龙云任校长，谭家述、何武任副校长，李贞任政治部主任。学校设军事队、政治队、特科队三个专业学科，每队设队长和政委各一人。军事队课程是按德国、日本三大教程进行训练。学校纪律严明，平时以学习和训练为主，战时主动出击，配合主力部队牵制和打击敌人。1934年6月，红六军团突围西征前夕，在永新牛田更名为红六军团随营学校。8月，随军离开湘赣苏区突围西征。湘赣红军学校第四分校前后开办了五期，共培训学员2500名以上。1938年7月，中国战时儿童保育会江西分会第一保育院为避日机轰炸迁入永新东里颜氏大宗祠，最多时收留儿童近800名，主要来自浙江、江西、江苏、安徽等抗战前线。1944年夏，为保儿童安全，陈庆云院长率师生由颜氏大宗祠迁往永丰，抗战胜利后返南昌。

中国工农红军学校第四分校为湘赣苏区各级军事组织培养、输送了大批政工和军事人才，在配合和支援红军反"围剿"战争等方面发挥了极其重要的作用。

2018年3月9日，该旧址被公布为第六批江西省文物保护单位。

青原区

旧址位于青原区东固街南侧。原为民宅，1922 年改造扩建，主要由银行旧址和后堂组成。建筑坐南朝北，砖木结构，硬山式两层楼房。

1928 年春，黄启绶在此创办东固平民借贷所。同年 10 月，中共东固区委、红二团决定以借贷所为基础创办东固平民银行。1930 年 3 月改为东固银行，即赣西南苏维埃政府银行，7 月又改称赣西南工农银行。1930 年 11 月改为江西工农银行，由江西省苏维埃政府领导。1932 年 3 月，与闽西工农银行一起，合并组建为中华苏维埃国家银行。

东固平民银行是中华苏维埃政府设立的第一所银行，奠定了苏区金融系统的基础，在中国革命史上，尤其是金融史上发挥了重要作用。东固平民银行旧址是这段重要历史的见证。

2013 年 5 月 3 日，该旧址被公布为第七批全国重点文物保护单位。

<img src="..." alt="国保单位" /> 富田村诚敬堂

位于青原区富田镇富田村，原为富田古城王氏家族祠堂。为晚清传统祠堂建筑，规模宏大，布局完美，工艺精湛，有较高的建筑艺术价值。坐东朝西，建筑整体呈"丁"字形，主要由门楼、前厅、厢房、参亭、正堂、谒祖厅组成。

1929年，红军进驻祠堂。1929~1931年，毛泽东在此欢迎过罗炳辉起义，召开过军事会议。白云山战斗结束后，毛泽东和红四军总部驻扎于此。1930年12月，诚敬堂成为江西省苏维埃政府所在地，"富田事变"发生于此。祠堂内外墙体留有大量红军标语，对于研究党史、军史具有重要意义。

2013年5月3日，富田村诚敬堂被公布为第七批全国重点文物保护单位。

国保单位 渼陂红四军总部旧址

旧址位于青原区文陂乡渼陂村西南隅。原为梁氏总祠永慕堂，始建于南宋末年，后人屡次重建重修，为江南祠堂的典型代表，具有重要的历史和艺术价值。

1930年，红四军总部设在永慕堂内，赣西南红军第三分校也曾设于此。

2013年5月3日，该旧址被公布为第七批全国重点文物保护单位。

"二七"陂头会议旧址

旧址位于青原区文陂乡渼陂村。原由渼陂村村民梁日华的父亲于 1926 年兴建并居住，坐北朝南，为一幢一厅四房的退廊让柱式中小型民居，前后各有庭院，北面有一空地。砖木结构，小青瓦屋面。东、南、西三面皆为民房。

1930 年 2 月 6~9 日，毛泽东在陂头召开红四军前委、红五、六军军委和赣西、赣南、湘赣边特委联席会议，会议通过了第一部土地法，确定了赣西南党和革命武装的工作方针和主要任务，选举产生了毛泽东为书记的共同前委，指明了赣西南革命斗争方向。会场设在厅堂，正中悬挂马克思、列宁头像，左右两壁书"配合红军消灭白匪""开展土地革命"大幅标语。"二七"陂头会议是赣西南革命史上非常重要的会议之一，该旧址为这一重要历史事件的载体和见证，具有极高的历史价值。

2013 年 5 月 3 日，该旧址被公布为第七批全国重点文物保护单位。

中共赣西南第一次党代会旧址

旧址位于青原区富田镇陂下村。原名敦仁堂，为潭溪陂下村胡氏宗祠，始建于明成化年间，现存建筑为清代咸丰年间重修。建筑总平面呈长方形，坐西朝东，规模宏大，构思精巧，布局合理，工艺精湛，保存状况较好。内外墙壁留存有多个历史时期的宣传标语，具有很高的文物保护价值。

1929年9月，中国工农红军学校在这里正式创办，朱德任校长，毛泽东任政委，两人亲自给学员讲课。1930年3月22~29日，根据"二七"会议精神，赣西南地区三十余县的八十九名代表在此召开赣西南党的第一次代表大会，刘士奇代表特委作了政治工作报告，会议选举产生了以刘士奇为书记的赣西南特委，并将赣西苏维埃政府改组为赣西南苏维埃政府，曾山任主席。这次会议标志着赣西南革命根据地正式形成，使赣西南革命斗争呈现出崭新的局面，具有非常重要的意义。中共赣西南第一次党代会旧址是研究赣西南苏维埃历史的重要实物见证。

2019年10月7日，该旧址被公布为第八批全国重点文物保护单位。

旧址群位青原区东固畲族乡。1927 年 11 月，东固暴动揭开了东固人民武装斗争的序幕。1927~1934 年，东固人民在中国共产党的领导下，先后成立东龙游击队，江西工农革命军第三师第七纵队，江西工农红军独立二、四团，其中江西工农红军独立二、四团是赣西南第一支地方主力红军。

主力红军从井冈山下山后，东固红军积极策应红军东征，开辟新的革命根据地。1929 年 2 月 20 日，毛泽东、朱德和陈毅率领红四军到达东固螺坑村，与红二、四团会师。22 日在螺坑石古丘河坝上举行了会师大会，23 日在乐氏云汉堂召开了军队和地方党员干部会议，毛泽东在会上传达了党的"六大"精神和会议通过的"十大政纲"，并抽调了毛泽覃、谢唯俊等红军干部加强对东固根据地的领导，对根据地的发展起了重要作用。同时，红四军在东固也得到了很好的休整。为此，陈毅赋诗"此是东井冈，会师天下壮"，高度评价了东固会师的重大意义。

1931 年，东固成为第二次反"围剿"的主战场，在毛泽东、朱德、彭德怀、黄公略、陈毅的领导和指挥下，坚持"诱敌深入、集中优势兵力、击其虚弱、歼敌于根据地之内"的作战方针，在白云山、方石岭、观音崖、九寸岭及周边地区沉重打击敌人，粉碎蒋介石发动的多次"围剿"。1929 年 2 月至 1931 年 9 月间，毛泽东先后六次来到东固，指挥了第一、二、三次反"围剿"。

东固革命根据地全盛时期面积达 2000 平方千米，人口约 15 万。第二次国内革命战争时期，东固人民踊跃支前，参军参战，全乡参加红军的青壮年男子 2400 余人。到 1933 年底，在家的生产、支前、拥军任务均由妇女担当，东固荣获中央苏区的"一等模范区"称号。

旧址群遍布东固畲族乡，这些旧居旧址记录了第一、二、三次反"围剿"革命武装斗争历史，反映了东固人民在革命战争年代做出的贡献。毛泽东称东固为"第二个井冈山"，并说"这个地区本身则成为中央苏维埃政府的根据地"。

2006 年 12 月 28 日，该旧址群被公布为第五批江西省文物保护单位。

红军医院旧址

旧址位于青原区三彩村委会山坑村。

1928 年 10 月，红二团在此筹建红军医院，有病床九十张。由于敌人封锁，药品奇缺，多用中草药治疗伤员。1929 年 3 月，医院迁至瑶下村蓝氏宗祠，改名为"赣西南第一后方医院"。医院规模更大，可同时容纳三百余名伤员。

东固区委会旧址

旧址位于青原区东固街东南角。坐东朝西，二层砖木结构。

1928年10月，东固区委会在此成立，刘经化为第一任书记。1929年5月，中共赣西特委在此召开第一次党代会，会议通过了《加强政权建设和加强土地革命大纲》政治决议案，改组了赣西特委，冯任为特委书记，曾山第一次被选为特委委员。

东固消费合作社旧址

旧址位于青原区东固街北侧，与平民银行同处一幢楼房。

1928年12月，为了粉碎国民党的经济封锁，保障根据地的物资供给，搞活经济，东固区委办起了消费合作社，经营布匹、油盐、食糖、烟、火柴、鞋、斗笠等南北杂货，经营业务不断扩大。1929年秋，由政府拨款和群众集资成立东固消费总社，下设南龙、江口两个分社，业务更为扩大，除满足军民生活必需外，还经营山货等生产资料，深受群众欢迎。

东固古街

位于青原区东固街东南角，东西走向，全长约 230、宽约 5 米。

1928 年，为了打破国民党的经济封锁，配合东固平民银行、消费合作社的经济物质运转，作为传统的圩镇物资交流集散地，东固古街掀起了本地物资集散和对白区物资交流的双重高潮，有力地活跃了东固革命根据地的物资生活，满足了军民生活必需，充实了苏区的生产资料，对苏区建设发挥了重要作用。

红四军与红二、四团会师大会旧址

旧址位于青原区螺坑村石古丘。

1929年2月20日，红四军与红二、四团在螺坑村会师。22日在此召开千人会师大会，毛泽东、朱德在大会上讲话。会后，红四军抽调了一批红军干部，加强对红二、四团的领导，并赠送四挺机枪和一门迫击炮给红二、四团，红二、四团也回赠了大批银洋和弹药。

军队和地方党员干部会议旧址

旧址位于青原区螺坑村委会洋螺丘村的乐氏宗祠云汉堂，为晚清建筑，坐东北朝西南，砖木结构（后墙为土砖切砌）。正房前有宽敞的院场。

1929年2月23日，毛泽东在此主持召开军队和地方党员干部会议，传达中共"六大"决议和"十大政纲"。

红军兵工厂旧址

旧址位于青原区三彩村委会山坑村 29 号。坐西朝东，土木结构，一厅两直，外加偏厅及侧房四间。

"富田事变"以后，在此建立兵工厂，主要生产梭镖、大刀、来复枪、土枪、土炮，并进行机械修理。现旧址墙上还留有当年红军写下的标语。

红军印刷厂旧址

旧址又名列宁书报社，现仅存遗址。

1930年秋，厂长古远来在青原区三彩村委会山坑村创办红军印刷厂，利用红军占领吉安后补充的印刷机械设备，大量油印文化课本和列宁主义书刊。同年11月，印刷厂迁至东固瑶下村，1931年春与列宁书报社合并为江西印刷所，采用石印印刷，印制了苏区的第一张纸质钞票。第二次反"围剿"时迁往兴国水头社，改名兴国印刷厂。

敖上毛泽东旧居

旧居位于青原区敖上村。旧居原为店铺，坐西朝东，土木结构，一厅四房。
2004 年 5 月山洪暴发，致使旧居部分墙体倒塌，7 月动工维修。

1931 年 4 月 22 日，为粉碎国民党第二次"围剿"，毛泽东率部来到敖上，居住
25 天。期间，毛泽东曾到锅都岭观察地形，针对敌人的动向进行了周密部署，取得
了锅都岭战斗的胜利。

红一方面军总部旧址

旧址位于青原区敖上村。原为民宅，坐西朝东，土木结构，一厅四房，现已倒
塌，仅存基址。1931 年 4 月，毛泽东、朱德率红一方面军到东固部署第二次反"围剿"
时驻扎于此。

军民誓师大会遗址

遗址位于青原区敖上村西北樟树下。

1931年4月，为粉碎国民党军第二次"围剿"，毛泽东、朱德率红一方面军来敖上备战。5月中旬在此召开军民歼敌誓师大会，毛泽东在会上作总动员。树下土台为会场主席台，面积约30.4平方米。

红一方面军无线电训练班旧址

旧址位于青原区敖上村。原为民宅，坐东朝西，土木结构。民宅平面呈"凹"字形，凹处的院场即无线电通信兵训练处。

1931年4月下旬至5月上旬，红一方面军无线电训练班驻扎于此，培养了中国工农红军第一批无线电通信兵。

九斗丘

位于青原区敖上村头。

白云山战斗正值插秧农忙，为了追赶农时，让群众全力支前，毛泽东号召红军利用备战空隙帮助群众突击插秧。1931年5月14日，毛泽东、朱德在此帮助群众插秧。

黄公略旧居

旧居位于青原区六渡坳。原为谢氏家祠，坐西朝东，土木结构，一厅两直加偏厅偏舍，简易院门，稻草盖顶。

1931年第三次反"围剿"时，黄公略居住于此。

公略亭

位于青原区六渡村南侧。砖木结构。

1931年9月15日，红三军军长黄公略率领红军挥师瑞金、广昌等地，路经六渡坳时遭敌机扫射壮烈牺牲。苏区人民为纪念黄公略，将其牺牲地的路亭命名为"公略亭"。

黄公略（1898~1931年），湖南湘乡人，是中国共产党早期领导人之一。黄公略曾在黄埔军官学校学习。1927年加入中国共产党。曾任中国工农红军第五军副军长、第三军军长。在中央革命根据地三次反"围剿"战役中屡建战功。1931年9月在战斗中负伤牺牲。2009年，黄公略被中央宣传部、中央组织部等十一个部门评为"100位为新中国成立作出突出贡献的英雄模范人物"。

省保单位 东固南垅村毛泽东旧居

旧居位于青原区东固镇南垅村南。原为民居，20世纪初建造，坐南朝北。

毛泽东1929年2月初到东固及1930年11月组织第一次反"围剿"时均住在此处。期间，毛泽东在南垅河坝举行了会师仪式，部署了红四军在东固的休整计划。

南垅村是红四军从井冈山撤离后绕道赣南闽西、进驻东固的第一站，在这里红军得到了很好的休整和给养补充，为摆脱敌人追击、顺利完成战略转移奠定了基础。1930年11月，为了实现"诱敌深入，关门打狗"的作战部署，毛泽东率总前委再次进驻南垅，又住该处。期间，他指挥完成了诱敌深入的战前准备，然后前往君埠、龙冈指挥第一次反"围剿"战斗。

2018年3月9日，该旧居被公布为第六批江西省文物保护单位。

东固螺坑石鼓丘红四军军部旧址暨朱德旧居

旧址、旧居均位于青原区东固畲族乡螺坑村，是红四军军部所在及朱德居所。原为乐氏分祠，晚清建筑，坐东朝西，土木结构，有院场，保存现状较好，历史风貌犹存。

1929年1月，毛泽东、朱德率红四军离开井冈山，一路险象环生，在寻乌县项山罗福嶂会议上决定到东固去与江西红二、四团会师。2月18日到达东固南垅，20日到达螺坑石鼓丘村。期间举行了红四军与红二、四团会师大会暨联欢晚会，同时召开了前委扩大会议，讨论并决定了红四军分兵和出路问题。2月25日离开此处前往福建游击。

1930年12月，红四军受命从宁都小布出发，参加龙冈战斗，朱德领导的红一方面军红四军军部设在此处。

2018年3月9日，该旧址旧居被公布为第六批江西省文物保护单位。

省保单位 赖经邦旧居

　　旧居位于青原区东固畲族乡敖上古瑞仁村。坐西朝东，砖木结构，一厅四房。

　　赖经邦是东固革命根据地的主要创始人之一，为东固革命根据地的创建，第七、九纵队革命武装建立及东固平民银行的创立立下了不可磨灭的功勋。其原居于1928年被国民党靖卫团烧毁，1930年赖经邦牺牲后，其家人在外东躲西藏，居无定所。1931年4月，毛泽东看望了赖经邦夫人傅叛娇，赠送了三十块大洋，嘱其抚养好小孩。赖经邦家人在邻里乡亲的帮助下，在烧毁的房屋基址上重建房屋，并保留至今。其中厨房、猪圈系原建筑，位于南侧，有过廊与旧居相连。

　　2018年3月9日，该旧居被公布为第六批江西省文物保护单位。

旧址位于青原区值夏镇值夏中学内。原系值夏水北罗家罗氏宗祠，建于清光绪四年（1878年），坐南朝北，砖木结构，面阔三间，一井一进。

1929年初，罗炳辉任吉安县靖卫大队长，在中共江西省委、赣西特委的策动下，于同年11月15日凌晨宣布起义，并带领起义队伍与红军会合，受到刘士奇、蔡升熙、曾山等人及当地群众的热烈欢迎。11月16日，赣西特委在值夏镇的青云台召开欢迎大会，随后开往富田、东固。起义部队被编为中国工农红军江西独立第五团，罗炳辉任团长。值夏起义队伍是在革命处于低潮时期从强大的敌人营垒中冲杀出来投奔革命的，对国民党反动阵营是一个沉重的打击，对赣西南革命根据地的巩固发展及红军队伍的发展壮大做出了重大贡献。该旧址见证了这段起义的历史，对于研究中国革命史、党史、军史有着重要意义。

2018年3月9日，该旧址被公布为第六批江西省文物保护单位。

旧居位于青原区文陂镇渼陂村。为硬山式一厅四房带西边舍的民居，坐北朝南，砖木结构，有前后院，院门开在东南角。西侧边舍坐西朝东，一厅两厢，称"西花厅"。厅堂饰梅花垂幔，厅堂面对正房西墙，墙面粉刷白灰一块，有对联"万里风云三尺剑，满庭花草半床书"，横批"明教乐地"。

1930年2月6~9日，红四军前委，红五、六军军委和赣西、赣南、湘赣边特委在陂头（今渼陂村）召开联席会议，会议通过了第一部土地法，确定了赣西南党和革命武装的工作方针和主要任务，选举产生了以毛泽东为书记的共同前委，指明了赣西南革命斗争方向，是赣西南革命史上一次非常重要的会议。

2018年3月9日，该旧居被公布为第六批江西省文物保护单位。

省保单位 渼陂朱德旧居

旧居位于青原区文陂镇渼陂村。原为商铺，系民国初年建筑，硬山式一厅六房民居，砖木结构，面砖到顶。前后两栋，前栋为铺面，后栋为住宅，保存较好。

1930年2月底，红四军转战赣西南地区，在水南、富滩、值夏、陂头一线歼灭国民党军唐云山独立第十五旅，期间朱德在此居住。1930年7月中旬，朱德率红一军团途经渼陂时再次居住于此。

2018年3月9日，该旧居被公布为第六批江西省文物保护单位。

渼陂红四军卫生队旧址

旧址位于青原区文陂镇渼陂村。原为节寿堂，建于清同治年间，为江南传统祠堂建筑，坐西北朝东南，砖木结构，一井一进，有前廊，三大开间，硬山马头墙，建筑主体风貌依然，保存较好。

1930年2、7月，红四军两次进驻渼陂村，红四军随军卫生队设在节寿堂正殿，为红四军官兵及村民提供医疗服务。第二次国内革命战争时期，渼陂村是东固革命根据地的前沿阵地，红四军卫生队与村中众多旧居旧址连片，共同见证了这段历史，具有重要价值。

2018年3月9日，该旧址被公布为第六批江西省文物保护单位。

渼陂红二十军成立旧址

旧址位于青原区文陂镇渼陂村。原为渼陂义仓主体建筑崇义堂，光绪四年（1878年）修建，是晚清传统祠堂建筑，坐北朝南，砖木结构，硬山式马头墙，青砖蓝灰割缝，面阔三大开间，一井一进，保护状况较好。

1930年6月，红二十军在义仓前坡地成立，军部就设在崇义堂。此后，二十军官兵以此为基地，参加了第七、八、九次攻打吉安的战斗。二十军离开后，崇义堂又被辟为陂头列宁小学。

崇义堂见证了红二十军的成立，对于研究中国革命史、党史、军史以及赣西南区域的传统建筑、社会生活均有重要意义。旧址与村内的"二七"会议旧址，永慕堂，毛泽东、朱德、曾山、彭德怀、黄公略等人的旧居，陂头古街等十余处旧居、旧址连成一片，是进行革命传统教育的重要课堂。

2018年3月9日，该旧址被公布为第六批江西省文物保护单位。

净居寺

省保单位

青原山中国工农红军学校赣西南第三分校、红军医院旧址

位于青原区青原山。初名安隐寺，始建于唐神龙元年（705 年），后宋徽宗赐名净居寺。

第二次国内革命战争时期，中国工农红军和中共地方党组织为培养军事和政治工作人才，创办了不少学校，因主要培养军事人才，又称"红军学校"。

1930 年 7 月，为攻取吉安的需要，红一方面军总前委和中共赣西南特委决定将中国工农红军学校赣西南第三分校迁至临近吉安城的青原山办学，校址就设于净居寺和阳明书院。1930 年 10 月，红一方面军九攻吉安胜利后，有 1300 多名伤病员需要医治。毛泽东通过曾山、罗炳辉，动员吉安城内的惠黎医院医师在青原山净居寺等处创办红军医院。

"七七事变"和"八一三"事变后，大批沦陷区的学生求学无门。国民政府教育部设立国立中学，招考流亡学生。1939 年秋，国立十三中选定青原山做校址，净居寺为初中部。

1957 年 7 月，净居寺被公布为第一批江西省文物保护单位。

省保单位 渼陂江西省苏维埃总工会旧址

　　旧址位于青原区文陂镇渼陂村。原为敬德书院，晚清建筑，天井院民居样式，坐南朝北，砖木结构，有前院，一井一进，两厅六房，硬山式马头墙，青砖白灰割缝。敬德书院内装饰精巧细致，文物本体保存状况较好。

　　1930年11月底，江西省总工会随同省苏维埃政府撤至陂头时，曾在敬德书院办公。房屋内外保存红色标语多幅。江西省苏维埃总工会属早期的省级工会组织，也是省苏维埃政府的重要组成部分，对于研究中国革命史、工人运动史均有重要意义。

　　2018年3月9日，该旧址被公布为第六批江西省文物保护单位。

渼陂曾山旧居

旧居位于青原区文陂镇渼陂村。晚清建筑，硬山式中小型民居，砖木结构，一厅四房，前有小院，保存状况良好。

1930年，赣西南苏维埃政府迁至陂头时，政府机关驻在万寿宫，曾山在此工作居住。毛泽东也在这里居住过。"二七"会议前后，曾山再次住在此处，为"二七"会议的顺利召开做了大量的前期调查研究和准备工作，促进了"二七"《土地法》的诞生。1931年，旧居前的一栋民居被国民党飞机炸毁，现东南侧的民居墙上仍留有大片当年的弹痕。旧居见证了"二七"会议和赣西南苏维埃政府的成立，具有重要的历史纪念意义。

2018年3月9日，该旧居被公布为第六批江西省文物保护单位。

富田中国工农红军学校旧址

旧址位于青原区富田镇陂下村。原为竹隐堂，为星聚堂下支祠，建于明嘉靖年间，清末重修。祠堂为砖造牌坊式门楼，面阔三大开间，天井两侧有厢廊，一井一进，砖木结构，现状保存较好。

1929 年底至 1930 年 6 月，红军学校由敦仁堂迁至此处。1932 年 8 月，公略县中心县委裁判部驻此，设有看守所，堂内的粮仓曾关押 AB 团人犯。堂内满墙红军标语，清晰可见。

2018 年 3 月 9 日，该旧址被公布为第六批江西省文物保护单位。

省保单位 富田王家村毛泽东旧居

　　旧居位于青原区富田镇王家村。民国初年建筑，坐西朝东，有院落。砖木结构，一厅四房，硬山式马头墙，青砖蓝灰割缝，高窗采光。东北侧有一排不规则的舍屋，舍屋外墙即院落围墙。

　　1930年2月下旬，毛泽东、朱德率红四军驻富田圩，毛泽东在王家村内民居居住，旧居正房及围墙上保留了大量红军标语。在此期间，毛泽东在王家大祠堂主持召开军事会议，部署攻打唐云山旅事宜。

　　该旧居与朱德旧居、江西省苏维埃财政总局暨江西省工农银行旧址、省苏四次重要会议旧址、中国工农红军学校旧址、红军医院、公略县中心县委旧址等二十余处旧居、旧址连成一片，是进行革命传统教育的重要课堂，具有重大价值。

　　2018年3月9日，该旧居被公布为第六批江西省文物保护单位。

富田匡家村江西省赤色邮局旧址暨陈毅旧居

旧址、旧居位于青原区富田镇匡家村。晚清建筑，坐北朝南，砖木结构，一厅四房，有边舍。硬山式马头墙、蓝灰勾缝墙体，青砖墁铺地面。正面墙体书有大幅红军标语，保存现状较好。

1930年3月，赣西南特委根据前委指示，在富田匡家村创办苏区第一个红色邮政管理机构——赣西南赤色邮政总局，并在富田王家古街等地开办邮政代办所，实行邮政统一管理，旧址外墙上书有"保护邮局""红军宣"的巨幅标语。1931年1月，为清除"富田事变"影响，总前委决定成立赣西南特区委，陈毅任书记，以代替在永阳的江西省行委的工作，陈毅一直在此居住办公到同年8月。

赤色邮政总局的建立，对于沟通苏区与白区之间书信邮件来往、满足百姓信息交往的基本要求、防止泄露重要军事机密发挥了重要作用，为红色邮政管理积累了宝贵经验。

2018年3月9日，该旧址旧居公布为第六批江西省文物保护单位。

富田匡家村江西省苏维埃财政总局暨江西省工农银行旧址

旧址位于青原区富田镇匡家村。晚清建筑，坐南朝北，牌坊式院门，院落式砖木结构民居，一厅四房，青砖铺地。其边舍为江西省苏维埃总工会旧址。建筑物上留有大量红军标语，建筑本体保存较好。

1928年底至1930年，中共富田区委在此办公。1930年10月，江西省苏维埃政府在吉安城成立，11月在富田匡家村设立江西省苏维埃财政总局，江西省工农银行在此地办公，统管苏区财政，指导各区、乡开展财税工作，积累了大量资金，发行"红一角"苏区纸币，对支持革命战争发挥了重要作用，为红色金融管理积累了宝贵经验。1931年1月迁往东固山坑，再至瑶下。

2018年3月9日，该旧址被公布为第六批江西省文物保护单位。

富田匡家村中华全国总工会苏区执行局暨江西省赤色总工会旧址

旧址位于青原区富田镇匡家村位于赣西南财政所一厅四房建筑的西侧边舍。晚清建筑，坐南朝北，砖木结构，青砖蓝灰勾缝墙体，马头墙。

1930年12月，江西省赤色总工会由吉安城经陂头迁入富田，在此民居院内办公。1931年3~4月，中华全国总工会苏区执行局在富田宣告成立，与江西省赤色总工会在同一民居内办公。

屋内北侧墙体上，总工会书写的大幅标语清晰可见。旧址见证了苏区时期的工人运动及组织状况，对于研究中国工人运动及组织状况有重要意义。此旧址与诚敬堂、红军医院、毛泽东旧居、朱德旧居、江西省苏维埃财政总局暨江西省工农银行旧址、省苏四次重要会议旧址、中国工农红军学校旧址、公略县中心县委旧址等二十余处旧居、旧址连成一片，具有重要的历史价值。

2018年3月9日，该旧址被公布为第六批江西省文物保护单位。

富田匡家村中共江西省行动委员会旧址

旧址位于青原区富田镇匡家村。原为崇孝堂，始建于明中期，现为晚清传统祠堂建筑，规模宏大。坐北朝南，砖木结构，五大开间，三井二进。整座祠堂宽敞宏大，结构严谨完整，墙体上保留了大量红军时期留下的标语和练习射击用的枪靶，整体保存状况较好。

1930年12月，曾山率中共江西省行委迁此办公。毛泽东、朱德等率红军主力，经常在富田一带活动，不少重大事件在此决策或发生。该旧址与诚敬堂、红军医院、毛泽东旧居、朱德旧居、江西省苏维埃财政总局暨江西省工农银行旧址、省苏四次重要会议旧址、中国工农红军学校旧址、公略县中心县委旧址等二十余处旧居旧址连成一片，具有重要的历史价值。

2018年3月9日，该旧址被公布为第六批江西省文物保护单位。

省保单位 富田陂下村公略县中心县委旧址

旧址位于青原区富田镇陂下村。原名乐育义塾，俗称"新书院"，建于1926年，是一座欧式门面的中式建筑。砖木结构，两层楼房，里弄式构架，保存状况较好。

1932年8月，公略县中心县委由水南松山村迁此与县苏维埃政府联合办公，历时一年。毛泽覃、贺怡夫妇长期在此居住，朱德、胡发兴也曾在此居住。旧址内至今保留了部分公略县中心县委的办公用品，中共纯化区委的宣传标语也清晰可见。旧址外墙上也写满了落款为中共纯化区委的宣传标语。

公略县是为纪念苏区著名红军将领黄公略而命名，公略县中心县委旧址是土地革命时期的重要遗址，具有重要历史价值。

2018年3月9日，该旧址被公布为第六批江西省文物保护单位。

富田陂下村省苏四次重要会议旧址

旧址位于青原区富田镇陂下村。由省苏四次重要会议旧址、喜鹊闹巢门楼、谷仓、红军标语等构成，省苏四次重要会议旧址原为陂下胡氏大宗祠星聚堂。明永乐年间始建，清代多次重修，左右及后面均为民宅，旧址本体保存较好，历史风貌犹存。

第二次国内革命战争时期，曾在此举行过江西省苏维埃政府的四次重要会议：1932年2月，永丰、公略、万泰、乐安四县活动分子大会；1933年4月，邓小平主持召开公略、万泰两县党团活动分子扩大会议；1933年7月，曾山主持召开公略等九县查田查阶级总结大会；1933年8月，陈毅主持召开永丰县委成立大会。

该旧址与诚敬堂、红军医院、毛泽东旧居、朱德旧居、江西省苏维埃财政总局暨江西省工农银行旧址、中国工农红军学校旧址、公略县中心县委旧址等二十余处旧居旧址连成一片，具有重要的历史价值。

2018年3月9日，该旧址被公布为第六批江西省文物保护单位。

遂川县

井冈山革命遗址——遂川县工农兵政府旧址

旧址位于遂川县文献名邦街8号，原名万寿宫。

遂川县工农兵政府是毛泽东在1928年1月24日亲手创建的全国第一个县级红色政权。1928年1月5日，毛泽东率工农革命军攻占遂川县城，1月24日，创建了遂川县工农兵政府，下设包括秘书室、裁判部、军事部、财政部、土地部、文化教育部在内的五部一室等办事机构，领导全县的工农革命斗争。在这里，毛泽东主持制订工农兵政府《临时政纲》，完整地体现了中国共产党领导的民主革命时期的方针和任务，集中反映了广大人民的要求和愿望，成为赣西南和闽西等苏区建设的最初蓝本。1928年2月，毛泽东率领工农革命军回师井冈山，遂川县工农兵政府随军撤离，迁往黄坳办公。红军撤离井冈山后，遂川县工农兵政府旧址被国民党反动派烧毁。

2006年5月25日，该旧址被公布为第六批全国重点文物保护单位。

旧居位于遂川县城罗汉寺街中段。原为邱家厦所，始建于1926年，是当时全县邱姓合资建造的一座教堂，坐西朝东，外仿欧式风格，内为本地传统风格的三层硬山顶砖木结构建筑。

1928年1月5日，毛泽东率领工农革命军攻克遂川县城后，与前委机关工作人员宛希先、张子清曾在邱家厦所一楼居住达一月之久。毛泽东住在一楼南边后面的房间，那里既是寝室又是办公的地方。而宛希先、张子清分别住在一楼次间前面的房间。毛泽东的警卫员住在毛泽东对面的房间。在这里，毛泽东亲自创建了全国第一个县级红色政权——遂川县工农兵政府；组织成立了中共遂川县委，建立了工会、农会等各种群众组织；检查了大革命失败后遂川保存的六支枪，建立了遂川地方武装；开展了轰轰烈烈的打土豪、分田地、筹款子斗争；召开了党员会议，归纳总结了下乡发动群众和开展游击作战的经验教训，首次制订了"一上门板、二捆铺草、三说话和气、四买卖公平、五借东西要还、六损坏东西要赔"的"六项注意"，作为红军官兵的行动准则；首次制订了"敌来我退、敌驻我扰、敌退我追"灵活机动的游击战斗"十二字诀"，后来成为红军取得游击战争胜利的法宝。

2006年12月18日，该旧居被公布为第五批江西省文物保护单位。

省保单位 遂川县联席会议旧址

旧址位于遂川县泉江镇文献社区东路大道19号。原为遂川五华书院的教室，建于清光绪二年（1876年），由邑人郭石生倡捐，是一幢坐北朝南、两层砖木结构的硬山顶建筑。

毛泽东来到遂川后，于1928年1月8日指导建立中共遂川县委，在五华书院办公。1928年1月20日，毛泽东在五华书院后院一楼教室内主持召开了工农革命军前委和中共遂川、万安县委联席会

议，参加会议的有前委代表毛泽东、张子清、宛希先、何挺颖等，中共遂川县委有陈正人、王遂人、毛泽覃、刘万青、王佐农、柏金吾、肖万變等，中共万安县委有曾天宇、张世熙、刘光万、郭化非、刘兴汉、刘冰清、许大权等七位，会议于22日结束。毛泽东在会上精辟地分析了国内外形势，同时也批判了党内的"右"倾机会主义和悲观情绪，指出中国共产党的当前任务就是放手发动群众、武装工农，有计划地领导武装暴动，建立农村革命根据地，发展党的组织。在农村积蓄力量，逐步夺取全国胜利。会上建议中共万安县委应将当前斗争的中心区域由河东转到赣江西岸一带，与遂川革命根据地建立牢巩固的联系，以便更好地依托井冈山进行更有把握的长期斗争。毛泽东还在会上总结归纳了部队当前进行游击战的经验，首次提出了以"敌来我去、敌驻我扰、敌退我追"为内容的游击战术"十二字诀"。这是毛泽东对工农革命军作战实践的第一次智慧总结，为当时还弱小的红军战胜强敌提供了战术指导，成为井冈山斗争时期红军克敌制胜的重要法宝，创造了多次以少胜多、以弱制强的战斗奇迹，为井冈山革命根据地的巩固、发展发挥了重要作用。

2000年7月25日，该旧址被公布为第四批江西省文物保护单位。

草林毛泽东旧居

旧居位于遂川县草林镇太坪村桥头组 36 号。原为萧万顺客栈，客栈旁有独立店铺，用于经营百货，方便当地群众生活。旧居坐北朝南，是典型的客家房式两层土木建筑。分前楼和后楼两部分，前楼用于经营店铺，后楼为接待客人的客房。

1928 年 1 月 5 日，毛泽东率领工农红军攻占遂川县城后，于 1 月 14 日又来到草林圩，住在萧万顺客栈楼上后一间。在这里，毛泽东下到各村访贫问苦，调查了解情况，宣传党的方针政策，号召群众打倒土豪劣绅，保护工商业，保护中小商人。在毛泽东的领导下，草林圩场的领导权被从土豪劣绅手中夺回，圩场直接归人民群众管理，从而打掉了草林周围附近交通要道上的层层关卡，取消了一切苛捐杂税，疏通了井冈山革命根据地内外商品的流动渠道。草林红色圩场的建立对井冈山革命根据地的建设起到了积极作用。

2018 年 3 月 9 日，该旧居被公布为第六批江西省文物保护单位。

省保单位 草林红色圩场

位于遂川县草林镇，地处井冈山革命根据地南边。草林镇是历史悠久的商贸重镇，草林圩自古以来就是赣中南地区的四大著名圩场之一。它地处交通要道，东临遂川县城，南连唐江、赣州，西接湖南，北靠黄坳、井冈山。1928年前的草林圩，有下街、阎王街、糯米街、河边街、潭前街多条街道，共有一百七十多间店铺，五六十个地摊，而且每条街有400多米长，7~8米宽。现保存古街的一部分，

长约100米，宽十几米，占地面积约2000平方米。

1928年1月，毛泽东率领工农革命军占领遂川后，深入基层调查研究，开展细致的群众工作。毛泽东带领工农革命军打掉了遂川靖卫团从黄坳到草林约35千米路上的五道税卡，接着又将草林圩上几个大豪绅开设的"四美""大兴""元丰""四盛""新发"等大商号全部查封没收，共缴获布匹七百多担，银圆两万多块。

1928年1月16日是农历小年，也是草林传统的逢圩日。毛泽东在草林万寿宫主持召开群众大会并发表重要讲话，宣传保护中小商人的政策，规定保护工商业的具体措施：一是反对封建剥削，只能没收地主的财产，保护工商；二是如果是地主兼商人，只能没收他的封建剥削部分，商业部分连一个红枣也不能动；三是如果是罪大恶极的土豪，必须没收其商业部分就一定要出布告，宣布他们的封建剥削罪行。

草林红色圩场是毛泽东亲手创建的第一个红色圩场，是党对经济工作的第一次伟大尝试，把一个陈旧的、被豪绅地主垄断的圩场，改造成为新的、有利于革命经贸的红色圩场。草林红色圩场的开辟，为井冈山革命根据地的巩固与发展提供了物质保障，活跃了辖区内的乡村经济，锻炼了红军中群众工作和经济工作人才，为农村革命根据地经济工作的开展和经济政策的制定积累了经验。

2018年3月9日，草林红色圩场被公布为第六批江西省文物保护单位。

五斗江战斗遗址

遗址位于遂川县城西北面 70 千米处的五斗江圩场旁山上，距井冈山茨坪 25 千米，山峦起伏、林木茂密。

1928 年 4 月，毛泽东和朱德在井冈山胜利会师，5 月 4 日红四军成立。蒋介石急令"克日会剿"，妄图将这支新生的人民军队扼杀在摇篮中。赣敌杨如轩部第七十九团和八十一团分两路向井冈山进犯。朱德、陈毅率红四军部及二十八团、二十九团、遂川赤卫队从龙市出发向黄坳、五斗江前进迎击从永新出发经拿山、五斗江、黄坳向井冈山进犯的敌 81 团。第二天拂晓，在黄坳打败了八十一团先遣营，缴枪五六十支，随即进驻五斗江。八十一团主力一到五斗江，即遭我军迎头痛击，经过近一个上午激战，歼敌一个多营，缴枪三四百支，俘敌四五百人。红军乘胜追击，一举占领永新城。五斗江战斗是毛泽东和朱德会师后首次大捷，在政治上、军事上都具有深远意义。五斗江是井冈山革命根据地的重要组成部分，现保存有完整的五斗江战斗遗址的环山战壕和一些红军书写的标语。

2018 年 3 月 9 日，该遗址被公布为第六批江西省文物保护单位。

潘屋指挥所

位于遂川县五斗江乡五斗江村潘屋组。建于清末，坐北朝南，为一排三栋相连的土木结构民居，墙用土夯成，中间主屋为二层，两边偏屋为一层，两端还有两间横屋。朱德指挥部就设于此。

红军战壕

位于遂川县潘屋后山，目前战壕依然轮廓清晰，长约100、深约0.6米。

棺材岭山场

位于遂川县五斗江乡圩镇乡政府的东面，是当年五斗江战斗的主战场，当时红军前沿指挥所设在山头上。现存部分被街道和房屋包围。

洛阳村客家彭宅

红军攻打乌鸦洛阳围旧址

位于遂川县大汾镇洛阳村。客家彭宅又称彭氏辉斗宅，自成院落，建筑规模宏大，于嘉庆十六年（1811年）建造，坐西朝东，一排五栋，房屋间既独立又互相贯通，很有客家房屋的建筑特色。

1931年9月，王震率独立一师来遂川帮助工作，驻扎在大汾。王济才、彭学渊等地主武装经常扰乱红军，他们把指挥部设在洛阳村客家彭宅内。红军无法靠前进攻，将敌军围困在客家彭宅内二十余天。

2006年12月18日，洛阳村客家彭宅被公布为第五批江西省文物保护单位。

省保 单位 横石红六军团西征出发地遗址

遗址位于遂川县新江乡横石村，由王家祠、红军哨口遗址、红军洞组成。

1934年8月7日，萧克、任弼时、王震率领红军长征先遣队红六军团从新江横石出发，迈出了长征第一步，在中国革命史上具有十分重要的意义。

2018年3月9日，该遗址被公布为第六批江西省文物保护单位。

王家祠

横石红六军团西征出发地遗址以遂川县新江乡横石村王家祠为中心，遗址坐西朝东，是一幢两进两厅、中间有一天井的祠堂建筑。后厅有一阁楼，靠近天井的四角分别有四根木柱，柱顶端为衔珠龙头三层花雕刻，做工精美，花式繁复。前厅两侧各设一侧门。

红军哨口遗址

红军哨口遗址四周峭壁青山，风景秀丽，红六军团在横石活动期间曾经在北洞的茶头墩一个视线开阔的山头设立红军总哨口，与距离不远的红军伤员疗养地红军洞遥相呼应。

红军洞

红军洞坐落在新江横石村的一座山顶上，山上林木茂密，植被丰富，与岩洞浑然天成，上山小道途经一线天、打扁身等多处险要地带，蜿蜒曲折，险象环生。

省保单位 井下村正亮堂宅
遂川列宁小学旧址

位于遂川县堆子前镇鄢背村井下村民组。正亮堂宅是当地黄氏先祖创设的家族祠堂，燕山书院是家族书院，两者均建于清乾隆五十九年至嘉庆十一年（1794~1806年）。

在井冈山革命斗争时期，遂川县、区政府均设立了文化教育部，负责文化教育工作。县、区、乡村也分别兴办了列宁小学。当年的正亮堂宅和燕山书院成为遂川列宁小学的高小，免费接收工农子弟、贫苦儿童八十多人入学，教育经费完全由各级苏维埃政府负担。学校的教学工作由红军战士担任，没有课本就由教员将字写在大纸上教学，学校还讲解革命道理，教唱革命歌曲。上课时有红军战士在校外站岗，以防白军突然袭击。当年正亮堂列宁小学的学生在书院上课，教员和学生一律在正亮堂宅住宿吃饭。此外，学校还在正亮堂内的大厅设识字班，利用晚上上课，方便那些孩子多、家务重、年龄大、不方便到夜校学习的妇女和老年人来学习，深受广大群众欢迎。在校期间，学生的膳食全由红军供给，战士们为学生盛饭，把学生们照顾得很好。战士常对学生说："我们是救穷人的。"

2006年12月18日，井下村正亮堂宅被公布为第五批江西省文物保护单位。

万安县

万安暴动行动委员会旧址

旧址位于万安县罗塘乡罗塘墟镇。原为罗塘至善小学，是一栋建于20世纪初的砖木结构二层建筑，平面呈矩形。

1927年9月下旬，万安县委在此召开了全县党的代表会议，传达了党的八七会议精伸和省委秋收暴动计划。之后在这里设立了赣西特委和江西最早、最大的万安暴动总指挥机关——万安暴动行动委员会，曾天宇为行动委员长，成员有曾天宇、张世熙、刘光万、陈正人、余球、汪群、曾延生等，并推荐曾天宇、张世熙、肖素民三人组成军事参谋部，负责部署攻城事宜。此后，中共万安县委和万安行动委员会在此办公，组织领导了震惊中外的万安暴动。

2000年7月25日，该旧址被公布为第四批江西省文物保护单位。

中央苏区中央局旧址

苏区红色警卫团驻地旧址（增文堂围屋）

　　旧址位于万安县涧田乡益富村。建于清代晚期，坐南朝北偏西，两层土木结构，悬山顶，小青瓦屋面。由月池、禾坪、台明和建筑主体组成。其中建筑主体由主屋、化胎、后垅屋和左右横屋组成，以主屋为中轴线，左右分别分布四栋和两栋横屋。布局合理，结构严谨，尤其是围屋的排水设施十分讲究，通畅无积水，具有较高的建筑艺术价值。苏区时期，苏区红色警卫团曾在此驻扎。

　　2006年，该旧址被公布为第五批江西省文物保护单位。

故居位于万安县罗塘乡大禾场村。建于清末，系一栋三开间土木结构的硬山顶二层民房，坐北朝南。

康克清，1911年9月7日出生，40天就被送养到罗奇圭家当"望郎媳"，在这栋民房里生活了16年。1928年，康克清和万安的80名农民随陈毅部队上了井冈山。1951年，她第一次回到阔别多年的家乡，曾在故居住了一个星期，1962年第二次回乡，在故居住了三天。

2018年3月9日，该故居被公布为第六批江西省文物保护单位。

省保单位 曾天宇烈士纪念旧址

旧址位于万安县罗塘乡村背村，包括曾天宇烈士旧居及曾天宇烈士牺牲处旧址。

2018年3月9日，该旧址被公布为第六批江西省文物保护单位。

曾天宇烈士旧居

旧居位于罗塘乡村背村。建于清代晚期，坐北朝南。

曾天宇（1896年9月10日~1928年3月5日），1917年8月赴日本留学，1918年5月回国。1919年参加了五四运动，1922年加入中国社会主义青年团，同年与张世熙等青年组织成立了"万安青年学会"，创办发行《青年》杂志。1923年11月，与张世熙、文章等人筹办"聚华书店"。1927年6月，他奉党的指示，以省委特派员的身份被派回万安，组织领导了著名的万安暴动，建立了江西省第一个县级苏维埃政权。暴动胜利后，敌人进行了疯狂反扑，1928年3月5日，曾天宇突围受阻，壮烈牺牲，年仅31岁。

曾天宇牺牲处旧址

旧址位于罗塘乡村背村。建于20世纪初，坐北朝南。

曾天宇，江西省早期革命活动家，万安暴动主要领导人之一，与袁玉冰、方志敏并称为"江西革命三杰"。万安暴动胜利后，敌人进行了疯狂反扑，曾天宇率领农军奋勇抗击，终因敌强我弱，被迫隐藏在这栋房子里。1928年3月5日，因叛徒告密被敌人重兵包围。面对敌人的诱降和威逼，曾天宇临危不惧，英勇就义，年仅31岁。

曾天宇烈士墓

　　位于万安县罗塘乡村背行政村跑马山上。墓平面呈长方形，长 3、宽 4.68 米。墓碑由中国红、乳白双色的仿大理石瓷砖相间砌成，高 4.68 米，上方平浮雕红五星，红五星下镶嵌曾天宇烈士黑白瓷画像，画像的下方镶有铜质竖排的"革命烈士永垂不朽"八字，字下方用黑色大理石刻有曾天宇烈士生平。墓前台阶两边有用黑色大理石砌的花瓶式扶栏。

　　1928 年 3 月 5 日，曾天宇壮烈牺牲，尸体被国民党反动派悬挂在万安城墙上，万安农民自卫军怀着悲痛的心情，在夜幕下躲过敌人的哨卡，偷回了英雄的身躯，埋葬在罗塘乡金滩村与村背村交界处的一块荒地上。

　　2018 年 3 月 9 日，曾天宇烈士墓被公布为第六批江西省文物保护单位。

泰和县

马家洲集中营旧址

旧址位于泰和县马市镇仙桥村委松山村，由一栋祠堂和四栋民房构成。

1940 年 6 月至 1945 年 1 月，江西省政府主席熊式辉派江西省特种工作委员会的下设机构特种工作办事处（简称特办处），在抗战时期的临时省会泰和县的城郊马市镇仙桥村委松山村设立了一所秘密监狱，即马家洲集中营，对外称江西省青年留训所。马家洲集中营先后关押了中国共产党人和爱国进步人士近五百人，包括张文彬、廖承志和谢育才等大批中共重要领导人。作为抗战时期国民党顽固派设立的破坏抗日民族统一战线，囚禁和迫害中国共产党人和爱国进步人士的秘密监狱，马家洲集中营是揭露国民党特务暴行的重要历史见证。

2019 年 10 月 7 日，该旧址被公布为第八批全国重点文物保护单位。

省保单位 泰和县苏维埃临时政府旧址

　　旧址位于泰和县苑前镇巷口村委巷口自然村。原为建于清末民初的仁善书院，坐西北朝东南，穿斗式砖木结构，为"凹"字形两层建筑。前部明间和次间宽敞明亮，用作教室。后部两边房舍有走廊和廊柱（石柱），楼上楼下各有五个房间，房间较小，用作宿舍。外墙上书红军标语："欢迎白军士兵打土豪分田地。"另有多条红军标语模糊不清。

　　在赣西特委的指示下，1929年8月，中共泰和县委在仁善书院成立，李厚明任县委书记兼组织部长，胡家驹任宣传部长。1930年2月中旬，泰和县苏维埃临时政府在仁善书院成立，刘绍香任主席、刘森林任副主席，下设内务、财政、军事、生产、教育、裁判等部门，领导仁仙、仁千、仙云三个区的苏维埃政府。

　　2018年3月9日，该旧址被公布为第六批江西省文物保护单位。

白云山战斗指挥所旧址

旧址位于泰和县小龙镇白云山村委龙洲村白云山顶上。由古庙和观音堂组成。古庙坐东朝西，为二层石、砖、木结构。观音堂为平房，砖木结构。内供奉弥勒佛、观音等佛、菩萨像十一尊。

第一次"围剿"失败后，蒋介石派军政部长何应钦率二十万兵力，采取"稳扎稳打、步步为营"的战术，于1931年4月1日向中央苏区发起第二次"围剿"，企图包围并消灭红一方面军主力于赣南。毛泽东、朱德、朱云卿等领导红一方面军围歼敌二十八师，在此设立战斗指挥所，取得首战告捷的战果，为第二次反"围剿"的胜利

奠定了基础。为此毛泽东写下了著名诗篇《渔家傲·反第二次大"围剿"》："白云山头云欲立，白云山下呼声急，枯木朽株齐努力。枪林逼，飞将军自重霄入。七百里驱十五日，赣水苍茫闽山碧，横扫千军如卷席。有人泣，为营步步嗟何及！"

2018年3月9日，该旧址被公布为第六批江西省文物保护单位。

浙大西迁泰和旧址群

旧址群位于泰和县澄江镇上田村和黄冈村、沙村镇高陇村，含校长办公楼（临清书屋）、浙大礼堂（原萧百万家族宗祠）、浙大农学院（原华阳书院）、澄江学校（萧氏祠堂彝叙堂）、浙大俱乐部（萧氏祠堂种德堂）、长青柏、浙江大学堤（石狮梁家至上田码头）、浙大码头（澄江镇上田码头）、张侠魂女士及竺衡墓、沙村示范垦殖场。

1937年，在日军的轰炸下，浙江大学走上西迁之路。1938年2月，浙大迁校至泰和县上田村，在泰和停留了8个多月。浙大临时校址以泰和豪绅萧百万家的庄园为中心，主要利用萧百万的趣园及西面的华阳书院和东面的大原书院做校舍，进行艰苦的教学工作，在确保教学的同时，积极为当地办好事、办实事。

2018年3月9日，该旧址被公布为第六批江西省文物保护单位。

校长办公楼（临清书屋）

位于澄江镇上田村。建于光绪三十二年（1906年），原为萧氏私塾。

抗战时期，浙江大学通过时任江西交通处长的萧庆云将整座楼借来用作校长办公楼。1938年2~9月，竺可桢校长在此办公。

浙大礼堂（原萧氏宗祠咸正堂）

位于澄江镇上田村。建于清末，坐东南朝西北，硬山顶抬梁式砖木结构。

浙江大学西迁至泰和后，一些大型活动如开学典礼、茶话会、西迁路上第一届（总第十一届）毕业典礼、马一浮等人的演讲、抗战一周年纪念会以及张侠魂去世后的追悼会等都在这里举行。

浙大农学院（原华阳书院）

位于澄江镇黄冈自然村。原为华阳书院，创办于清乾隆年间，现已改名为黄岗小学，原教学楼已拆毁，唯留遗址。此书院曾作为浙大农学院教学和生活的校舍。

澄江学校（萧氏宗祠彝叙堂）

位于澄江镇上田村。为萧氏宗祠，坐西北朝东南。

浙江大学西迁时泰和的乡村小学在师资、设备、教材等方面都十分落后。浙大一来为服务地方，二来为解决教职工子女急需入学问题，遂决定筹设学校。经与县政府及当地人士协商，接办村中保学，在此开办一所名叫澄江学校的小学。

浙大俱乐部（萧氏宗祠种德堂）

位于澄江镇上田村。为萧氏宗祠种德堂，坐东北朝西南，硬山顶抬梁式砖木结构。

浙江大学迁至泰和后，将种德堂用作浙大俱乐部，供学生开展乒乓球、下棋等娱乐活动。

长青柏

位于澄江镇上田村伏羲六合中学内。

浙江大学迁至泰和后，为美化环境，校长竺可桢亲手在萧百万庄园种下柏树数棵，现存活三棵，如今仍生机盎然，枝繁叶茂。

浙江大学堤

位于澄江镇上田、石狮梁家自然村。

为防止赣江水患，浙江大学迁来后决定修筑防洪堤，由地方出钱出劳动力，浙大负责全部技术工作，组成堤工委员会。原计划西起石狮梁家、东至东门外江前村修筑全长7.5千米的堤坝。1938年4月底开工，6月底结束，因财力和时间所限，仅修筑了西至石狮梁家、东至浙大码头的全长1.5千米的防洪堤，初名"刚堤"，后为纪念浙大功劳，改称"浙江大学堤"。

浙大码头

位于澄江镇上田村赣江边。

位于浙江大学堤外、赣江边的原麀山码头因简陋且狭小，难以满足水运的需要。浙江大学迁来后，立即投入资金进行加固、加宽，修筑新码头，使货船的停靠和货物的搬运更为便捷和安全。从那时起，当地群众为纪念浙大功劳，便将麀山码头改称"浙大码头"。后因赣江洪水的反复冲刷，当年浙大修建的码头早已淹没江心，但当地群众将浙大码头这一名称沿用至今。

沙村示范垦殖场

位于沙村镇高陇村。

在浙江大学西迁至泰和后，经调查发现，在沙村镇高陇村一带有荒地六百余亩，遂提出与江西省政府合办示范垦殖场。浙大土木系工读生进行勘定测绘，农学院负责主持筹备，农学院院长兼垦区管理委员会主席卢守耕担任垦殖场主任。垦殖场安置了战区难民一百四十名，既使难民生活有了着落，又使农垦事业有所推进。

张侠魂女士及竺衡墓

位于澄江镇黄冈村委会峡垄自然村后的松毛岭。

抗战时期，因泰和的医疗卫生条件较差，浙江大学校长竺可桢的次子竺衡及夫人张侠魂先后患病，并于1938年7月21日和8月3日在泰和去世，9月15日安葬于泰和县澄江镇黄冈村委峡垄村的松毛岭。

安福县

洲湖红五军战斗旧址群

旧址群位于安福县洲湖镇三湖村曹家自然村及狗爬岭等一带。狗爬岭山脉属罗霄山脉在安福南部的向东延伸段，山高林密，连接永新、吉安等地。

1929 年 7 月，彭德怀率领红五军进攻安福，在安福西乡横龙寅陂桥与敌遭遇，作战失利。同年 11 月下旬，彭德怀率部在三湖村狗爬岭构筑工事，设置战场，诱敌深入，重创吉安、安福的敌人，取得重大胜利，扭转了红军在安福及邻县的不利军事局面，建立了苏维埃政府。

现存红五军战斗旧址包括红五军军部指挥所旧址（原王屯乡苏维埃政府旧址——曹家祠），白军俘虏临时关押教化所旧址，红军标语群（在两幢民居墙上），狗爬岭山腰战壕、暗堡，狗耳朵西山顶掩体，狗耳朵东山顶掩体、战壕，亭子西山顶掩体，水弯西山顶掩体、战壕，亭子头东山顶战壕，水弯东山顶掩体，狗爬岭山古道暗堡，清江潭白军墓冢"十八堆"，红军烈士墓，公审训练操场等。

2018 年 3 月 9 日，该旧址群被公布为第六批江西省文物保护单位。

省保单位 红五军驻地旧址群

旧址群由安福县洲湖镇深溪村廖家村的廖氏宗祠、横龙镇利田村的贺国中烈士墓和刘之至烈士墓、泰山乡楼下村的彭氏宗祠和翰林第组成。

2018 年 3 月 9 日，该旧址群被公布为第六批江西省文物保护单位。

深溪廖氏宗祠

位于洲湖镇深溪村廖家自然村。为二层民居式建筑，坐西北朝东南，穿斗式砖木结构，青砖墙体，小青瓦屋面。

1927 年 11 月，萧克率部深入安福县深溪、陈山、柘田一带，在深溪村廖氏总祠建立了秘密联络站。1929 年 7 月，彭德怀率红五军攻打安福县城，途中与敌遭遇激战受挫，纵队长贺国中牺牲，红军伤亡较大，被迫撤回永新。重伤员留在永新红军医院总部治疗，34 名次重伤员和轻伤员转至设在深溪村廖氏总祠的红军分区医院治疗，彭德怀陪同部分伤员在廖氏总祠驻扎多日。1931~1934 年，湘赣临时省委机关保卫局短枪连长期驻扎廖氏总祠，领导地方游击武装。

贺国中、刘之至烈士墓

位于横龙镇利田村。

1929 年 7 月，彭德怀率领红五军进攻安福，在安福西乡横龙寅陂桥与敌遭遇，军参谋长刘之至、第四纵队司令贺国中牺牲，第五纵队司令李灿身负重伤，红军战士牺牲二百余名，烈士遗体在山脚下集中掩埋。1986 年安福县政府在原地设贺国中衣冠冢，2015 年将刘之至、贺国中二烈士墓迁移至山腰并建纪念碑等设施。

楼下村彭氏宗祠和翰林第

位于泰山乡楼下村。彭氏宗祠为民居建筑，坐西南朝东北，穿斗式砖木结构，青砖墙体，小青瓦屋面；翰林第是清光绪举人彭湘秉的住宅，整体由正屋和左、右侧房三部分组成。

第一次国内革命战争时期，楼下乡建立了乡苏维埃政府，以彭氏宗祠为驻地。1930年2~3月，彭德怀率红五军到宜春、永安边界开辟革命根据地，曾在楼下村翰林第驻扎二十多天，多次在彭氏宗祠内召开军事会议和群众大会。彭氏宗祠、翰林第墙壁上至今仍有二十余条标语可辨认。

安福红一方面军旧址群

旧址群位于安福县山庄乡荷溪村、平都镇浮山村大塘自然村。其中荷溪毛泽东旧居（伍氏宗祠）位于荷溪村中部，建于清代；朱德旧居（仁山公祠）位于荷溪村，建于清代，砖木结构；红一方面军司令部旧址（布政公祠）位于山庄乡荷溪村，建于清代，砖木结构；伍中豪烈士墓位于平都镇浮山村大塘自然村坡洲山上，坐东朝西，墓堆高 1.45、直径 5.53 米，墓碑高 1.68、底座高 0.65 米，总占地面积 386 平方米。

1930 年 9 月下旬，毛泽东率红一方面军撤出长沙，引兵向东，从株洲撤至萍乡，再至袁州，并在那里召开了红一方面军总前委会议，决定攻打赣西重镇吉安。会后，毛泽东、朱德分率总前委机关和警卫部队三百余人，从袁州经分宜过境，来到安福县山庄乡荷溪村。毛泽东入住伍氏宗祠，朱德入住布政公祠，司令部机关进驻仁山公祠。毛泽东等入住后到村里小学看望了师生，听取了当地苏维埃政府干部的汇报，并做了"动员地方游击队，发动群众，全力支援前线红军"的指示。两天后，毛泽东、朱德率部继续向吉安方向进发。10 月 2 日，红一方面军集结于吉水埠田，毛泽东、朱德签发了《进攻吉安的命令》，并指挥部队分五路向吉安进发。

按照红一方面军总前委的命令，红十二军军长伍中豪率部取道莲花、安福，由西路攻击吉安。在安福县城南五里亭，伍中豪和二十余人的警卫部队遭安福靖卫团突袭，不幸遇难，时年 25 岁。当夜，大塘村村民肖仁元、刘福初等冒险就地收敛烈士遗体安葬。

2018 年 3 月 9 日，该旧址群被公布为第六批江西省文物保护单位。

上街列宁学校旧址

旧址位于安福县洋门乡上街村。原为刘氏宗祠，始建于宋代，清乾隆四十五年（1780年）重修。坐北朝南，砖木结构。

该学校于1931年2月由中共湘赣省委和湘赣苏维埃政府创办。当时学校开设六个班，学员二百余人，专职教师十一人，兼职教师五人，刘丹之任校长，后由刘高继任，副校长刘礼。学员大多是红军部队基层骨干和苏区地方干部，另有部分选拔来的青少年。课程设国语、军事、算术、社会史、政治常识、地理、自然、唱歌、国画、体操等。课本除省委印发的教育纲要及军事常识外，大多为教师自编，国语课本有《列宁学校校歌》《读书歌》《童子团歌》等。校舍除刘氏宗祠外，还征用了相邻部分民居的三十间民房。学校东面修有草坪操场，操场北面建有列宁台。学校成立学生会，学生会设总务、教育、宣传、卫生、音乐5个股。1933年12月，因国民党军队疯狂"围剿"，列宁学校被迫解散。

2018年3月9日，该旧址被公布为第六批江西省文物保护单位。

省保单位 武功山三年游击战旧址

旧址位于安福县钱山乡芝桥村、钱山乡新民村、彭坊乡陈山村、金田乡欧田村，包含珠溪戚氏宗祠、贯公祠、湘赣省军区兵工厂旧址（陈山祠）、欧田村游击队联络站。

2018 年 3 月 9 日，该旧址被公布为第六批江西省文物保护单位。

珠溪戚氏宗祠

位于钱山乡芝桥村彭家自然村，又称"大夫第"。始建于乾隆年间，坐北朝南，砖木结构。戚氏由山东迁来安福，始于明崇祯年间，为钱山之著姓。珠溪戚氏宗祠为研究地方人文历史提供了实物依据。

1934 年 10 月，中共湘赣省委省苏维埃政府由永新牛田迁至安福泰山。同年 11 月初，由泰山文家村转移至钱山，湘赣省后方医院驻钱山珠溪戚氏宗祠。医院内设有中医科、草药科、担架队、洗衣队等，有医护人

员十余人，收治伤病员三百余人。由于受敌人经济封锁，院内药品和医疗器械短缺，医护人员、伤病员与广大人民群众一起自力更生，因陋就简，克服困难，用竹子、杉树皮和茅草搭建医疗室，自采草药，附近村民自发组织帮助将草药碾碎、煎制，并帮忙护理伤员、洗衣服等。通过努力，医院医治了大批红军伤病员。1935 年国民党军继续对苏区进行"围剿"，在钱山烧毁房屋四十余栋，湘赣省委、红色医院被迫向莲花、茶陵、萍乡边界的太平山转移。

新民村贯公祠

位于钱山乡新民村李家自然村。始建于明代晚期，坐南朝北，砖木结构，硬山顶，小青瓦屋面，平面呈纵向矩形，二进一天井布局，从前至后依次为门厅、天井、侧廊、后堂。李氏为钱山之著姓。贯公祠为研究地方人文历史提供了实物依据。

1929~1934年，以永新驻地湘赣省委、省苏、省军区为领导的红军后方医院遍布各县、区。随着军事斗争日益残酷，位于各县、区的红军医院大多数遭到国民党军的袭击和烧抢，许多医疗设备毁于战火。为了便于隐蔽，确保红军伤员的救治，1931年，湘赣省委、省苏、省军区将部分红军医院转入山区。1930年10月，永县高桥医院、钱山红军分院成立，从永新派遣医生六名、护士三名，从新民本地招募护士五名，组建新民红军医院。医院设在该旧址内，有床位五十余张。红军医院使用大量中草药和部分西药为红军治伤，虽然条件艰苦，但因位处山区，安全得到保障，一批批红军战士得以康复。据该村李护士讲述，先后有三百多名伤员在这里被治愈并投入战斗。1934年，随着红军主力北上抗日转移，新民红军医院一部分与红六军团一起转移，一部分以私人经营的形式继续留存下来，为当地农民治病。旧址内的病床设施和遗迹仍存。1949年后，该旧址曾作为村级组织的办公场所，后来又做过大队仓库等。

湘赣省军区兵工厂旧址（陈山祠）

旧址位于彭坊乡陈山村上墩组。为宗祠建筑，始建于清代晚期，砖木结构。陈山祠为研究地方红色历史提供了实物依据。

1927年11月，永新县委派贺曙光和王定炳首次来到安福县进入毗邻的陈山村发动群众，开展一系列革命活动。1928年4月，永新、安福、莲花三县交界的横岭成立了中共永新西北特别区委。同年5月，中央湘赣边界特委成立后，不久即在彭坊建立了党的第一个秘密特别支部，边界地区很快建立了党的地下组织。1931年，湘赣省军区即在陈山宗祠、志聪公祠等设立兵工厂，生产车间设在这座旧址内。堂内原存机械基础、铁墩、凹槽、车轨等，墙壁上留有射击孔等装置。兵工厂主要制造枪支、手榴弹、迫击炮、子弹。周围设有食堂、仓库、取材基地、炼材窑以及10000平方米的射击练兵场。在进山路径、山坡台地、田垅制高点上还有三处红军碉堡，用于警戒和保护。这些碉堡多由天然大石和青砖构成，虽然墙体早已毁坏，但基础仍然清晰可见。

欧田村游击队联络站

位于金田乡欧田村忠信组。坐北朝南，屋基为宽近1米的夯土墙，杉木棚顶，上覆小青瓦，并有空地及围墙。前有峡谷，后依山峰，左右皆为密林。房屋主人为刘玉英。

1930~1934年，刘玉英的丈夫刘福太及其兄弟三人分别参加红军，均英勇牺牲。刘玉英仍坚持在地方做革命工作。1934年底，刘玉英利用居住的小木屋建立游击队秘密联络点，为红军和游击队传递各种信息，供给物资。1935~1937年，刘玉英成为武功山游击队秘密交通员，冒险完成了情报搜集和传递任务。在情报传递过程中，她多次负伤，几次生命危急。她家住房成为交通站后，经常有游击队往来，按照约定的暗号进行联络。中华人民共和国成立初期，刘玉英舍弃山中茅舍，搬至山下居住。

永丰县

君埠红一方面军总司令部旧址

旧址位于永丰县君埠乡老圩村中央。原为祭祀道教许真君的祠宇建筑——万寿宫，始建于清代中期，后屡废屡建。现存建筑为民国时期重建，坐北朝南，砖木结构。

1930年10月，蒋介石调集十万兵力，对中央苏区革命根据地进行第一次大规模"围剿"。11月初，红一方面军根据罗坊会议确定的"诱敌深入"战略方针，主力东渡赣江，向苏区纵深撤退，于运动中寻机歼灭敌人。12月27~28日，红军在小布设伏，敌人固守不出。总部决定红军西开君埠，另寻战机。12月29日下午，敌十八师师长张辉瓒率师部和五十二、五十三旅由龙南进占龙冈。

1930年12月29日，毛泽东、朱德率领红一方面军总司令部从宁都迁驻到永丰县君埠乡万寿宫。当晚，得知张辉瓒部已孤军窜到龙冈，红一方面军立即在万寿宫内召开了就近军以上干部紧急会议，研究分析敌情，决定次日继续西进，歼敌于运动之中。毛泽东、朱德在这里签发了《攻击进攻龙冈之敌张辉瓒师的命令》，即"红一方面军红字第十二号令"。12月30日，龙冈战斗打响。经过激战，红军全歼敌第十八师和两个旅共九千余人，活捉敌师长张辉瓒，缴获各种武器九千余件、无线电台一部。龙冈战斗，为取得第一次反"围剿"胜利奠定了基础。

2013年5月3日，该旧址被公布为第七批全国重点文物保护单位。

沙溪红四军军部旧址

旧址位于永丰县沙溪镇河下村。原为李氏宗祠思成堂，建于清嘉庆年间，坐北朝南，砖木结构。

1929年2月20日，毛泽东、朱德率领红四军与红二、四团在东固会师。25日，毛泽东、朱德等率领红四军由吉安东固经永丰潭头、吉水白沙来到永丰沙溪，在此休整了一天。红四军军部就驻扎在李氏宗祠思成堂。

2018年3月9日，该旧址被公布为第六批江西省文物保护单位。

旧居位于永丰县君埠乡君埠村。原为李氏宗祠九思堂，建于清嘉庆二十四年（1819年），坐北朝南，砖木结构。

1930年12月29日，毛泽东、朱德率红一方面军司令部驻扎君埠老圩村万寿宫内，红三军军长黄公略也来到君埠，驻扎在君埠村九思堂内。12月30日，红三军第七师在小别村与国民党十八师五十二旅遭遇，打响了第一次反"围剿"龙冈战斗的第一枪。最后红军在龙冈万功山一带全歼敌十八师，活捉敌师长张辉瓒，取得了第一次反"围剿"的决定性胜利。

2018年3月9日，该旧居被公布为第六批江西省文物保护单位。

省保单位 第一次反"围剿"指挥所旧址

旧址位于永丰县君埠乡黄竹岭山上。为干打垒土木结构的店房式民居，始建于清朝末年，坐东北朝西南，由主房和附属建筑（厨房）组成。

1930 年 12 月 30 日凌晨，毛泽东、朱德、郭化若等从君埠出发，沿着蜿蜒曲折的山路徒步登上黄竹岭，把这里的一处路边店房作为指挥所，指挥了震惊中外的龙冈战斗。

1987 年 12 月 28 日，该旧址被公布为第三批江西省文物保护单位。

旧居位于永丰县龙冈畲族乡毛兰村。原为罗家大屋，又名"元善堂"，始建于清乾隆四十九年（1784年），坐北朝南，砖木结构，中间为主屋。左右各有横屋两栋，东西朝向，每栋二层。

1931年3月，红一方面军由永丰、乐安、宜黄、南丰四县以南地区转移到广昌、石城、宁都、瑞金等地，在此整顿、训练、筹款，并做群众工作。毛泽东于1929年2月17日和1930年11月28日曾在龙冈做群众调查，在罗家大屋留宿多天。

2018年3月9日，该旧居被公布为第六批江西省文物保护单位。

吉水县

白沙红军独立二、四团和红三军驻军旧址群

旧址群位于吉水县白沙镇。含毛泽东同志旧居、桥上村天性公祠、桥上村天海公祠、桥上村兴堂公祠、桥上村陈圣贤民居、桥南村红军独立团六连二排驻地旧址、赤岸村陈义荣民居、赤岸村陈义生民居、赤岸村陈圣习民居、赤岸村陈氏世本堂。

1927 年冬，在赣西特委领导下，东固的零散革命武装被合编为七、九纵队。1928 年 9 月，七、九两纵队合并，改编为江西工农红军独立第二团，下设四个连队，一个政治宣传队。1929 年初，红独立二团与十五纵队、十六纵队在兴国莲塘会师，在赣西特委的主持下，由红二团抽出百余名干部战士，合并十五、十六纵队，编成江西红军独立第四团。

2018 年 3 月 9 日，该旧址群被公布为第六批江西省文物保护单位。

毛泽东旧居

旧居位于白沙镇墟镇 17 号。为清末建筑，砖木结构。

1930 年 11 月 21 日，毛泽东在木口村作调查后，下午与古柏、谢维俊等来到白沙街，在区政府召开区干部会议，当晚住在区政府对面的徐氏杂货店后栋，即白沙墟镇 17 号。

桥上村天性公祠

位于白沙镇墟镇桥南。为清末建筑，砖木和乱石混合结构。

祠后乱石墙面上横书"欢迎白军弟兄来当红军""世界革命成功万岁""拥护苏俄革命胜利"等标语。

桥上村天海公祠

位于白沙镇墟镇桥南。为清末建筑，砖木和乱石混合结构。祠后乱石墙面上横书"白军弟兄暴动起来杀尽压迫你们官长""欢迎白军弟兄来当红军"等标语。

桥上村兴堂公祠

位于白沙镇墟镇桥南。为清末建筑，砖木结构，正房与偏房连为一体。

民居正面墙体上书有"纪念五一加紧赤色戒严""欢迎白军士兵来当红军"等标语。

桥上村陈圣贤民居

位于白沙镇桥上村。为清末民初建筑，土砖木结构。

民居正面土墙皮上石灰浆横书"白军弟兄是工农出身，不要替军阀杀工农""士兵不打士兵，穷人不打穷人"红军标语。

赤岸村陈义荣民居

位于白沙镇赤岸村。为清末建筑，砖木结构。

民居侧面墙皮上横书"创造铁的红军""拥护苏维埃中央政府"等标语。

桥南村红军独立团六连二排驻地旧址

旧址位于白沙镇墟镇桥南。为清末建筑，砖木结构，两栋正房与两土砖偏房连为一体，组成四合院式建筑。

第二次国内革命战争时期，红军攻打白沙墟镇时，独立团第六连二排就在这里办公、生活，并在右栋民居大门正额上横楷书"第六连二排"五字。

赤岸村陈义生民居

位于白沙镇赤岸村。为清末建筑，砖木结构。民居正面墙体书有"欢迎白军士兵来当红军"等标语。

赤岸村陈圣习民居

位于白沙镇赤岸村。为清末建筑，砖木和乱石混合结构，单层。

民居墙面上分别横书"优待白军俘虏""工农不打工农，士兵不打士兵"等标语。

赤岸村陈氏世本堂

位于白沙镇赤岸村。为清末建筑，砖木结构，单层两进。

宗祠正面和侧面墙体上分别用石灰浆横书"男女平等""白军是军阀的军队，红军是工农的军队"标语。

毛泽东大桥、东塘调查旧址群

旧址群由吉水县黄桥镇大桥村毛泽东大桥调查旧址（邦伯第）和枫江镇东塘村毛泽东东塘调查旧址（老众厅）。2018 年 3 月 9 日，该旧址被公布为第六批江西省文物保护单位。

毛泽东东塘调查旧址（老众厅）

旧址位于枫江镇东塘村。清末建筑，砖木结构，悬山顶。

1930 年 11 月 7 日，毛泽东由峡江去吉安，经岭口、谷村、豪石、平洲至东塘，在此村进行革命活动，在旧址前召开调查会，写下了《东塘调查》，当晚住宿在此民居内。

毛泽东大桥调查旧址（邦伯第）

旧址位于黄桥镇大桥村。原为宗祠建筑，硬山顶，穿斗式砖木结构。

1930 年 11 月 8 日上午，毛泽东自东塘至此，在"邦伯第"大门前休息，召集当时第九乡干部开调查会，写下了《大桥调查》。

省保单位 毛泽东木口调查旧址群

旧址群位于吉水县白沙镇木口村，含彭家祠、彭世友民居、彭泽银民居、彭道杰民居、彭理银民居。

1930 年，毛泽东在该村召集村苏维埃干部召开会议，开展调查研究工作，并写下《木口调查》。

2018 年 3 月 9 日，该旧址群被公布为第六批江西省文物保护单位。

彭家祠

清末建筑，坐东朝西，硬山顶穿斗式砖木结构。

彭世友民居

　　清末建筑，砖木结构。民居后墙面上书有"白军士兵要发清欠饷只有暴动起来""白军弟兄是工农出身不要替军阀杀工农"等多条标语。

彭泽银民居

清末建筑，砖木结构。民居正、侧墙面上横书"幼儿食堂""白军弟兄不要替军阀挡灰""优待白军俘虏"等多条标语。

彭道杰民居

　　清末建筑，砖木结构。民居正、后、侧墙面上横书有"白军弟兄要求发清欠饷只有暴动起来""实现共产主义"等多条标语。

彭理银民居

清末建筑，砖木结构。民居正、后、侧面墙面上分别横书"争取全国苏维埃胜利""白军弟兄的枪要向压迫你们官长瞄准"等多条标语。

公略县苏维埃旧址群

旧址群位于吉水县水南镇，含吉水县毛泽东旧居（西堡祠）、吉水毛泽东旧居（怀德堂）、吉水公略县第一次党代会旧址（赖氏宗祠）、吉水公略县苏维埃政府旧址（毛泽覃与贺怡同志旧居）、吉水公略县苏维埃政府旧址（公略县委旧址）、吉水公略县苏维埃政府旧址（公略县财办部旧址）、吉水公略县苏维埃政府旧址（毛泽覃同志旧居）、吉水公略县苏维埃政府旧址（赖明武民居）。

1931年11月，中共江西省委根据中华工农兵苏维埃第一次全国代表大会决定，为纪念同年9月15日牺牲的红三军军长黄公略烈士，在吉安与吉水县东南境苏区设立公略县。11月底，中共公略县第一次代表大会在吉水县水南镇荷山村召开，正式成立中共公略县委，机关驻水南荷山村，书记毛泽覃、副书记李福槐。中共公略县委隶属中共江西省委，下辖吉水水南、中鹄、白沙、冠山、折桂、吉安儒林、陂头、富田、水东、东固及泰和罗家等区委。1932年3月，中共公略中心县委成立，与中共公略县委合署办公，毛泽覃、李福槐分任中共公略中心县委正、副书记兼中共公略县委正、副书记。

2018年3月9日，该旧址群被公布为第六批江西省文物保护单位。

吉水县毛泽东旧居（西堡祠）

旧居位于水南镇西团村。为清末宗祠建筑，砖木结构，硬山顶穿斗式构架。

1930年2月下旬，红军某部队一个排和白沙、西团两地游击队护送毛泽东由永丰藤田至吉水水南西团村，毛泽东就在西堡祠住宿并召开村干部会议。

吉水县毛泽东旧居（怀德堂）

旧居位于水南镇街上。为清末宗祠建筑，砖木结构。

1931 年 5 月，毛泽东和朱德指挥红军在水南歼灭国民党公秉藩部当晚，毛泽东就住在此堂后栋左房内，并在此部署了白沙战斗。

吉水公略县第一次党代会旧址（赖氏宗祠）

旧址位于水南镇荷山村。为清末宗祠建筑，砖木结构。

祠正面青砖墙面上横书"发展游击战争配合红军作战""庆祝红军胜利，加紧赤色戒严""欢迎白军士兵打土豪分田地""吉水完成江西首战胜利"等标语。

1931年11月27日，公略县第一次党员代表大会在此举行，参加会议的代表共一百一十余人，大会选举产生了中共公略县委班子，毛泽覃任公略县委书记，李福槐为副书记。

吉水公略县苏维埃政府旧址（毛泽覃、贺怡旧居）

旧址位于水南镇荷山村。为清末建筑，砖木结构。

1931年下半年，毛泽覃奉中共苏区中央局的指示，带领原永、吉、泰特委机关工作人员来到水南，筹备成立公略中心县委、公略县委会和公略县工农兵政府等工作，在此期间，毛泽覃、贺怡经常在此民居工作和生活。

吉水公略县苏维埃政府旧址（公略县委旧址）

旧址位于水南镇荷山村，公略县苏维埃政府旧址正后方。为清末建筑，砖木结构。

1931年9月，黄公略在东固六渡坳螺坑遭敌机轰炸中弹牺牲后，中华工农兵苏维埃第一次代表大会决定将赣江以东吉安、吉水两县苏区合并成立公略县以示纪念。11月底，中共公略县第一次代表大会在吉水县水南镇荷山村召开，正式成立中共公略县委，机关驻水南荷山村。

吉水公略县苏维埃政府旧址（公略县财办部旧址）

旧址位于水南镇松山村。原为民居，清末民初建筑。

1931年11月下旬，中共公略县第一次党代会在荷山村光裕堂召开，选举产生了中共公略县委。县财办部就设在这所民居里。

吉水公略县苏维埃政府旧址（毛泽覃旧居）

旧址位于水南镇荷山村。为尹以祥民居，砖木结构。

1931年11月，为纪念在第三次反"围剿"中牺牲的红军第三军军长黄公略，中共江西省委委派原永吉泰特委书记毛泽覃到水南荷山村筹建公略县委，住在尹以祥家。

吉水公略县苏维埃政府旧址（赖明武民居）

旧址位于水南镇华山村。原为赖明武家民居，正房与偏房连为一体，砖木结构。

民居正、后墙面上用白石灰横书"医治白军伤兵""优待白军俘虏""欢迎白军士兵下级官长来当红军"等标语。

吉安县

"四九"暴动旧址

旧址位于吉安县官田乡田南村。包含列宁亭和"四九"暴动会议旧址。

1928年5月27日（农历四月初九），在中共西区区委领导下，曾山、周冕、王庭、萧仕梅、萧志铎等人组织官田、举洲、赤陂等地革命群众七百余人，手持梭镖、鸟铳等武器，袭击隐藏在天平山上进行抢劫活动的七名国民党散兵，缴获四条枪，接着，处死当地土豪刘玉山，烧其房屋一栋，此即为"四九"暴动。暴动后，西区地主豪绅联合驻吉安城的国民党军队一百多人，到官田一带镇压、捕杀暴动领袖，"四九"暴动失败。

2018年3月9日，该旧址被公布为第六批江西省文物保护单位。

列宁亭

位于官田乡田南村乡政府果木园内。原为南北向风雨亭，原仅存一堵断墙及亭墙基，在官田至浬田的公路旁。此亭于2018年重建。

"四九"暴动会议旧址

旧址位于官田乡田南村委举洲自然村。清代后期建造,坐北朝南,穿斗式砖木结构,进深两进。

1928年3月,曾山在以官田为中心的吉安西区,通过秘密的宣传会、动员会和诉苦会等形式,发动广大农民。这以后,农民运动已逐渐成了公开的秘密。全地区东辖石溪、栋头、龙江、彭家,西辖坪田、淡江、濑石、江背、天河和浪栋山区,南辖清江、竹园、三锡坊、敖城、版塘、塘家,北辖梅花、水源等山区和八都垅各村。方园几百里以内的大小村庄的农民都被发动起来了。

1928年5月,暴动前敌委员会在官田山前村成立。陈明钧、夏芳训(为毛泽东的特派员)、周冕、曾山、肖士梅、王鹏飞、刘远宗、肖仁善、肖元招、肖友连、彭勃为委员。在樟坑设立经济委员会,筹备革命经费,由肖仲光管理。在南昌起义和党的八七会议感召下,武装暴动箭在弦上。5月26日,暴动前夕,在彭氏宗祠召开策划部署会议,对暴动的组织、目标和分工进行了周密安排。

旧居位于吉安县天河镇窑棚村委会龙家村。原为龙氏宗祠（武陵堂），建于清末，坐西南朝东北，穿斗与抬梁式相结合，砖木结构。西北外墙有红军标语，字已不可辨识。

1928年12月，彭德怀率红五军初上井冈山，即来到吉安县西区天河、前岭、指阳、敖城一带，打土豪筹款。1929年9月，红五军在天河休整。12月，彭德怀率红五军收复天河，帮助成立天河区委、区苏维埃政府。

1930年1月29日是大年三十，彭德怀率红五军直属队和第三、四纵队在天河一带度过了春节。彭德怀住在天河窑棚龙家村龙氏宗祠，写下春联"打仗过年两件事，军民团结一条心"，横批"红军万岁"。过节期间，部队特地请了几个戏班子，演出了《打渔杀家》《霸王别姬》《林冲雪夜上梁山》等剧目。春节过后，彭德怀带领战士们到泰和早禾市和吉安县横江、永阳一带活动。

2018年3月9日，该旧居被公布为第六批江西省文物保护单位。

萧氏世德堂

中共赣西南特委、赣西南苏维埃政府旧址

旧址位于吉安县永阳镇街道下沿河路。为萧氏世德堂，建于清光绪年间，坐北朝南略偏西，砖木结构。

第二次国内革命战争时期，此祠堂先后驻扎过中共赣西南特委、赣西南苏维埃政府。旧址外墙至今留有红军标语。

为便于指挥协调赣西和赣南的革命斗争，更有效地开展攻打吉安和赣州等工作，1930年5月，中共赣西南特委和赣西南苏维埃政府率领特委机关、政府机关、红六军军部机关、红军学校第三分校等人马，由富田过泰和罗家圩，渡河迁入永阳。初驻于曲山萧氏世德堂，后转迁于横江。同年10月，第九次攻打吉安取得胜利，成立江西省苏维埃政府，将赣西与赣南连成一片。

2018年3月9日，该旧址被公布为第六批江西省文物保护单位。

湘赣省吉安县苏维埃政府旧址

旧址位于吉安县安塘乡竹垣村委清江村口。原为彭光禧公祠（聚集堂），坐西朝东，硬山顶砖木结构。北外墙、南外墙均有红军标语。

1931年8月，中共湘赣省吉安县委在官田（今安塘）清江村正式成立，县委书记初为肖石坚，后为沈志坚、肖伍仔、彭仁昌、何揭生；秘书长李景林；组织部长初为肖伍仔，后为周新平；宣传部长初为彭仁昌，后为彭藻。1932年底，县委下辖指阳、永阳、固江、横江、栗塘、泰和六个区委。

同时，湘赣省吉安县苏维埃政府也在清江村正式成立。主席初为袁维秀，后为周兰生、肖衡林、曾松林；副主席初为王瑞章，后为肖彩辉。内设总务处、财政部、内务部、军事部、文化部、土地部、粮食部、劳动部、工农检察部、政治保卫局、国民经济部、邮政局、妇女改善委员会。先后下辖永阳、指阳、固江、栗塘、儒林、泰和五

区、横江等七个区苏维埃政府。吉安县委、县苏维埃政府成立后，将原西区游击队改编为吉安红色警卫营，营长裴生龙，下辖两个连，共有枪二百余支，后湘赣省委为统一地方武装编制，又将吉安县红色警卫营改编为吉安县红色独立营。

2018年3月9日，该旧址被公布为第六批江西省文物保护单位。

　　故居位于吉安县永和镇锦源村锦源自然村。正房 20 世纪 20 年代被国民党当局烧毁。现存建筑包括已烧毁正房的遗址，1949 年建的二层砖木结构正房，1958 年建造的现代砖木结构二层楼房，一间附房，以及院落。房屋外墙均为青砖，内部结构简朴。

　　曾山（1899~1972 年），1925 年随兄曾延生参加农民运动，1926 年 10 月加入中国共产党，1927 年 2 月当选吉安县农民协会执行委员，参与组织全县农民运动。第一次国内革命战争失败后参加南昌起义，随起义军南征到广东。同年冬入教导团当上士、事务长，参加广州起义。1928 年春回家乡，任中共支部书记、吉安西区区委书记，

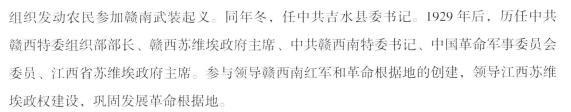

组织发动农民参加赣南武装起义。同年冬,任中共吉水县委书记。1929年后,历任中共赣西特委组织部部长、赣西苏维埃政府主席、中共赣西南特委书记、中国革命军事委员会委员、江西省苏维埃政府主席。参与领导赣西南红军和革命根据地的创建,领导江西苏维埃政权建设,巩固发展革命根据地。

1931年1月,为苏区中央局委员,并于11月出席中华苏维埃第一次全国代表大会,被选为中华苏维埃共和国中央执行委员。动员组织赣南革命根据地群众,支援主力红军取得第一、二、三次反"围剿"的胜利。

中华人民共和国成立后,历任中央人民政府政务院政务委员兼纺织工业部部长、华东行政委员会副主席兼财经委员会主任、国务院商业部部长、中共中央交通工作部部长、国务院内务部部长等职。被选为中共第八、九届中央委员,第三届全国人大代表,第四届全国政协委员。

2018年3月9日,曾山故居被公布为第六批江西省文物保护单位。

省保单位 罗石冰旧居

旧居位于吉安县万福镇井头村井头自然村。坐北朝南，硬山式砖木结构，为一正房两偏房的民居形式。前有房屋，围成小院，院门额书"琳琅第"三字，白石灰底黑字。

罗石冰（1896~1931年），又名石彬、菁华、庆元，号子实、子石，化名崖山。吉安县延福乡大安井头村（现属万福镇）人。他是第一次国内革命战争时期江西省共产党的领导人之一，是吉安地区最早的马列主义传播者和党的创始人。

1926年1月，中共中央派罗石冰回江西。1月下旬，在省立第七师范组建了吉安第一个党组织——中共吉安党小组。3月24日，中国共产党吉安特别支部和中国共产主义青年团吉安地方委员会正式成立。与此同时，吉安县塘东第一个农村党支部也建立了起来，并成为领导该地农民运动的核心。

1931年秋，罗石冰由青岛赴上海参加会议。1月17日下午1时40分，他和林育南、王菁士等七人在东方旅社31号房间谈话，敌人突然闯进，几人不幸被捕。罗石冰在狱中备受折磨，坚贞不屈。同年2月，罗石冰托人带出一张用旧报纸写的便条："经党营救失败，生命已无希望，决心在最后时刻坚持斗争。"1931年2月7日，罗石冰在上海英勇就义，是著名的龙华二十四烈士之一。

2018年3月9日，该旧居被公布为第六批江西省文物保护单位。

吉州区

北伐军新编第二师驻地旧址

旧址位于吉州区北门街 243 号吉安市第一人民医院内，又名九打吉安红四军军部旧址，建成于 1920 年，初为天主教堂和教会医院，是法国一名公爵后裔捐建。旧址坐西朝东，砖木结构，洋灰抹面，平面呈"H"形，主体由左、中、右三部分和门楼建筑构成，西式风格，为二层教堂建筑，是目前江西省已发现的体量最大且保留最完整的西式建筑。

北伐战争开始后，外国传教人员纷纷返回自己的国家，省内信徒也全部离开吉安，教堂闲置。1924 年开始，该

教堂成为"南北兵"屯驻场所。1926 年 12 月，叶剑英率北伐新编第二师到达吉安，驻扎于此。1927 年 5 月，叶剑英在此通电讨蒋。1930 年 10 月 4 日，红军攻克吉安，红四军军部驻扎于此。现教堂及周围房子墙上还留有当年红军书写的标语。

2000 年 7 月 25 日，该旧址被公布为第四批江西省文物保护单位。

山前红一方面军攻吉指挥部旧址群

山前红一方面军攻吉指挥部旧址

旧址位于吉州区长塘镇陈家村委会新屋场村。江南硬山式民居建筑，坐西朝东，砖木结构，一厅六房。

1930年10月3日，毛泽东率总前委在此设立红一方面军山前攻吉指挥部，午后2点下达了总攻吉安的命令。房屋的后墙上还依稀可见一条红军标语。

2018年3月9日，该旧址被公布为第六批江西省文物保护单位。

山前红一方面军攻吉指挥部驻军处旧址

旧址位于吉州区长塘镇陈家村委会新屋场村。又名周氏宗祠，为清代建筑，坐北朝南，硬山式砖木结构，是周氏族人祭祖与进行重要集会的场所。

攻打吉安的红一方面军第一军团部队曾驻扎于此。周家村周氏总祠是名人宗祠，又是红一军团驻军处，有重要的历史价值。

2018年3月9日，该旧址被公布为第六批江西省文物保护单位。

山前红一方面军攻吉指挥部警卫班驻所旧址

旧址位于吉州区长塘镇陈家村委会新屋场村。又名周文襄公祠，清代建筑，坐北朝南，硬山式建筑。

旧址毗邻指挥部，是总前委指挥部警卫班驻所。周文襄公祠是名人祭祀专祠，又是毛泽东警卫班驻扎地，有重要的历史价值。

2018年3月9日，该旧址被公布为第六批江西省文物保护单位。

西刘家巷 8 号毛泽东旧居、西肖家巷 7 号朱德旧居

毛泽东旧居与朱德旧居相邻，均位于吉州区文山路中段。

毛泽东旧居位于西刘家巷 8 号。为清末建筑，原为省立第六中学教师余益文的私宅余进修堂，后为吉安商民协会会长晏燃家的私宅。1930 年 10 月 4 日，红军攻克吉安，毛泽东率红一方面军总前委驻扎于此。

朱德旧居位于西肖家巷 7 号，与毛泽东旧居一巷之隔。清光绪元年（1875 建）建，始为"儒行书舍"，19 世纪 50 年代末被刘迈如等人购为住宅。1930 年 10 月 4 日，红军攻克吉安，朱德率红一方面军总司令部驻扎于此。

10 月 7 日傍晚，国民党飞机轰炸附近的肖家巷 1 号，为了安全，毛泽东偕总前委移驻中永叔路 80 号源源布店，朱德偕红军总部迁入上永叔路龙阳阁老福星聚旅店。

毛泽东在吉安期间，曾赴新余罗坊召开红一方面军总前委会议，返吉途中，深入李家坊、西逸亭等处作农村调查。在城里，主持召开了赣西干部会、江西省委会、江西省行委扩大会。会后，写下了《赣西土地分配情形》《江西土地斗争中的错误》《分青和出租问题》《分田后的富农问题——永新及北路情形》四篇农村调查文章。

1930 年 10 月 4 日，红军占领吉安，建立了全国第一个省级苏维埃政权和红军第一支工兵连，第一次统一了服装，一次性扩充了 18000 人，筹集了六十万大洋和大批医疗器械，为第一次反"围剿"胜利奠定了物质基础。攻占吉安成为毛泽东"农村包围城市，武装夺取政权"思想的成功尝试，为以后的城市政权建立奠定了基础。

2006 年 12 月 28 日，这两处旧居被公布为第五批江西省文物保护单位。

旧址位于吉州区长塘镇西逸亭村委会西逸亭村。建于晚清，为吉安通往吉水、峡江、新余、分宜的古道上的一座供人歇脚避雨的路亭。砖木结构，券顶圆门，门首嵌"心逸亭"三字红石碑。

1930年11月8日，毛泽东在新余罗坊参加红一方面军总前委会议后返回吉安，途经西逸亭，在此召集农民做土地分配情形的调查，并写下《西逸亭调查》。

2018年3月9日，该旧址被公布为第六批江西省文物保护单位。

新干县

麦斜毛泽东旧居

旧居位于新干县麦斜，镇麦斜村委会龚家村。为砖木结构民居，坐西朝东。

1930 年 6 月 22 日，毛泽东、朱德率红一军团离开福建北上，途径兴国、永丰，于 7 月 22 日午后到达新干县的麦斜一带驻扎。时任红一方面军总政治委员兼前委书记的毛泽东居住在龚家村的龚槐福家里，并在这里签发了红一军团总部《攻击樟树的命令》。7 月 23 日凌晨，毛泽东、朱德率部离开麦斜，分两路并进，直指樟树市。

2018 年 3 月 9 日，该旧居被公布为第六批江西省文物保护单位。

省保单位 新干县第一次工农兵代表大会旧址

旧址位于新干县潭丘乡南山村委李家门自然村。原为李氏宗祠,始建于清代,坐西北朝东南,砖木结构,硬山顶,封火墙,穿斗式梁架,前有月塘。

1933年8月11日,新干苏区第一次工农兵代表大会在李氏宗祠召开,工人、农民、游击队和红军代表120人出席了大会。大会就苏区的民主制度、土地政策、劳动和经济问题、扩红工作等进行了认真的讨论,并通过了相应决议。这次工农兵代表大会的召开是新干人民首次当家做主讨论和决定自己命运的重点标志,也是新干县苏维埃政府建立的良好开端,对新干苏区的建设和发展起到了积极作用。

该旧址是研究新干苏区历史的重要实物资料,具有珍贵的历史价值。同时它也是赣南等原中央苏区革命斗争的重要组成部分,对研究赣南等原中央苏区革命历史具有一定作用,是进行爱国主义和革命传统教育的实物见证。

2018年3月9日,该旧址被公布为第六批江西省文物保护单位。

峡江县

旧址位于峡江县巴邱镇。原名"怡顺堂"，始建于清末，砖木结构，前后两进，面阔六间，建筑面积598平方米。

1930年10月17日傍晚，红一方面军总前委抵达峡江县巴邱镇，在此召开了红一方面军总前敌委员会扩大会议（简称峡江会议）。此次会议是红一方面军9月间二次攻打长沙，久攻不克后撤围，于10月初夺取吉安，移师北上向袁水流域推进途中的重要会议。会议由总前敌委员会书记、红一方面军总政委毛泽东主持。参加会议的有总前委委员和军以上干部：红一方面军总司令朱德、红一方面军总参谋长朱云卿、红一方面军总政治部主任杨岳彬、红三军团军团长彭德怀、红三军团政委滕代远、红三军团参谋长邓萍、红三军团政治部主任袁国平、红三军军长黄公略、红三军政委蔡会文、红四军军长林彪、红四军政委罗荣桓、红五军政委张纯清、红八军军长何长工、红十二军军长罗炳辉、红十二军政委谭震林、红十二军政治部主任谭政以及中央长江局代表周以栗和江西省行动委员会的李文林、曾山、陈正人等，共二十余人。古柏、李井泉做记录。会议对时局的估量、红军行动问题、土地和资本问题进行了讨论，提出和酝酿了"东渡赣江、诱敌深入"的战略转移方针，获得大部分与会同志的赞同，但仍有部分同志坚持原来的意见。会议没有做出决议。

10月19日晚，毛泽东致信湘东特委，通报了会议情况。20日清晨，红军总部发布《进攻高安的命令》，继续向袁水流域推进。10月底，总前委在新余罗坊再次召开会议，做出了"东渡赣江、诱敌深入"的决议。

峡江会议纠正了李立三"左"倾冒险主义错误，防止了红军分裂，为粉碎敌人第一次"围剿"奠定了思想和行动基础，具有重要历史意义。

2019年10月7日，该旧址被公布为第八批全国重点文物保护单位。

省保单位 梅元支部旧址

  旧址位于峡江县金江乡新溪村委梅元村。始建于清末，阁楼式建筑，上下共四层，每层收缩比例较大，下层为砖结构，其他为木结构。

  梅元支部于1928年2月成立，是峡江县革命创始人廖子清在峡江成立的第一个党支部。在党支部的领导下，峡江革命如火如荼，共发展党员三十八名。1930年4月，河西（除县城及周边10千米内）的广大农村全部成为红色区域，区、县苏维埃政府相继成立，并成为湘鄂赣革命根据地的组成部分。同年10月，两千多名热血青年跟着朱德总司令加入红军队伍。梅元支部在保卫井冈山革命根据地和粉碎敌人"围剿"的斗争中，做出了不可磨灭的贡献。

  2018年3月9日，该旧址被公布为第六批江西省文物保护单位。

红三军团仁和会议会址

　　会址位于峡江县仁和镇仁和村委仁和村。原称"凉亭里"，后改称"修月书院"，明末清初修建，南北向，二层砖木结构，歇山顶。

　　1930 年 10 月 28 日，根据中共峡江会议和罗坊会议精神，红三军团两万余人分别从新余、清江进抵仁和。11 月 4 日，红三军团军团长彭德怀和政委滕代远在此主持召开会议。参加会议的主要有军团参谋长邓萍、政治部主任袁国平、红八军军长何长工、政委邓乾元、红五军政委张纯清、红十六军军长孔荷宠、政委黄志竟、政治部主任吴天翼，以及周以栗、黄克诚、彭雪枫、江华、李志明、李天佑、苏振华等团以上干部共三十三人。当日，红军分别从陈家、仁和、吴家等渡口横渡赣江，进军永丰、宁都，参加第一次反"围剿"。仁和渡江会议为红军第一次反"围剿"奠定了胜利基础。

　　2018 年 3 月 9 日，该会址被公布为第六批江西省文物保护单位。